한 번 읽으면 제대로 남는 AWS 클라우드 입문서

당신이
지금
알아야 할

한 번 읽으면 제대로 남는
AWS 클라우드 입문서

당신이 지금 알아야 할 AWS

이영호, 한동수 지음

BJPUBLIC

서 문

TMI(Too Much Information)의 시대입니다. 온라인상에 많은 전문 정보들이 넘쳐납니다. 클라우드와 AWS에 대한 지식들도 인터넷을 몇 번 클릭하는 것만으로 손쉽게 찾을 수 있습니다. 그러나 막상 시작하려면 여러 기술 장벽에 맞닥뜨리는 경험을 하게 됩니다. 대부분의 IT 분야가 그렇듯, 클라우드 기술도 초보자들이 뛰어넘기 어려운 벽이 존재합니다. 저 역시 클라우드 강의를 해오면서 국내외 출간된 관련 도서와 자료들을 섭렵했습니다. 시중에 훌륭한 책들이 많이 나와있지만, 대부분이 경력자 혹은 클라우드 전문가들 위한 내용 위주더군요. 비교적 쉬운 도서도 이론 중심으로 구성이 되어있어 다양하고 복잡한 클라우드 서비스 구성을 제대로 체험해보기 힘들었습니다. 또한 현장에서 학생들을 가르쳐야 하는 입장에서, 이론만으로 그들이 경험해보지 않은 지식을 공유하는 데 한계가 많음을 느꼈습니다.

따라서 이 책은 단계별 실습 중심으로 체계적인 접근이 가능하도록 목표로 했습니다. 이 책은 클라우드 초급 입문자를 위한 것으로, 데브옵스 개념과 클라우드 아키텍처를 중심으로 프로젝트 결과를 완성하는 데 초점을 맞췄습니다. 아울러 AWS 클라우드 이용자들이 불필요한 비용을 지출하는 불편을 최소화할 수 있는 방법에 대해서도 다루고 있습니다.

AWS는 후발 주자들과 달리 압도적인 지구촌 클라우드 선두 기업입니다. 이제, 이 책을 통해 안전하고 재미있게 전 세계에서 가장 강력한 AWS(아마존 웹 서비스) 기반 클라우드를 경험해보세요!

이 영 호

10년 전만 해도 '클라우드'라는 단어는 상당히 생소한 말이었습니다. 그러나 이제 점점 더 많은 사람들이 클라우드 개발 환경에 관심을 가지고 있으며, 많은 분야에서 활용되고 있습니다. 2018 AWS summit에는 수만 명에 가까운 인파가 몰렸습니다. 기존 클라우드 관련 컨퍼런스가 개발자들을 위한 전유물이었지만, 이제는 의료계 종사자부터 금융 실무 담당자들까지 점점 더 많은 분야에서 클라우드라는 단어를 일상적으로 쓰고 있습니다. 이에 구글, 마이크로소프트, 알리바바, IBM 등 세계 유수의 IT 공룡들이 클라우드 사업에 뛰어들었습니다. 하지만 아직도 10년 넘게 2등과 매우 큰 격차로 1등을 지키고 있는 AWS이기에 입문하기에 가장 좋은 클라우드 서비스가 아닐까 합니다. 이 책을 읽는 독자들이 클라우드를 처음 시작하는 데 많은 도움이 되었으면 좋겠습니다.

한 동 수

추천사

기업을 위한 클라우드 컴퓨팅이 IT 산업 최대의 먹거리가 되어가고 있는 상황에서, AWS는 스타트업부터 대기업에 이르기까지 최고의 서비스를 제공하며 고객들로부터 신뢰와 인정을 받고 있습니다. 〈당신이 지금 알아야 할 AWS〉는 AWS를 가장 잘 이해하고 있는 책입니다. 오랫동안 관련 분야에서 강의 및 대외 활동을 해온 저자의 깊은 내공과 노하우를 고스란히 느낄 수 있었습니다. AWS 입문에 최적화된 이 책이 저희와 고객을 보다 효율적으로 연결하는 훌륭한 다리 역할을 해줄 것을 믿어 의심치 않습니다.

AWS 코리아 공공부문 대표 **윤 정 원**

지금까지 많은 AWS 관련 도서를 봐왔지만, 이 책은 처음 읽어봤을 때 AWS를 가장 잘 이해하는 분들이 써주셨다는 인상을 받았습니다. 만약 지인들이 저에게 "AWS를 공부하려는 입문자들에게 어떤 책이 좋을까요?"라고 물어본다면 이 책이 딱 좋겠다는 느낌이 들 정도로 나무랄 데가 없다고 느껴집니다. 아직도 AWS가 마냥 어려운 분들, AWS를 처음부터 제대로 배워보고 싶으신 분들에게 이 책을 자신 있게 추천합니다.

AWS 코리아 솔루션즈 아키텍트 **장 석 재**

저자 소개

이 영 호

가천대학교 컴퓨터공학과 교수이다. 젊은 인재들과 함께 개방형융합연구소를 운영하며 ICT 기술과 의료 분야가 융합된 의료정보학 전문가로 활동하고 있다. 교수보다는 코치로 학생들과 같이 연구하기를 희망하고 새로운 기술 도전을 즐긴다. 미국 버지니아 공대에서 데이터 사이언스와 헬스 IT 연구를 진행했고, IBM에서 비즈니스 인텔리전스 전문가로 일했다. 50편 이상 ICT 융합 분야 논문,특허,학술 발표 경력이 있다. 저서로는 〈오픈데이토피아〉, 〈보건의료정보학〉 등이 있다.

한 동 수

스타트업에 근무 중인 모바일 앱 개발자로 네이티브 앱과 웹 클라이언트 개발에 대한 다양한 경험을 가지고 있다. 본업은 클라이언트 개발자이지만 서버 인프라와 클라우드에 관심이 많다. 클라우드 플랫폼을 활용하여 토이 프로젝트 만들기를 좋아한다.

책 소개

클라우드나 AWS에 대한 지식은 인터넷에서 몇 번 클릭하는 것만으로도 다양하게 경험할 수 있습니다. 하지만 다른 IT 분야가 그렇듯 시작하려면 여러 기술적 어려움에 마주하게 됩니다. 최근 AWS에 대한 기술 도서들이 많이 출간되었지만, 복잡한 클라우드 인프라를 실습하며 경험하기 쉽지 않습니다. 이 책은 AWS 컴퓨팅 기술과 핵심적인 서비스들을 그림과 아키텍처 중심으로 쉽게 따라하는 단계별 실습으로 구성되어 있습니다. 더 나아가 모든 서비스 실습에 클라우드 입문자들이 고민하는 과금(비용) 문제에 대한 해결책을 제시하였습니다. 단지 클릭 몇 번으로 따라하기 실습을 완성하면 간단한 SaaS 구축에서 스토리지, 빅데이터 분석, 마이크로서비스, 도커 컨테이너 서비스까지 AWS 클라우드 기본과 최신 기술들을 완벽하게 체험할 수 있습니다.

특 징

- 이론은 꼭 필요한 내용만, 실습은 입문자를 위해 상세하게
- 클라우드 비용 걱정을 사전 예방할 수 있는 안전한 종료 방법 제공
- 초보자도 이해할 수 있는 쉬운 아키텍처 그림과 프로젝트 결과물 중심
- 간단한 블로그부터 인터넷 커뮤니티, 인공지능 번역 서비스와 컨테이너, 빅데이터 분석 등 클라우드 서비스를 활용하여 기존에 많은 시간과 기술이 필요했던 작업들을 단계별로 쉽게 완성

대상 독자

- 클라우드 초급 입문자
- 데브옵스 개념을 확인하고 싶은 사람
- 온프레미스 환경에 한계를 느끼고 있는 사람
- 클라우드 아키텍처를 혼자 공부하고 싶은 사람
- 컴퓨팅 아키텍처 환경 변화를 체험하고 싶은 사람
- 인공지능과 빅데이터를 클라우드 환경으로 시작하고자 할 경우
- 클라우드 이론이 아니라 실무 경험으로 프로젝트를 완성하고자 할 경우

실습 환경 준비

- 클라우드 환경의 장점으로, 그저 개인용 PC만 준비하면 됩니다.
- 몇몇 장은 클라우드 가상 환경 관리를 위한 원격 접속 SW가 필요합니다.
- 그 밖의 환경은 실습 과정에서 설명하겠습니다.

소스코드 이해

실습 예제들에 여러 소스코드가 사용됩니다. 소스코드 이해가 어렵다면 단순히 붙여넣기만 해도 무방합니다. 각 서비스를 이해하는 데는 별 무리가 없습니다.

차 례

1장 쉽게 시작하는 클라우드

2장 AWS 서비스와 선택

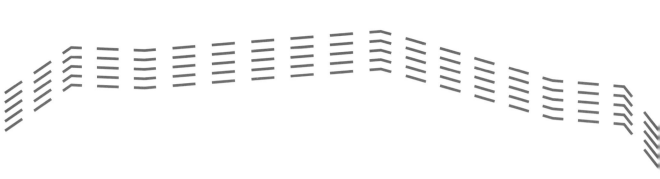

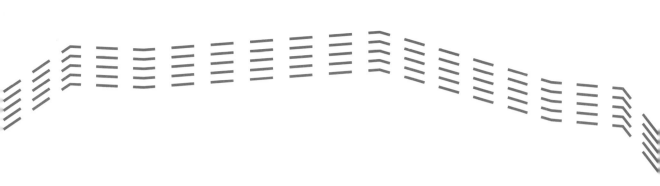

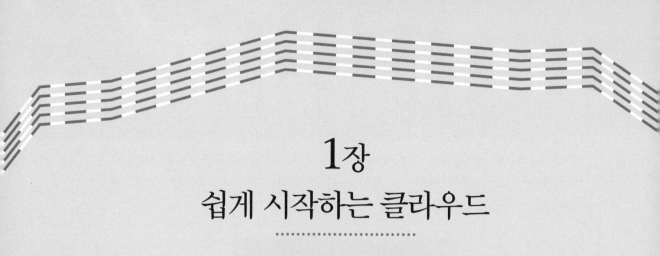

1장
쉽게 시작하는 클라우드

1.1 컴퓨팅 환경의 현재와 미래

1.1.1 컴퓨팅 환경의 현재

IT 컴퓨팅 환경은 주기적으로 큰 변화를 맞이하며 발전했습니다. 이러한 기술 변화는 컴퓨팅 환경 핵심 기술의 발전과 함께 진행되었습니다. 컴퓨터 중앙처리장치의 내장형 프로그램을 처음으로 고안한 미국 수학자 존 폰 노이만(John von Neumann)[1]이 만든 '폰 노이만 구조' 컴퓨터가 탄생하면서부터 컴퓨터의 두뇌에 해당하는 CPU의 처리 속도가 엄청나게 빨라지게 되었습니다. 이에 따라 컴퓨터의 성능이 과거와 비교할 수 없을 정도로 발전되었죠. 또한 눈부시게 발전된 네트워크 기술 덕분에 모바일 환경에서 편리하게 업무를 볼 수 있게 되었고, 가상화나 분산 처리 등 많은 신(新) 기술들로 4차 산업혁명의 기술들이 눈부시게 발전하고 있습니다. 그 중심에 클라우드 컴퓨팅이 있습니다. 우선 클라우드가 등장하기 이전 컴퓨팅 환경의 변화를 살펴보겠습니다.

❶ 메인 프레임(1970~80년대)
1980년대까지 IT 환경은 '메인 프레임'이라는 초대형 컴퓨터를 중앙에 배치하고 애플리케이션과 데이터를 모두 이 중앙 메인 프레임이 집중 처리하는 구조였습니다. 클라이언트 단말기

는 단지 입출력만 담당했죠. 이 처리는 모든 컴퓨터 자원이 중앙에 모이는 형식으로, 중앙집중식 컴퓨터 처리 방식입니다. 초기 메인 프레임은 'IBM 시스템/360'(IBM System/360)으로, 1964년 출시되었습니다. 이 IBM 시스템/360은 인류를 달에 보내며 미국 우주산업을 선도했습니다.

[그림 1-1-1] IBM 시스템/360

❷ 클라이언트 서버(1990년대)

1980년대 메인 프레임 기반의 시스템 환경이 1990년대에 이르러 PC 기반 운영체제 클라이언트/서버 환경으로 전환되면서, 기업의 IT시스템 인프라에 급격한 변화를 몰고 옵니다. 메인 프레임의 기능 일부를 클라이언트 단말기에서 정보 처리하면서 단말기의 성능이 강화되는 분산 처리 환경으로 변화가 이루어진 것입니다. 이 시기 수많은 정보 시스템이 새로 구축되었고, 이는 IT 시장이 오늘날과 같이 폭발적으로 성장하게 하는 기반이 되었습니다.

사용자   인터넷   서버

[그림 1-1-2] 클라이언트 서버 환경

❸ 웹 기반 네트워크 컴퓨팅(2000년대)

2000년대 들어서 고성능 PC 와 인터넷 기반 초고속 네트워크 통신 환경으로 급속히 변화하게 됩니다. 이에 따라 웹 브라우저를 통한 애플리케이션 처리로 분산 환경이 다시 한 번 서버 중심 중앙 컴퓨팅 환경으로 발전하게 됩니다. 아마존, 구글, 페이스북 등 우리가 알고 있는 대부분 ICT 기업들이 인터넷 환경을 기반으로 이 시기에 급성장하게 됩니다.

❹ 클라우드 컴퓨팅(2010년대)

현재는 서버를 소유하는 것이 아니라, 필요할 때마다 사용하는 클라우드 컴퓨팅 환경으로 발전하고 있습니다. 지금부터, 우리가 본격적으로 다룰 주제입니다.

지금까지 컴퓨팅 환경의 발전은 아래의 [그림 1-1-3] 과 같이 요약해볼 수 있습니다.

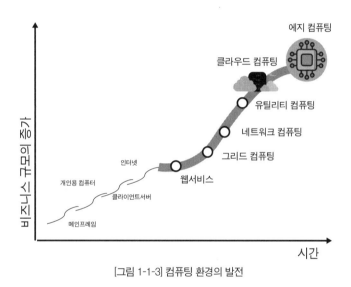

[그림 1-1-3] 컴퓨팅 환경의 발전

1.1.2 미래 에지 컴퓨팅

미래 컴퓨팅 환경의 변화상을 예측해봅시다. 자동차를 비롯해 가전제품 등이 모두 네트워크로 연결된 사물 인터넷(IoT)과 빅데이터 · 인공지능 시대에서는 매일 발생하는 데이터를 제때 처리하지 않으면 문제가 발생할 것입니다. 이를테면, 데이터 처리가 잠깐이라도 지연되어 자율주행차가 돌발상황에 대처하지 못해 자칫 큰 사고로 이어질 수 있는 상황을 야기할 수 있습니다.

시시각각 발생하는 방대한 실시간 데이터는 제아무리 빠른 클라우드 컴퓨팅 환경이라도, 이것을 모두 처리하는 일에는 위험이 뒤따를 수 있습니다. 클라우드 컴퓨팅은 각종 기기(디바이스에서 수집한 데이터를 멀리 떨어져 있는 데이터 센터에서 처리한 뒤, 이를 다시 기기로 송신하는 과정을 거칩니다. 이럴 경우 기기와 데이터 센터의 거리에 따라 필연적으로 지연 시간이 발생하게 됩니다. 따라서 데이터 전송에 오류가 생길 가능성도 높아지는 것이죠. 이런 클라우드 컴퓨팅 환경을 보완해줄 기술이 바로 '에지 컴퓨팅'(Edge Computing)입니다. 이는 한마디로 IoT 기기나 네트워크 가장자리에서 데이터를 분산 처리하는 '분산 클라우드 컴퓨팅' 기술입니다. 다수의 시장조사업체들은 향후 75% 이상의 기업 데이터가 이 '에지'에서 생성될 것이라는 전망을 내놓고 있습니다. 에지 컴퓨팅은 데이터를 중앙 데이터 센터까지 보내지 않고, IoT 기기에 탑재된 인공지능칩이나 가까운 미니 데이터 센터를 통해 처리합니다. 이렇게 되면 데이터 부하량이 줄고, 처리 시간도 단축됩니다. 인체에 비유하면 클라우드 컴퓨팅은 뇌에서 정보를 모아 분석하고 행동하는 방식이고, 에지 컴퓨팅은 자극을 받은 신경계가 자동반사하는 방식입니다. 에지 컴퓨팅은 미래 클라우드 환경으로 발전할 것으로 기대됩니다.

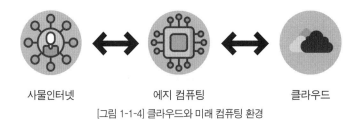

사물인터넷   에지 컴퓨팅   클라우드

[그림 1-1-4] 클라우드와 미래 컴퓨팅 환경

1. 존 폰 노이만(John von Neumann)

헝가리에서 태어나 미국 핵 프로젝트인 '맨해튼 프로젝트'에 참여하고, 수학 분야에 많은 업적을 남긴 존 폰 노이만은 폰 노이만 구조 (von neumann architecture)를 제안했습니다. 주기억 장치, 중앙 처리 장치, 입출력 장치의 전형적인 3단계 구조로 이루어진 프로그램 내장형 컴퓨터 구조로, 오늘날 사용하고 있는 대부분의 컴퓨터의 기본 구조입니다. 현대 컴퓨터는 폰 노이만 구조를 사용할 만큼 그의 연구는 컴퓨터 발전에 많은 업적을 남겼습니다. 이로 인해 오늘날 하드웨어와 소프트웨어에 비약적 발전이 이루어졌다 해도 과언이 아닙니다.

1.2 클라우드 컴퓨팅

클라우드 컴퓨팅(Cloud Computing, 그리드 컴퓨팅 · 유틸리티 컴퓨팅 · 서비스로서의 소프트웨어 개념이 혼합된 컴퓨팅 인프라의 집합. 데스크톱PC · 휴대폰 · 노트북 등 물리적으로 서로 다른 위치에 존재하는 다양한 정보들을 웹 기반 애플리케이션을 활용, 대용량 데이터베이스를 가상화 기술로 통합해 제공하는 기술 및 환경을 말한다)은 컴퓨터의 각종 연산 및 처리를 개인 PC가 아닌 인터넷 공간, 다시 말해 클라우드에서 처리하는 방식을 말합니다. 구름이라는 사전적 정의 외에, 종종 인터넷을 구름으로 표현하는 데서 유래했습니다. PC에 정보를 저장하는 대신 네이버 N드라이브, MS 원드라이브, 구글 드라이브, 드롭박스 등으로, 이미 여러분도 익히 사용하고 있는 바로 그것입니다.

[그림 1-2-1] 구름과 클라우드 서비스

1.2.1 클라우드 컴퓨터

학교 수업 시간에 발표해야 할 자료를 집에 있는 컴퓨터로 만들었지만, 준비한 파일을 클라우드에 올리면 학교에 있는 컴퓨터로 접속해서 바로 자료를 열어볼 수 있습니다. 물론 USB를 이용해서 파일을 복사할 수도 있지만, 클라우드만의 또 다른 강점이 있죠. 스마트폰이나 다른 디바이스를 통해서도 클라우드 접속이 가능하다는 점입니다. USB는 스마트폰과 자료를 주고받을 수 없습니다. 그러나 클라우드는 가능합니다. 또한, USB와 같은 저장 매체보다 저장 공간이 훨씬 크기 때문에 동영상, 사진, 문서 등 파일의 형태를 가리지 않고 대용량 파일들도 저장할 수 있습니다. 다른 장치나 기기 없이 웹에 저장해서 언제, 어디서든 인터넷이 가능한 곳이라면 저장한 파일을 불러올 수 있다는 것이 클라우드의 최대 강점입니다. MIT 학생이었던 드루 하우스턴(Drew Houston)은 중요한 파일을 담은 USB 메모리를 책상에 두고 오는 불편함을 해결할 아이디어를 가지고 창업을 했습니다. 바로, 자신의 파일이나 사진 등을 클라우드 서버에 저장해서 언제 어디서나 다양한 기기를 통해 사용할 수 있게 하는 '드롭박스'(Dropbox)입니다. 애플의 스티브 잡스가 생전에 하우스턴에게 약 1조의 기업 가치를 인정하며 인수 제안을 했으나, 거절당한 일화는 유명하죠.

[그림 1-2-2] 저장 장소 중심 클라우드 드롭박스

물론, 우리가 이해해야 하는 클라우드 개념이 단지 인터넷 저장소만을 의미하지는 않습니다.

[그림 1-2-3] 클라우드 저장 공간들

1.2.2 클라우드 컴퓨팅 정의

먼저, 위키백과의 클라우드 컴퓨팅 정의를 살펴보겠습니다. 위키에서는 클라우드 컴퓨팅을 이렇게 정의하고 있습니다. "클라우드 컴퓨팅(Cloud Computing)은 인터넷 기반 컴퓨팅의 일종으로 정보를 자신의 컴퓨터가 아닌 인터넷에 연결된 다른 컴퓨터로 처리하는 기술을 의미한다. 공유 컴퓨터 처리 자원과 데이터를 컴퓨터와 다른 장치들에 요청 시 제공해준다. 구성 가능한 컴퓨팅 자원(예: 컴퓨터 네트워크, 서버, 스토리지, 애플리케이션, 서비스)에 대해 어디서나 접근이 가능한, 주문형 접근을 가능케하는 모델이며 최소한의 관리 노력으로 빠르게 예비 및 릴리스를 가능케 한다. 클라우드 컴퓨팅과 스토리지 솔루션들은 사용자와 기업들에게 개인 소유나 타사 데이터 센터의 데이터를 저장, 가공하는 다양한 기능을 제공하며 도시를 거쳐 전 세계로까지 위치해 있을 수 있다. 클라우드 컴퓨팅은 전기망을 통한 전력망과 비슷한 일관성 및 규모의 경제를 달성하기 위해 자원의 공유에 의존한다."

필요한 만큼만   인터넷으로   사용할만큼만   대용량 서비스   클라우드
원할때마다   IT자원을   지불하는

[그림 1-2-4] 클라우드 서비스

클라우드를 정의하기 어려운 이유는 이 용어가 여전히 종종 명확하지 않게 혼재되며, 웹과 동의어인 것처럼 사용되기 때문입니다. 사실 클라우드 서비스는 웹을 활용하지만, 웹과는 의미가 다릅니다. 웹 상에 존재하는 모든 것이 클라우드 서비스인 것은 아닙니다. 개인 사용자의 경우, 클라우드 서비스는 데스크탑 또는 모바일 장치에서 설치 및 실행하는 소프트웨어이며 앞서 설명한 드롭박스와 같이 저장 장소로서 기능하기도 합니다. 반면 기업 조직의 일원일 경우, 클라우드 서비스는 사용자 PC에 설치하거나 기업 데이터 센터에서 실행하는 소프트웨어의 대체재로 기능합니다. 여러분이 온라인 쇼핑몰에서 사무용품을 구매할 때는 웹을 이용하는 것이지, 클라우드를 사용하는 것이 아닙니다. 그렇지만, AWS 저장 스토리지 서비스인 S3를 사용해 데이터를 로컬 하드 드라이브나 오피스 파일 서버에 저장하지 않고 사용하는 것은 클라우드 컴퓨팅 환경을 이용하는 것이죠.

1.2.3 클라우드 시장

전 세계 클라우드 서비스 시장은 매년 성장세를 기록 중입니다. 2018년에는 무려 48%포인트 신장율을 보이며, 전년보다 높은 성장률을 기록하기도 했습니다. 한 기관조사에 따르면, 서비스형 인프라(IaaS)와 플랫폼(PaaS), 호스티드 프라이빗 클라우드 서비스 등을 포함한 2018년 글로벌 클라우드 인프라 서비스 시장 매출 규모는 700억 달러(한화로 약 78조 원)에 달한 것으로 분석되었죠. 업체별로는 시장 점유율 34%로 아마존 웹 서비스(AWS)의 독주 속에 마이크로소프트(15%), 구글(7%), IBM, 알리바바 등의 추격이 계속되고 있습니다. 그러나 오라클, 후지쯔(fujitsu), 랙스페이스(Rackspace Inc.) 등이 포함된 '넥스트 10' 기업 및 기타 업체들은 위 상위 기업들에 시장을 빼앗기고 있습니다.[1]

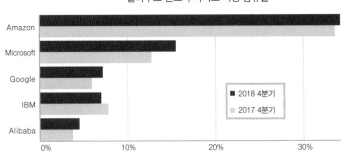

[그림 1-2-5] 클라우드 시장 점유율

1.3 클라우드 컴퓨팅의 장점

최근 클라우드가 각광받는 이유는 무엇일까요? 앞서 클라우드의 어원은 '구름'이며 보이지 않는 컴퓨팅 자원을 활용한다는 데에서 유래했다고 말한 바 있습니다. 부연하자면, 클라우드는 '사용자에게 보이지는 않지만 중앙의 서버 컴퓨팅 자원을 활용해서 서비스를 받을 수 있게 하는 플랫폼' 정도로 이해할 수 있습니다. 클라우드는 다음과 같은 장점을 제공합니다.

1.3.1 유연한 IT 인프라 관리

과거에는 IT 인프라를 도입하기 앞서 서비스 구축에 어느 정도의 인프라가 필요할지 미리 예상해야 했죠. 이것이 맞다면 다행이지만, 만약 예상이 빗나가면 인프라 부족 또는 잉여 인프라에 따른 과도한 비용 지출이라는 문제가 발생합니다. 그러나 클라우드는 IT 인프라를 실시간으로 자유롭게 조정할 수 있기 때문에 인프라 부족 또는 과도한 인프라 도입이라는 문제가

---

1) 시너지리서치그룹 https://www.srgresearch.com/articles/leading-cloud-providers-increase-their-market-share-again-third-quarter

발생하지 않습니다. 서비스 규모가 확대되면 그에 맞춰 클라우드 인프라를 추가해 사용하면 됩니다.

1.3.2 신속한 인프라 도입

클라우드는 서비스 가입 후 몇 분 내로 인프라를 도입해서 서비스 구축을 시작할 수 있습니다. 주문한 IT 장비가 도착하는데 2~3주의 시간이 걸렸던 예전과 상당히 대조적인 모습이죠. 그만큼 IT 인프라 도입에 들어가는 시간을 절감할 수 있고, 서비스 제공 시기를 앞당길 수 있습니다.

1.3.3 간편한 글로벌 서비스

많은 클라우드 사업자가 전 세계 주요 대륙에 데이터 센터를 보유하고 있습니다. 보통 30~40개, 많은 곳은 100개가 넘는 데이터 센터를 갖추고 있습니다. 이를 통해 기업들은 전 세계 어디에나 빠른 서비스를 제공하는 것이 가능해졌습니다. 과거에는 글로벌 서비스를 위해 기업이 직접 특정 대륙 또는 지역 별로 데이터 센터를 구축해야 했지만, 이제는 클라우드 사업자가 미리 구축한 글로벌 데이터 센터를 활용하면 됩니다. 그만큼 글로벌 서비스가 수월해진 것입니다. 기업뿐만 아니라, 규모가 작은 스타트업도 클라우드를 활용해 글로벌 서비스를 제공하고 있습니다.

1.3.4 예상치 못한 트래픽 폭주 대응

과거에는 서비스에 사용자가 몰려 트래픽이 폭주하면 대응할 방법이 없었습니다. 남는 인프라가 있다면 다행이지만, 만약을 대비해 예비 인프라를 남겨두는 기업은 거의 없죠. 트래픽이 폭주하면 기업은 사용자가 빠지길 기다리며, 데이터 압축이나 사용자 순차 접속 등의 조치 정도밖에 할 수 있는 일이 없었습니다. 반면, 클라우드는 서비스의 트래픽이 폭주하면 이에 맞춰 재빨리 인프라를 늘릴 수 있습니다. 트래픽 폭주로 서비스가 중단되는 사태를 걱정할 필요가 없어진 것이죠. 최근에는 이러한 트래픽 폭주에 맞춰 기업이 별도로 인프라를 확충하지 않아도 알아서 인프라를 늘렸다가, 트래픽이 줄어들면 이에 맞춰 인프라를 줄이는 자동 트래픽 증감 기술, '오토 스케일링'이 개발되어 기업이 더욱 편리하게 인프라를 관리할 수 있게 해주고 있습니다.

AWS가 대신 관리합니다 더 이상 신경쓰실 필요가 없습니다

데이터 센터	네트워킹
전력 공급	서버 랙 관리
냉각/공조	서버 관리
케이블 연결	스토리지
보안 관리	시설 운영 등

신규 하드웨어 구매 및 설치
신규 소프트웨어 설치 및 구성
데이터 센터 구축 및 업그레이드 등

"우리에게 전략적이지 않은 영역들,
이를테면 데이터 센터 운영과 같은 영역은
AWS *에 맡기기로 결정하였습니다."*
- Mark Pincus, CEO ⚑zynga

출처 AWS

[그림 1-3-1] 클라우드 서비스 장점(AWS)

1.3.5 빅데이터, 인공지능(AI) 서비스를 확장

현재 주목을 받는 머신 러닝, 즉 '기계 학습'(Machine Learning)은 인공지능에 수많은 데이터를 주고 스스로 공식을 만들게 해 문제를 푸는 방식입니다. 따라서, 무엇보다 데이터를 모으는 일이 중요해졌습니다. 클라우드는 기계 학습에 필요한 데이터를 쉽게 모을 수 있어서, 인공지능 기술들을 고도화하는 데 유용하죠. 아울러 인공지능을 보편화하는 데에도 큰 역할을 하고 있습니다. 개인 스마트 기기에서 인공지능을 구현하는 것은 거의 불가능합니다. 사용자가 높은 사양을 요구하는 고가 기기를 구입해 인공지능을 위한 환경을 갖춰야 하기 때문입니다. 그런데 클라우드는 인공지능의 이러한 한계점을 극복하게 해줍니다. 중앙 클라우드에 인공지능을 구축하고 이를 사용자가 이용하게 하면, 사용자는 중앙 서버의 컴퓨팅 자원으로 간편하게 인공지능 서비스를 받을 수 있습니다. 지금 당장 인공지능 서비스를 사용하고 싶다면? 클라우드에 접속하기만 하면 됩니다.

1.4 클라우드 컴퓨팅 유형

모든 클라우드가 동일하지는 않습니다. 그렇다고 해서, 특정 클라우드 컴퓨팅 유형이 누구에게나 적합한 것도 아닙니다. 여러 가지 서로 다른 모델, 유형 및 서비스가 결합되어 사용자에게 적합한 솔루션을 제공합니다.

1.4.1 웹 호스팅

클라우드 서비스 이전에는 웹 호스팅(Web Hosting) 서비스가 보편적으로 사용되고 있었습니다. 웹 호스팅은 하나의 서버에 여러 사용자를 수용할 수 있고, 사용자간 상호 접근은 격리되며, 코드를 올려 사용자가 원하는 애플리케이션을 작동할 수 있다는 점에서 클라우드 PaaS 서비스와 유사한 형태입니다. 웹 호스팅은 주로 PHP와 MySQL구조를 제공하는 아키텍처가 많았습니다. 하지만 웹 서버, 런타임, 프레임워크 변경 등에 있어 제약이 많았죠. 그래서 PHP 기반 그누보드, 워드프레스, 제로보드 XE 등 게시판 중심의 웹 사이트 운영에 주로 활용되어 왔습니다. 웹 호스팅은 특정 목적에 유용한 기술이었지만, 다양한 오픈 소스를 자유롭게 활용하는 애플리케이션 개발이나 기업용 서비스의 다양한 요구를 수용하기에는 한계가 있었던 것입니다. 웹 호스팅 기술이 기존 한계점을 극복하며 진화한 형태가 클라우드 서비스의 한 유형인 'PaaS' 서비스입니다.

1.4.2 온프레미스

온프레미스(On-premise) 서비스는 기업 시스템에서 지금까지 채택해온 전통적인 IT 서비스 방식입니다. 기업이 자체적으로 데이터 센터를 보유하고 시스템 구축부터 운영까지, 모두 수행하는 형태를 뜻합니다. 초기 시스템 투자에 드는 비용 부담이 크고, 시스템 가동 후 운영에 드는 비용도 시스템 사용량과 상관없이 일정 금액을 부담해야 합니다. 여러분이 좋은 아이디어를 가지고 웹이나 모바일 환경에서 새로운 서비스를 시작하려면 IT 서비스 환경 구축을 위해 아래와 같은 여러 준비들을 해야 합니다. 반면, 클라우드 환경은 이 모든 것을 일정 비용을 지불하고 즉각 서비스를 실행할 수 있죠.

온프레미스 기반으로 IT 서비스를 준비한다면, 최소한 다음과 같은 사항이 필요합니다.

- 전산실 구성
- 운영체제 선택과 구매
- 데이터베이스 선택과 구매
- 최대 사용량에 맞추어 서버 구매
- 인터넷 환경을 위한 전용선 설치 및 구매
- LAN 또는 스위칭 등 네트워크 구축

- 방화벽 등 보안 시스템 구축
- 운영체제, 데이터베이스 등 서버구성
- 서비스용 소프트웨어 구매 및 개발
- 추가 업그레이드 모듈 설치
- 단계별 백업 구성 및 설정
- 모니터링 시스템 구성
- 장애 대비를 위한 시스템 구성

이렇게 어렵게 구축한 이후에도 운영 및 유지 보수에 많은 관리가 필요합니다. 여기에 지속적으로 운영 비용이 증가할 것이고, 이 모든 비용을 사전에 계산하기는 어렵습니다. 결국 온프레미스 환경으로 IT 서비스를 운영하는 것은 빙산의 일각만을 보고 뛰어드는 일일 수 있습니다.

1.4.3 클라우드 서비스 운용 형태

클라우드 서비스를 시작하기 전에 먼저 결정해야 할 사항들이 있습니다. 바로, 클라우드 배포 유형 또는 클라우드 컴퓨팅 아키텍처입니다. 클라우드 서비스를 배포하는 방식에는 3가지 유형이 있습니다. 공용 클라우드, 사설 클라우드 또는 하이브리드 클라우드입니다.

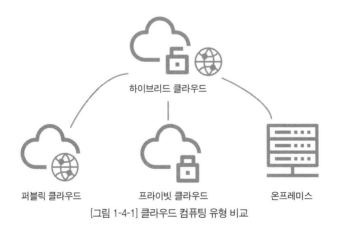

[그림 1-4-1] 클라우드 컴퓨팅 유형 비교

❶ 공용 클라우드

공용 클라우드(Public Cloud)는 인터넷을 통해 서버 및 저장소와 같은 컴퓨팅 리소스를 제공하는 타사 클라우드 서비스 공급자가 소유하고 운영합니다. 공용 클라우드는 우리가 학습하게 될 AWS, MS Azure 등이 있습니다. 공용 클라우드를 사용할 경우 모든 하드웨어, 소프트웨어 및 기타 지원 인프라를 클라우드 공급자가 소유하고 관리합니다. 사용자는 웹 브라우저를 사용해 서비스에 액세스하고 계정 관리만 하면 됩니다.

❷ 사설 클라우드

사설 클라우드(Private Cloud)는 단일 비즈니스 또는 조직에서 독점적으로 사용되는 클라우드 컴퓨팅 리소스를 의미합니다. 사설 클라우드는 회사의 실제 온사이트 데이터 센터 내에 배치할 수 있습니다. 일부 회사에서는 해당 사설 클라우드를 사용하기 위해 타사 서비스 공급자에 비용을 지급하기도 합니다. 사설 클라우드는 서비스와 인프라가 개인 네트워크 환경에서 유지 및 관리되는 클라우드입니다.

❸ 하이브리드 클라우드

혼합형 클라우드 또는 하이브리드 클라우드(Hybrid Cloud)는 공용 클라우드와 사설 클라우드 사이 데이터와 응용 프로그램을 공유할 수 있는 기술로, 함께 연결된 공용 클라우드와 사설 클라우드를 결합하는 구조를 의미합니다. 하이브리드 클라우드는 데이터 및 응용 프로그램을 사설 클라우드와 공용 클라우드 간에 이동할 수 있도록 만들어져 비즈니스에 더 높은 유연성과 개발 옵션을 제공하며, 기존 인프라와 보안 및 규정 준수를 최적화할 수 있게 지원합니다.

1.5 클라우드 컴퓨팅 서비스 유형

초기 클라우드 서비스는 '지메일(Gmail)'이나 '드롭박스', '네이버 클라우드'처럼 소프트웨어를 웹에서 쓸 수 있는 SaaS(Software as a Service, 서비스로서의 소프트웨어)가 대부분이었습니다. 이후 서버와 스토리지, 네트워크 장비 등의 IT 인프라 장비를 빌려주는 IaaS(Infrastructure as a Service, 서비스로서의 인프라스트럭처), 플랫폼을 빌려주는 PaaS(Platform as a Service, 서비스로서의 플랫폼)으로 확장되고 있습니다. 클라우드 서비스는 어떤 자원을 제공하느냐에 따라 이처럼 크게 3가지로 구분됩니다. 중앙의 컴퓨팅 활용도에 따라 'IaaS(Infrastructure as a Service)', 'PaaS(Platform as a Service)', 'SaaS(Software as a Service)'로 나누어집니다. SaaS 가 이미 만들어진 레고 모형, IaaS가 레고 공장이라면, PaaS는 레고 블록이라 할 수 있습니다.

SaaS	PaaS	IaaS	온프레미스
애플리케이션	애플리케이션	애플리케이션	애플리케이션
데이터	데이터	데이터	데이터
런타임	런타임	런타임	런타임
미들웨어	미들웨어	미들웨어	미들웨어
운영체제	운영체제	운영체제	운영체제
가상화	가상화	가상화	가상화
서버	서버	서버	서버
저장소	저장소	저장소	저장소
네트워크	네트워크	네트워크	네트워크

■ 클라우드 제공자가 관리   ■ 클라우드 사용자가 관리

[그림 1-5-1] 클라우드 서비스 유형

1.5.1 IaaS

Infrastructure as a Service, 줄여서 IaaS라고 부르는 서비스로서의 인프라는 클라우드 IT의 기본 요소들을 포함하고 일반적으로 네트워킹 기능, 컴퓨터(가상 또는 전용 하드웨어) 및 데이터 스토리지 공간을 제공합니다. 서비스로서의 인프라는 IT 리소스에 대해 가장 높은 수준의 유연성과 관리 제어를 제공하며 오늘날 많은 IT 부서와 개발자에게 익숙한 기존 IT 리소스와 가장 흡사합니다. 넷플릭스(Netflix)는 자체 데이터 센터를 구축하여 서비스를 운영하는 대신 AWS의 IaaS 서비스를 이용하는 방식을 택하고 있습니다. 전 세계에 보다 빠른 서비스를 제공하기 위해 AWS에서 필요한 컴퓨팅 자원을 빌려서 서비스를 운영하며, 때에 따라 필요한 컴퓨팅 인프라를 몇 분 또는 몇 시간 안에 IaaS로 꾸려 운영할 수 있습니다. 만약 기존 데이터 센터 환경이었다면 서버를 추가로 들이거나 스토리지를 구입하는 과정에서 시간이 며칠 또는 몇 주 더 걸렸을 겁니다.

1.5.2 PaaS

Platform as a Service, 줄여서 PaaS라고 부르는 이 서비스로서의 플랫폼은 소프트웨어 서비스를 개발할 때 필요한 플랫폼을 제공하는 서비스입니다. 사용자는 PaaS에서 필요한 서비스를

선택해 애플리케이션을 개발하고, PaaS 운영 업체는 개발자가 소프트웨어를 개발할 때 필요한 API를 제공해 개발자가 좀 더 편하게 앱을 개발할 수 있게 지원합니다. 일종의 레고 블록 같은 서비스입니다. PaaS 서비스 업체는 레고 블록을 개발자에게 제공하고, 개발자는 각 레고 블록을 바탕으로 자신만의 레고 모형을 만들면 됩니다. 서비스로서의 플랫폼을 사용하면 조직은 기본 인프라(일반적으로 하드웨어와 운영 체제)를 관리할 필요가 없어 애플리케이션 개발과 관리에 집중할 수 있습니다. 다시 말해, 애플리케이션 실행과 관련된 리소스 구매, 용량 계획, 소프트웨어 유지 관리, 패치 또는 다른 모든 획일적인 작업에 대한 부담을 덜어 더욱 효율적으로 만듭니다.

1.5.3 SaaS

Software as a Service, 줄여서 SaaS라고 부르는 이 서비스로서의 소프트웨어는 클라우드 환경에서 운영되는 애플리케이션 서비스를 의미합니다. 모든 서비스가 클라우드에서 이루어지는데, 소프트웨어를 구입해서 PC에 설치하지 않아도 웹에서 소프트웨어를 빌려 쓸 수 있는 환경을 말합니다. 일반적으로 서비스로서의 소프트웨어라고 하면 최종 사용자 애플리케이션을 말합니다. SaaS를 사용하면 서비스가 어떻게 유지 관리되는지 또는 기본 인프라가 어떻게 관리되는지 고민할 필요가 없고, 해당 소프트웨어를 어떻게 사용할지에 대해서만 생각하면 됩니다. SaaS 애플리케이션인 지메일과 같은 서비스는 이메일 기능을 관리할 필요가 없습니다. 실행되는 서버 및 운영 체제를 유지하지 않고도, 이메일을 보내고 받을 수 있는 SaaS 기반 클라우드 서비스이기 때문입니다.

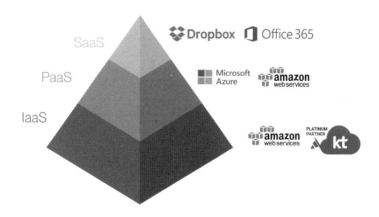

[그림 1-5-2] 서비스 유형별 클라우드 대표 서비스

1.5.4 FaaS와 CaaS

클라우드 플랫폼은 앞서 설명한 3가지 유형이 대표적이지만, 최근 새로운 유형의 클라우드 플랫폼들도 속속 등장하고 있습니다. 새로운 플랫폼에는 FaaS(Fuction as a Service)와 CaaS(Container as a Service)가 있습니다. FaaS는 대표적으로 아마존 웹 서비스 람다(AWS Lambda), 구글 클라우드 함수가 있고 클라우드 공급자의 플랫폼에서 완벽하게 실행하는 서버리스 코드로 배포됩니다. FaaS의 가장 큰 특징은 플랫폼으로 사용하면 서버 인프라를 관리할 필요가 없고 단지 함수를 실행하는 데 필요한 컴퓨팅 작동 시간만큼 비용을 지불하면 됩니다. CaaS 모델은 클라우드 공급자에게 가상 컨테이너로 마이크로서비스를 빌드하고 배포합니다. 서비스가 배포되는 가상 머신을 개발자가 관리하는 IaaS 모델과 달리, CaaS 모델에서는 경량의 가상 컨테이너에서 서비스를 배포합니다. 클라우드 공급자는 컨테이너 오케스트레이션(Container Orchestration)이라는 기술로 컨테이너를 실행하는 가상 서버는 물론 컨테이너의 구축과 배포, 모니터링과 확장을 종합한 도구도 제공합니다. AWS의 ECS가 CaaS 기반의 대표적인 사례입니다. FaaS와 CaaS 모델 모두 클라우드 컴퓨팅 모델을 사용해 마이크로서비스 아키텍처를 구축할 수 있다는 사실이 중요합니다. 마이크로서비스의 서비스 개념은 앞으로 계속 살펴보겠습니다.

1.6 클라우드 네트워크 기본

네트워크 환경

우리가 매일 사용하는 인터넷을 구성하고 있는 시스템을 '인터넷 시스템'(Internet System)이라고 합니다. 클라우드 인프라는 이 인터넷 환경을 기반으로 개발되었습니다. 클라우드 서비스는 수많은 서버(Server)와 클라이언트(Client)들로 구성되어 있습니다. 서버란 인터넷 서비스를 제공하는 프로그램이나 컴퓨터를 의미합니다. 여러분이 컴퓨터나 스마트폰 등 다양한 기기를 사용하여 방문하는 웹 사이트의 정보를 담고 있는 프로그램이나 컴퓨터를 웹 서버(Web server)라고 부릅니다. 클라이언트란 서버가 제공하는 서비스를 이용하는 사용자나 사용자가 사용하는 기기를 의미합니다. 웹 시스템에서 여러분이 여러 웹 사이트를 방문하기 위해 사용하는 웹 브라우저 등을 예로 들 수 있습니다.

클라우드 환경은 서버와 클라이언트 외에도 여러 네트워크 기기가 서로 연결되어 통신할 수 있는 네트워크 환경이 구축되어야 합니다. 네트워크와 네트워크를 연결하려면 인터네트워킹 (Internetworking) 기능을 수행하는 게이트웨이가 필요하고 게이트웨이에는 방화벽, 라우터 등 많은 장비와 이를 식별하는 고유 주소 등에 대한 이해가 필요합니다.

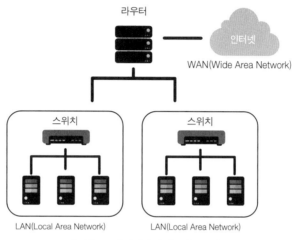

[그림 1-6-1] 일반적인 네트워크 구성

1.6.1 네트워크 장비

❶ 라우터

라우터는 서로 다른 지역의 컴퓨터를 연결하는 기기입니다. 2개 이상의 네트워크와 네트워크 간 데이터 전송을 위해 최적 경로를 설정해주며, 데이터를 해당 경로를 따라 한 통신망에서 다른 통신망으로 통신 가능하게 도와주는 인터넷 접속 장비입니다. 다시 말해, 네트워크를 통해 정보를 주고받을 때 데이터에 담긴 수신처의 주소를 읽고 가장 적절한 통신 경로를 이용해 다른 통신망으로 전송하는 장치로, 전화국의 교환기와 비슷한 개념입니다. 내부 네트워크는 사용하는 컴퓨터 기종이나 운영체제, 프로토콜 등을 확실히 알 수 있기 때문에 네트워크의 최적화를 이룰 수 있습니다. 그러나 내부 네트워크를 외부와 연결할 때는 외부 네트워크에서 사용하는 프로토콜이나 컴퓨터 기종 등의 정보를 알 수 없는데, 이러한 임의의 네트워크와 내부 네트워크를 연결하기 위한 네트워크 장비가 바로 라우터입니다.

❷ 스위치

스위치는 여러 컴퓨터를 연결하는 네트워크 분배기 역할을 합니다. 컴퓨터나 모니터 등의 전원 케이블을 연결할 때 전기 콘센트가 부족한 경우 '멀티 탭'이라는 전기용품을 사용하죠. 이는 하나의 전력원을 여러 기기로 분배해주는 역할을 담당하죠. 네트워크 장비 중 허브(hub)와 스위치(Switch, 혹은 스위치 허브)도 이 멀티 탭과 같이 분배의 역할을 합니다. 하나의 네트워크 라인에 여러 대의 컴퓨터에 랜 케이블을 꽂을 수 있도록 분배하는 장비입니다.

❸ 방화벽

방화벽의 원래 의미는 건물에서 발생한 화재가 더 이상 번지는 것을 막는 소방 장비입니다. 인터넷에서의 방화벽은 네트워크의 보안 사고나 문제가 확대되는 것을 막고 격리하려는 것으로 이해하면 됩니다. 특히 어떤 기관 내부의 네트워크를 보호하기 위해 외부에서의 불법적인 트래픽 유입을 막고, 허가되고 인증된 트래픽만을 허용하려는 적극적인 방어 대책이라는 의미입니다. 인터넷 환경에서 방화벽은 하나의 컴퓨터 시스템과 전체 인터넷을 구분시켜 주는 프로그램으로, 시스템 사용자의 외부 접속을 제한하거나 보안 상의 문제로 인한 외부인의 사용을 제한하는 데 사용됩니다.

❹ IP 주소와 도메인

인터넷을 사용하려면 인터넷 사용자는 각국의 통신망 정보 센터(NIC)에서 할당하는 IP 주소와 인터넷 연결 서비스를 관리하는 회사에 가입해야 합니다. 국내에서는 한국 인터넷 정보센터(KRNIC)가 IP 주소의 지정 및 도메인 등록 업무를 담당하고 있습니다. 1994년 6월 한국통신이 최초로 인터넷 상용 서비스를 개시한 이래 많은 수의 인터넷 접속 서비스 제공자가 생겨나서 일반인을 대상으로 상용 서비스를 제공하고 있습니다. IP 주소는 '192.168.0.1'과 같은 형태로, 컴퓨터가 이해하기 쉽도록 숫자로만 구성되어 있습니다. 집마다 주소가 있듯이 각각의 컴퓨터에도 제각기 다른 IP 주소를 갖습니다. 이 IP 주소를 통해서 컴퓨터는 인터넷 서버로 접속할 수 있습니다. 현재 IP 주소는 버전4(IPv4)를 사용하고 있습니다. 다시 말해, 4그룹으로 나눠진 최대 12자리의 번호로 이뤄져 있으며 숫자로 된 주소는 xxx.xxx.xxx.xxx의 4단계로 표현됩니다(이를테면, 210.113.39.224). 각 자리의 숫자는 0~255까지를 사용합니다. 물론 세계적으로 중복되지 않아야 하며, 이를 공인 IP 주소라고 합니다. 인터넷이 확대된 이후 IP 주소를 통해 호스트 컴퓨터를 식별할 수 있게 되었습니다. 하지만 인터넷이 급격히 확대되면서 호스트 컴퓨터의 숫자도 늘어나게 되었고, 전 세계의 수많은 사용자들이 IP 주소를 일일이 기억하기란 불가능한 일이 되었죠. 그리하여 1984년 미국립과학재단(NSF)에서 도메인 네임

(Domain Name) 등록을 수행하기 시작했습니다. 도메인 네임이란 사용자의 입장에서 쉽게 이용할 수 있도록 숫자로 표현된 주소 대신에 문자열(알파벳, 숫자, -)로 나열된 주소입니다. 임의의 숫자로 이뤄진 IP 주소는 기억하기가 힘들기 때문에 번호로 된 주소에 이 웹 사이트의 고유 주소라고 할 수 있는 도메인 네임(이를테면, aws.amazon.com)을 문자로 지정합니다.

❺ IPv6

현재 가장 널리 사용되는 IP 주소 체계는 IPv4입니다. IPv4는 2의 32제곱(약 42억 개) 기기만 네트워크에 접속할 수 있습니다. 초기 인터넷 시대에는 충분한 주소였지만 이제 IP 주소에 대한 새로운 대안이 필요하게 되었습니다. IPv4 주소 공간인 32비트 체계를 IPv6, 즉 128비트 체계로 확장하면 거의 무한대로 주소를 부여할 수 있습니다. IP 주소의 길이가 128비트로 늘어났다는 점 외에도 네트워크 속도 증가, 높은 품질의 서비스 제공, 데이터 무결성 및 비밀 보장 등도 대표적인 장점으로 미래 인터넷 주소의 중심이 되고 있습니다.

1.6.2 CIDR

CIDR(사이더)는 도메인 간의 라우팅에 사용되는 인터넷 주소를 원래 IP 주소 클래스 체계를 쓰는 것보다 더욱 능동적으로 사용할 수 있도록 할당하여 지정하는 방식 중 하나입니다. CIDR를 사용한 결과, 인터넷 주소의 숫자가 크게 증가하게 되었습니다. 인터넷 프로토콜은 'A Class'에서 'D Class'까지, 모두 4개의 클래스 내에서 IP 주소를 정의합니다. 클래스는 각각 32비트 인터넷 주소 형식의 한 부분을 네트워크 주소로 할당하며, 남은 부분은 해당 주소에 의해 지정된 네트워크 내에 잇는 호스트에 할당합니다. 광범위하게 사용되는 클래스 중 'B Class'의 경우에 65,533대의 호스트를 지정할 수 있는 주소 공간이 할당됩니다. 이를테면, 254개 이상 65,533개 이하의 호스트 주소가 필요한 회사라면 대부분 할당된 주소 블록의 거의 대부분을 낭비하게 됩니다. 이러한 이유로 CIDR를 사용하기 전에는 실제로 필요한 것보다 인터넷 주소 공간이 더 빨라지고 고갈되고 있었습니다. CIDR는 라우터 내에 네트워크 주소를 지정해 새롭고 더 유연한 방법으로 제공하여 이러한 문제점을 해결해줍니다.

1.6.3 **포트와 프로토콜**

❶ 포트

컴퓨터에서 통신에 사용하는 프로그램을 식별하는 번호가 바로 포트 번호입니다. 포트는

1~216(65535)까지 사용할 수 있습니다. 이때 0~1023은 시스템이 사용하는 포트로, 특정 유명 서비스 또는 프로토콜이 사용하려고 미리 예약한 '잘 알려진 포트'(Well-known Port)입니다. 나머지 1024~65535까지는 사용자가 사용할 수 있는 포트입니다. 일반적으로 포트 번호는 잘 알려진 포트 외에 '등록된 포트'(Registered Port), '동적 포트'(Dynamic Port) 3가지로 나눌 수 있습니다. 잘 알려진 포트는 특정한 쓰임새를 위해서 ICANN(Internet Corporation for Assigned Names and Numbers, 국제인터넷주소관리기구)에서 할당한 TCP 및 UDP 포트 번호의 일부입니다.

- 잘 알려진 포트(well-known port) : 0번 ~ 1023번
- 등록된 포트(registered port) : 1024번 ~ 49151번
- 동적 포트(dynamic port) : 49152번 ~ 65535번

이 포트 번호는 강제적으로 지정된 것은 아니며, 권고안일 뿐입니다. 가끔 포트 번호를 그대로 사용하지 않고 다른 용도로 사용하는데, 해킹과 같은 프로그램들이 악의적인 목적으로 포트를 변경하여 사용하는 경우도 있습니다. 포트별 대표적 서비스 사례는 아래 [표 1-6-1]과 같습니다.

서비스명	서비스 내용	포트 번호	전송 계층
TCPMUX	TCP port service multiplexr	1	UDP/TCP
ECHO	echo	7	UDP/TCP
DAYTIME	daytime	13	UDP/TCP
FTP - DATA	FTP 데이터 전송	20	UDP/TCP/SCTP
FTP - CONTROL	FTP 데이터 전송 제어	21	UDP/TCP
TELNET	telnet 터미널 에뮬레이션	23	TCP
SMTP	메일 메시지 전송 프로토콜	25	UDP/TCP
DNS	DNS 질의 응답	53	UDP/TCP
HTTP	웹 페이지	80	UDP/TCP
NTP	Network Time Protocol	123	UDP/TCP
BGP	BGP 라우팅 프로토콜	179	TCP

[표 1-6-1] 주요 포트

❷ 프로토콜

지금까지 네트워크가 물리적으로 연결되어 있는 환경에 대해 알아봤습니다. 그렇지만, 컴퓨터끼리 통신하려면 중요한 한 가지가 더 필요합니다. 우리가 전화 통화를 할 때 "여보세요"라는

말로 시작하는 것처럼, 네트워크 사용에도 규약이나 규칙이 필요합니다. 네트워크 통신을 할 때도 두 기기(컴퓨터, IoT 기기 등)가 서로 통신하기 위한 사전 약속이 필요한데 이를 '프로토콜'(Protocol)이라고 합니다. 일상 생활에서 컴퓨터를 통해 인터넷을 접속하든, 공유 폴더나 파일에 접근하든, 메일을 주고받든, 네트워크 프로토콜을 부지불식간에 이용하고 있습니다.

❸ TCP/IP

컴퓨터 통신에 이용되는 프로토콜은 몇 가지가 있는데, 컴퓨터와 인터넷을 사용하면서 흔히 접하게 되는 프로토콜은 대여섯 개에 지나지 않습니다. 그중 가장 중요한 프로토콜이 인터넷 접속을 위한 규약인 TCP/IP(Transmission Control Protocol/Internet Protocol)입니다. TCP/IP 프로토콜은 다른 것들보다 신뢰성이 높은 방식으로, 정보를 전달할 때 중간 유실이나 흐름 장애 시 재전송을 하는 방식입니다. 이는 한 정보를 여러 패킷으로 나누어 보냅니다. 이 정보가 전달되는 과정에서 중간에 유실되었을 때 수신자는 불완전한 정보를 받게 됩니다. 그러나 수신자는 다시 발신자에게 중간에 정보가 유실되었음을 알려주고, 다시 정보를 받을 수 있기 때문에 신뢰성이 높은 방식입니다.

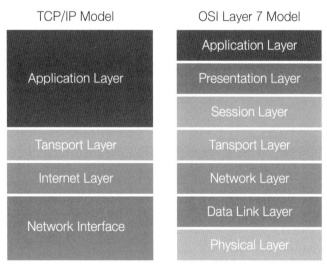

[그림 1-6-2] TCP/IP 와 OSI 참조 모델

TCP/IP 프로토콜에 대해 이해하기 위해서는 먼저 OSI 참조모델 개념을 알아야 합니다. OSI 는 각종 시스템 간의 연결을 위하여 ISO(International Organization for Standardization, 국제 표준화기구)에서 제안한 모델입니다. OSI 참조모델(Open System Interconnection Reference Model)이라는 명칭에서 유추할 수 있듯이, 시스템에 상관없이 각 시스템이 서로 연결될 수 있도록 만들어주는 통신 모델입니다. 컴퓨터와 컴퓨터 사이의 데이터 전송을 위해서는 [그림 1-6-2]와 같이 7단계를 거쳐서 전송됩니다. 7개의 단계로 나눈 이유는 각 계층에 대해 각자 필요한 내용만 이해하면 되기 때문입니다. 컴퓨터 용어로 표현하면, 캡슐화와 은닉(숨기기)이 가능하기 때문이죠. 캡슐화, 은닉을 통해 서비스 개발자는 애플리케이션 레이어(Application Layer)와 프레젠테이션 레이어(Presentation Layer)만 신경 쓰면 되며, 실제 애플리케이션 개발자는 세션 레이어(Session Layer)와 트랜스포트 레이어(Transport Layer) 정도만 파악하면 됩니다. 네트워크 레이어(Network Layer) 계층 아래는 운영체제가 알아서 처리하기 때문에 신경 쓸 필요가 없습니다. 마찬가지로 하드웨어를 만드는 사람은 피지컬 레이어(Physical Layer)만 알면 되고, 그 외 계층에 대해서는 신경 쓸 필요가 없습니다.

❹ HTTP

HTTP(Hypertext Transfer Protocol)는 인터넷상에서 데이터를 주고받기 위한 클라이언트 서버 모델(Client-server model)을 따르는 가장 일반적인 프로토콜입니다. 클라이언트 서버 모델은 서비스 요청자인 클라이언트와 서비스 자원의 제공자인 서버 간 작업을 분리해주는 '분산 애플리케이션 구조 기반 네트워크 아키텍처'를 의미합니다. 불특정 다수를 대상으로 하는 서비스에 적합하고, 클라이언트와 서버가 항상 연결된 형태가 아닌 무상태(Stateless)여서 클라이언트와 서버 간의 최대 연결 수보다 훨씬 많은 요청과 응답을 처리할 수 있는 장점이 있습니다. 반면, 연결이 끊기면 클라이언트의 이전 상황을 알 수 없는 상태로 정보를 유지하기 위한 지원 기술이 필요합니다. HTTP는 앞서 언급한 TCP/IP 최상위 계층 애플리케이션 레벨 프로토콜에서 작동하며 어떤 종류의 데이터이든 간에 전송할 수 있도록 설계되었습니다. HTTP로 보낼 수 있는 데이터는 HTML 문서, 이미지, 동영상, 오디오, 텍스트 문서 등 여러 종류가 있습니다. HTTP 프로토콜은 현재 웹 서비스의 근간이 되는 기술로, 앞으로 좀 더 자세히 살펴보겠습니다.

1.6.4 HTTP 기반 웹 서비스

● 1단계
사용자가 브라우저 주소창에 'www.homepage.com'을 입력합니다.

클라이언트

② "www.homepage.com"의 아이피 주소 요청

③ "www.homepage.com"의 아이피는 111.111.111.111

DNS 서버

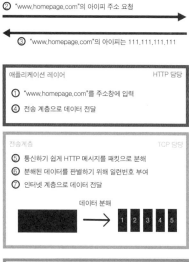

애플리케이션 레이어 　　　　　　　　　　　　　　HTTP 담당

① "www.homepage.com"를 주소창에 입력

④ 전송 계층으로 데이터 전달

전송계층 　　　　　　　　　　　　　　　　　　　TCP 담당

⑤ 통신하기 쉽게 HTTP 메시지를 패킷으로 분해

⑥ 분해된 데이터를 판별하기 위해 일련번호 부여

⑦ 인터넷 계층으로 데이터 전달

데이터 분해

1 2 3 4 5

네트워크 계층 　　　　　　　　　　　　　　　　　物리적 서버

⑧ 상대가 어디있는지 인터넷을 통해 찾아다니며 이동

라우터 등등

라우터 등등

라우터 등등

라우터 등등

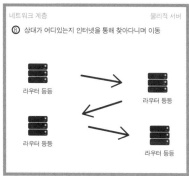

전송계층 　　　　　　　　　　　　　　　　　　　TCP 담당

⑨ 도착한 패킷을 일련번호를 보고 조립

⑩ 애플리케이션 레이어로 데이터 전달

데이터 조립

1 2 3 4 5

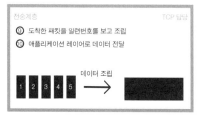

애플리케이션 레이어 　　　　　　　　　　　　　　HTTP 담당

⑪ 전달받은 데이터를 서버에 전달

도착지 서버
IP: 111.111.111.111
도메인: www.homepage.com

[그림 1-6-3] HTTP 서비스 흐름도

● 2단계

DNS 서버를 통해 주소 값과 맵핑되어 있는 IP 주소를 찾습니다. 만약 사용자가 IP 주소를 입력하면, 이 과정은 생략하고 4단계로 이동합니다.

● 3단계

DNS 서버로부터 받은 IP 주소를 전달받습니다. 받은 DNS 주소는 한동안 저장되어 다음 동일한 주소 값을 입력할 때 다시 사용합니다. 따라서 두 번째 방문한 사이트는 조금 더 빠르게 로드됩니다.

● 4단계

전송 계층으로 데이터를 전달합니다.

● 5단계

데이터를 네트워크 계층이 통신할 때 사용하는 '패킷'으로 분해합니다.

● 6단계

분해한 데이터를 판별하기 위해 일련번호를 부여합니다. 이 과정을 간소화하고 더 많은 데이터를 가지고 있는 UDP라는 프로토콜도 있습니다.

● 7단계

전송 계층의 데이터를 네트워크 계층으로 전달합니다.

● 8단계

프로토콜이 아닌 물리적인 서버 간 데이터 통신이 이루어지며, 인터넷에 해당하는 부분입니다.

● 9단계

도착한 데이터를 일련번호에 맞게 조립합니다.

● 10단계

데이터를 애플리케이션 레이어로 전달합니다.

●11 단계

다시 전달받은 데이터를 서버로 전달합니다.

응답하는 과정도 동일한 과정을 거치게 됩니다.

1.7 클라우드 핵심 기술

가상 서버

오늘날 클라우드 서비스에서 제공하는 가장 기본적인 기능이 가상 서버(또는 가상 머신)입니다. 가상 서버는 하나의 물리적인 서버와 마찬가지로 개별 운영체제나 애플리케이션을 실행시킬 수 있습니다. 가상 서버는 하나의 물리적 서버를 논리적으로 나누어 CPU, 메모리 등의 자원을 할당한 것입니다. AWS는 포털 화면에서 가상 서버를 설정하면 몇 분 만에 사용할 수 있고, 중지 · 다시 시작 · 삭제 등도 쉽게 제어할 수 있습니다. AWS에는 대표적으로 EC2가 있으며, 가상 서버의 서비스 가격은 가상 CPU의 성능 및 메모리 용량 등에 따라 가격이 결정됩니다.

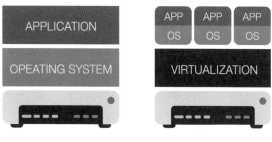

전통적인 서버 구조   가상화된 서버 구조

[그림 1-7-1] 일반 서버와 가상 서버

1.7.1 가상화 기술

클라우드를 이해하는 기본 기술이 가상화 기술입니다. 가상화(Virtualization)는 물리적인 하드웨어 장치를 논리적인 객체로 추상화하는 것을 의미입니다. 마치 하나의 장치를 여러 개로

나눠 동작시키거나, 반대로 여러 개의 장치를 묶어 마치 하나의 장치인 것처럼 사용자에게 공유 자원으로 제공할 수 있기 때문에 클라우드 컴퓨팅 구현을 위한 핵심 기술이라고 말할 수 있습니다.

가상화 기술은 1960년대부터 시작되었지만, 널리 도입된 것은 2000년대 초반입니다. 하이퍼바이저(Hypervisor)와 같은 가상화 지원 기술은 이미 수십 년 전에 개발되어 일괄 처리를 수행하는 컴퓨터에 여러 명의 사용자가 동시에 액세스할 수 있게 되었습니다. 일괄 처리는 반복 작업을 매우 빠르게 수천 번 실행하는 사업 분야에서 널리 사용되는 컴퓨팅 방식이었습니다. 하지만 이후 몇 십 년간 단일 머신에서 여러 사용자가 작업할 수 있게 하는 솔루션은 점차 인기를 얻은 데 비해, 가상화는 빛을 보지 못했습니다.

가상화 기술을 활용한 현대적 의미의 클라우드 컴퓨팅은 1996년 컴팩(Compaq)에서 처음 사용하며 등장한 이래로, 이후 2006년 구글 내부에서 유휴 서버를 활용하는 방식을 사용하면서 발전했습니다. 같은 해 8월 아마존이 EC2라고 불리는 서비스를 개시하면서, 대중에게 널리 알려지기 시작했습니다. 가상화 기술은 그 방식과 형태에 따라 전통적으로 하이퍼바이저형과 호스트(Host)형으로 나눌 수 있으며, 각각 장단점이 있어 상황에 따라 맞춰 발전되어 왔습니다.

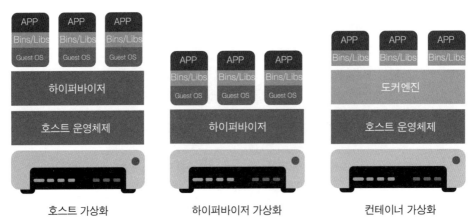

[그림 1-7-2] 호스트 · 하이퍼바이저 · 컨테이너 가상화

❶ 호스트 가상화

하드웨어 위에 기본이 되는 호스트 운영체제를 설치하고, 호스트 운영체제에 가상화 SW를 설치합니다. 호스트 가상화는 가상화 SW 위에 게스트 운영체제를 작동시키는 가상화를 말합니다. 가상화 SW를 설치해서 손쉽게 가상 환경을 구축할 수 있기 때문에 개발 환경 구축 등에 많이 사용되고 있습니다. 그러나 호스트 운영체제 위에 게스트 운영체제를 작동시키기 때문에 필요 이상으로 CPU나 메모리 사용이 증가하는 오버헤드가 발생합니다.

❷ 하이퍼바이저 가상화

하드웨어에 가상화를 전담하는 SW인 하이퍼바이저를 배치해 HW와 가상 환경을 제어합니다. 호스트가 없는 HW를 직접 제어하기 때문에 컴퓨팅 자원을 효율적으로 사용할 수 있습니다. 하지만 환경별로 다른 운영체제가 작동하기 때문에 가상 환경을 사용하기 위한 오버헤드가 발생합니다.

❸ 컨테이너 가상화

호스트 가상화, 하이퍼바이저 가상화처럼 운영체제를 여러 개 가동시키면 이것만으로도 많은 자원이 필요합니다. 따라서 운영체제에 논리적인 영역(컨테이너)을 만들고, 애플리케이션을 작동하는 데 필요한 라이브러리와 애플리케이션 등을 컨테이너 안에 넣어, 마치 개별 서버처럼 사용할 수 있게 한 것이 바로 이 컨테이너 가상화입니다. 컨테이너 기반의 가상화 소프트웨어에는 OpenVZ, LXC, Lunix vServer, FreeBSD Jail, Solaris Zones, Docker 등이 있습니다. 그중에서 최근 가상화 및 클라우드 컴퓨팅 영역에서 가장 각광받고 있는 것이 바로 도커(Docker)입니다.

[그림 1-7-3] 최근 대표적인 컨테이너 가상화로 부상한 도커

1.7.2 분산 처리 기술

클라우드 등장 이전 대용량 데이터는 아주 빠른 CPU와 대용량 메모리가 구비된 서버가 필요했습니다. 그러나 이제는 분산 처리 기술과 클라우드 서비스를 이용해서 데이터를 여

러 개 서버에 나누어 병렬 처리 할 수 있게 되었습니다. 이처럼 대량의 데이터를 분산 처리하는 방법으로 여러 개의 서버를 결합하여 하나의 컴퓨터처럼 보이게 만드는 기술을 '클러스터링'(clustering)이라고 합니다. 클러스터링 분산 처리의 대표적인 기술로, 아파치 하둡 (Apache Hadoop)과 스파크(Spark) 등이 있습니다. 아파치 하둡은 빅데이터 처리 기술에서도 많이 언급되는데, 1대의 서버와 그 아래에 여러 대 슬레이브 서버로 구성됩니다. 마스터 서버가 데이터 처리 전체를 수행하고, 슬레이브 서버가 계산을 처리합니다. 처리 능력은 서버의 대수에 비례하여 증가합니다.

[그림 1-7-4] 아파치 하둡

아파치 하둡은 병렬 분산 처리 기술로 맵 리듀스를 이용하고 있습니다. 초기 맵 리듀스는 구글에서 대용량 데이터를 분산 처리하기 위해서 제작한 병렬 처리 소프트웨어 프레임워크로 시작했습니다. 이 프레임워크는 페타바이트(PB) 이상의 대용량 데이터를 낮은 사양의 컴퓨터로 구성된 환경에서 병렬 처리하기 위해서 개발됐습니다. 이 프레임워크는 함수형 프로그래밍에서 일반적으로 사용하는 맵과 리듀스 2개의 함수로 구성됩니다. 맵 리듀스를 사용하기 전에는 전용 스토리지에 저장된 대량의 데이터를 강력한 몇 개의 컴퓨터의 스토리지(하드디스크)로 복사한 후 처리하는 방식을 사용했습니다. 이는 네트워크에 심각한 병목을 초래했고, 시스템을 구축하는 데 많은 비용이 드는 문제도 있었습니다. 반면, 맵 리듀스는 데이터를 여러 노드에 병렬로 분산해서 처리하죠. 비교적 저렴한 컴퓨터로 작업을 처리할 수 있고 네트워크도 훨씬 쉽게 분산할 수 있어서 이전과 비교하여 관리의 편의성도 향상되었습니다.

1.7.3 서버리스

서버리스(Serverless) 컴퓨팅은 클라우드 컴퓨팅 실행 모델의 하나로, AWS와 같은 클라우드 제공자가 동적으로 가상 머신 자원의 할당을 관리해 미리 설정된 서버리스 코드를 실행시키는 기술을 의미합니다. 컴퓨팅 자원과 관계없이 애플리케이션 개발이 가능한 이벤트 기반 클라우드 컴퓨팅 기술로 언제 어디서나 네트워크에 접근이 가능하며, 데이터 저장 및 다양한 기능을 제공해 시간과 비용을 효율적으로 관리할 수 있는 장점이 있습니다.

PaaS와 SaaS의 중간 단계로 서버리스 컴퓨팅을 처음 선보인 것이 바로 AWS입니다. 아마존 웹 서비스(AWS)는 2014년 람다라는 서비스를 선보이면서, 2015년 서버리스 컴퓨팅 AWS 람다를 최초로 출시했습니다. 이것을 서버리스 컴퓨팅의 시초로 봅니다. AWS 람다의 출시 이후 MS 애저 펑션, 구글 클라우드 펑션, 국내 네이버 클라우드도 클라우드 펑션을 선보였습니다. 서버리스 컴퓨팅에 대해서는 앞으로 자세히 알아보겠습니다.

1.7.4 로드 밸런싱

로드 밸런싱(Load Balancing)은 컴퓨터 자원 분산 기술의 일종으로 둘 혹은 셋 이상의 중앙처리장치 혹은 저장 장치와 같은 컴퓨터 자원들의 작업을 나누는 것을 의미합니다. 이를테면, 여러분이 유명 인터넷 홈쇼핑의 관리자라고 한다면 명절 연휴 갑자기 많은 고객 요청으로 주문이 폭주했을 때 어떻게 하면 좋을까요? 이럴 경우, 여러 대의 서버가 분산 처리하여 서버의 부하량, 속도 저하를 방지해 분산 처리한다면 중단없이 서비스를 운영할 수 있습니다.

1.7.5 스케일 업과 스케일 아웃

❶ 스케일 업(Scale-Up)
서버 자체의 성능을 업그레이드하여 처리 능력을 향상시키는 방법입니다. '수직 스케일'로 불리기도 합니다. 일반적으로 고성능 CPU나 메모리 등을 추가하거나 컴퓨터 장치 그 자체를 고성능 모델로 옮겨놓는 것을 의미합니다.

❷ 스케일 아웃(Scale-Out)
물리적으로 서버를 늘려서 시스템을 확장하는 방법입니다. 여기서 서버가 늘어나기 때문에 로드 밸런싱 기술이 필수입니다. 서버 1대가 작동하지 않더라도 다른 서버로 서비스 제공이 가능하다는 장점이 있지만, 모든 서버가 동일한 데이터를 가지고 있어야 하기 때문에 데이터 변화가 적은 서비스에 적합합니다.

스케일업

[그림 1-7-5] 스케일 업과 스케일 아웃

1.7.6 오토 스케일

오토 스케일(Auto Scale)은 서비스가 집중되었을 때 서버 CPU 및 메모리 사용량이 일정 사용량을 초과하면 자동으로 가상 서버 대수를 증감시키는 기능을 말합니다. 접속량이 돌발적으로 혹은 대량으로 증가하면 서버의 대수를 늘려서 대응하고, 접속량이 줄어들면 서버의 대수를 줄여서 불필요한 비용을 절약할 수 있게 합니다.

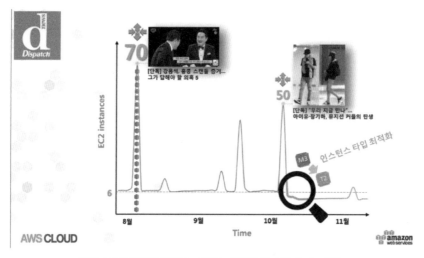

[그림 1-7-6] 갑자기 폭증하는 서비스, 어떻게 해야 할까요? - AWS

1.7.7 데브옵스

개발팀은 보통 웹 사이트 개발, 앱 개발 그리고 알고리즘 개발을 하는 부서입니다. 그리고 운영팀은 개발된 아이템을 고객들에게 전달해주는 부서입니다. 개발자로서 개발팀의 입장이 있듯, 운영팀은 어떤 역할을 하는지 좀 더 알아보도록 하겠습니다.

운영팀은 고객의 니즈를 파악하여, 상품이 개발되면 그것을 안정적으로 고객들에게 전달될 수 있도록 하는 부서입니다. 이를테면, 고객 수요가 폭발하면 그에 발맞춰 서버 수를 증가시키고 서비스가 제대로 돌아갈 수 있는 환경을 만듭니다. 또한, 데이터 수가 너무 많아져 데이터베이스 서버에 과부하 현상이 생기면 클라우드 서버를 구매해서 데이터베이스에 올리고 데이터가 다시 순조롭게 저장될 수 있도록 만듭니다. 즉, 운영팀은 서비스가 제대로 돌아갈 수 있는 환경을 개발팀에 제공해주는 부서입니다. 그러다 보니, 운영팀은 주로 서버 관리를 맡습니다. 지금까지 서비스를 개발하는 개발팀과 운영팀의 장벽으로 개발과 운영의 협력이 중요하게 되었습니다. 데브옵스(DevOps)는 대문자를 2번 사용하여 만든 다른 두 단어의 조합으로, 개발팀(Development)과 운영팀(Operation)을 뜻합니다. 두 팀 간의 소통이 원활히 이루어질 수 있도록 하는 것을 의미합니다. 특히, 클라우드 서비스가 확장되면서 개발과 운영을 통합하는 데브옵스 개념이 점차로 증가하고 있습니다.

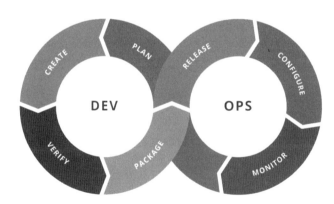

[그림 1-7-7] 데브옵스

1.7.8 클라우드 요소 기술

구분	특징	요소기술
오픈 인터페이스	- 인터넷을 통해 서비스를 이용하고 서비스 간 정보 공유를 지원하는 인터페이스 기술 - 클라우드 기반 SaaS, PasS에서 기존 서비스에 대한 확장 및 기능 변경	Open API, SOA, Web Service
서비스 프로비저닝	- 서비스 제공업체가 실시간으로 자원을 제공 - 서비스 신청부터 자원 제공까지의 업무 자동화, 클라우드 경제성과 유연성 증가	자원제공기술
자원 유틸리티	IT 자원에 대한 사용량 수집을 통해 과금 체계를 정립하기 위한 기술들	사용량 측정, 과금, 사용자 계정 관리 등
서비스 수준 관리	외부 컴퓨팅 자원을 활용하는 서비스의 특성상 서비스 수준이라는 계량화된 형태의 품질 관리 기술이 요구됨	서비스 수준 관리 시스템
다중 공유 모델	하나의 정보 자원 인스턴스를 여러 사용자 그룹이 완전히 분리된 형태로 사용하는 모델	

[표 1-7-1] 기타 클라우드 요소 기술

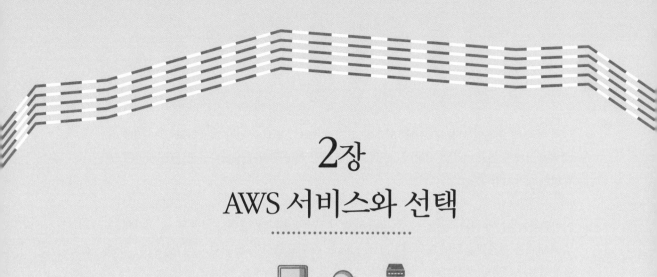

2장
AWS 서비스와 선택

2.1 AWS 시작

2.1.1 아마존 제국의 탄생

프린스턴대학교를 졸업한 뒤 월스트리트에서 금융 전문가로 승승장구하던 제프 베조스 (Jeffrey Preston Bezos) 는 1994년 인터넷의 폭발적인 성장에 관한 기사를 읽고 불현듯 번뜩이는 아이디어를 떠올렸습니다. "서점에서는 왜 책을 산더미처럼 쌓아 두고 팔아야 하는 거지? 고객들이 책을 필요로 할 때 인터넷에서 주문하면 서점에 책을 쌓아 둘 필요가 없을 것 같은데? 전체 국민 중에서 80%가 필요한 책을 조금 더 빠르게, 서점을 방문할 필요 없이 '인터넷을 통해서' 구매할 수 있게 만들어보자." 제프 베조스는 이러한 생각으로 온라인 서점 기반의 아마존 닷컴을 창업합니다. 주변의 만류에도, 그는 전자 상거래의 잠재력을 시험해보고 싶었죠. 그리고 누구나 알다시피 대성공을 거뒀습니다.

amazon.com

[그림 2-1-1] 아마존 닷컴의 로고

현재 미국 내 온라인 시장의 43%를 잠식하고 전 세계 3억 명의 유저가 이용하고 있는 세계 최대 유통업체가 된 아마존의 시작이 그저 그런 '온라인 서점'에서 출발했다는 것은 이미 너무도 유명한 이야기입니다.

아마존은 먼저 책이라는 콘텐츠를 다양하게 팔기 시작했습니다. 종이로 구성된 책, 전자책 그리고 구매한 전자책을 담아 보관하는 '킨들'이라는 제품도 출시했죠. 그리고 이전보다 더 많은 유통업계와 계약을 체결하면서 비디오, CD 외에도 의류, 전자제품, 장난감 등을 판매해 사업 범주를 확장했습니다.

아마존이 제국을 건설하기까지 성장 전략을 한 마디로 요약하면, '플라이 휠'(Flywheel)의 확산이었습니다. 플라이 휠은 동력 없이 관성만으로 회전 운동을 하는 자동차 부품을 말합니다. 처음에는 엄청난 추진력이 필요하지만, 한번 가속도가 붙으면 알아서 돌아가는 원리입니다. 네트워크 효과에 기반한 선순환 구조에, 규모의 경제에서 오는 원가 경쟁력을 최대한 이 구조에 반영시키는 전략이 아마존의 플라이 휠입니다.

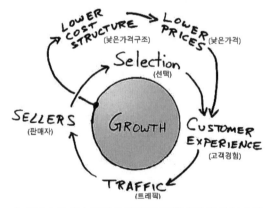

[그림 2-1-2] 제프 베조스가 냅킨에 작성한 초기 비즈니스 모델

[그림 2-1-2]는 창업 초기 그가 한 레스토랑에서 냅킨에 직접 그린 아마존의 비즈니스 모델입니다. 베조스는 창업 초창기 임원들과의 회의에서 자주 냅킨에 그린 그림을 가지고 개념 설명을 했다고 합니다. 오늘날 아마존이 일반 고객 시장을 장악했을 뿐 아니라, 기업 시장의 주인공이 되고 있는 핵심이 바로 플라이 휠 전략일지도 모르겠습니다.

- 가격을 낮춰 고객을 모은다.
- 고객이 늘면 물건을 팔고자 하는 판매자들이 많아진다.
- 규모가 커지면 고정비용이 낮아지고 효율성이 높아진다.
- 효율성이 높아지면 가격을 더 낮출 수 있다.

2.1.2 AWS, 아마존 웹 서비스

'아마존포비아(Amazon-phobia)'라는 말을 들어보셨는지요? 인터넷 상거래로 전 세계 유통 업체들을 공포에 몰아넣고 있는 아마존닷컴을 빗대어 만든 신조어입니다. 2008년 글로벌 금 융위기 이후 유래를 찾기 힘든 통화정책 등으로 고용 및 경기회복세가 뚜렷했음에도, 물가가 오르지 않은 이유도 아마존 등 유통업체들이 온라인 상거래를 통해 상품의 유통가격을 낮게 유지할 수 있었던 데에서 그 원인을 찾을 수 있다고 합니다. 경제학자들은 이를 이른바 아마 존 효과(Amazon effect)라고 말합니다. 아마존은 단순히 온라인에서 상품을 파는 전자 상거 래 시장만을 목표하지 않았습니다. 제프 베조스는 아마존 초창기에는 자신의 전자 상거래 플 랫폼을 이용하고 있는 수많은 작은 기업들(최근에는 다수의 개인들도 포함)에 웹을 기반으로 하는 기술 플랫폼 환경을 제공하고 여기에 익숙해지도록 하면서, 자연스럽게 일반 PC의 웹 환경 플랫폼까지 장악하려는 계획을 가졌습니다. 이런 서비스 플랫폼에 아마존은 '웹 운영체 제'라는 거창한 이름을 붙였고, 이를 위해 'AWS'(Amazon Web Service)라는 서비스를 먼저 디 자인했습니다.

[그림 2-1-3] 아마존 웹 서비스

아마존 전략의 치밀함은 덩치가 큰 운영 체제적인 요소를 한번에 개발해서 배포하는 것이 아 니라, 철저히 수요가 있는 서비스부터 하나씩 모듈화해서 내놓다는 점이었죠. 과도한 리소스 를 사용하지도 않으면서도 필요한 조각들을 순차적으로 차세대 웹 플랫폼으로 내놓고, 이들 이 지속적으로 사용될 수 있는 환경을 조성한 것입니다. 마침 2006년 말 아마존은 이런 개념을 정리해 미래의 웹 운영체제 플랫폼 다이어그램을 발표합니다.

이 책에서 계속 이야기하겠지만 이렇게 초기부터 시작한 서비스가 바로 클라우드 서비스의 대명사인 EC2(Elastic Compute Cloud)와 S3(Simple Storage Service)입니다. 인터넷에 존재하는 가상화된 저장 공간과 웹 서비스를 제공하고, 이를 사용량에 따라 적당한 비용을 부과함으로써 수많은 초기 스타트업 회사들이 아마존의 웹 서비스를 이용해서 서비스를 시작하게 되죠. 과거처럼 높은 고정 비용에 대한 투자를 하지 않아도 되고, 트래픽이 몰리면 그만큼 성공의 가능성이 높아지기 때문에 자체적인 서비스 인프라를 구축할 기회도 생기게 된 것입니다. 서버 상에서 모든 것을 ICT 서비스로 구현하고, 이를 인터넷에서 활용하는 개념은 과거 네트워크 컴퓨터를 상상할 때부터 이야기되던 것이지만, 실제 서비스로 성공을 거둔 것은 아마존이 최초였습니다. 구글의 CEO였던 에릭 슈미트(Eric Emerson Schmidt)도 이런 클라우드 컴퓨팅에 대한 열정을 가지고 있었고, 이를 위해 지메일을 시작으로 구글 앱스(Apps)를 발표하고 워드와 스프레드 시트 등을 인터넷 상에서 실행시킬 수 있는 클라우드 서비스를 구현해서 서비스하고 있지만, 앞서 아마존의 성공은 구글에 있어서 커다란 자극이 되었습니다. 뒤이어 클라우드 서비스는 구글, 마이크로소프트 역시 회사의 사운을 걸고 미래를 위해 가장 많은 투자를 하는 분야가 되었죠.

오늘날 아마존 웹 서비스 사업은 전체 아마존 매출에서 단지 9%만을 차지하고 있습니다. 하지만 놀랍게도 영업 이익은 74%를 차지한다고 합니다. 영업 이익율도 높아서 아마존 전체 영업 이익율이 3%인데 반해, 아마존 웹 서비스 사업의 이익율은 25%에 달한다고 합니다. 아마존 웹 서비스는 서비스를 시작하고 60회 이상 가격을 인하하고 있는데, 이익률만 보면 아직도 경쟁자들을 압도할 만큼 가격 인하 여력을 가지고 있다고 합니다.

2.1.3 아마존 웹 서비스 클라우드 인프라

아마존 웹 서비스를 시작하기 위해서는 전 세계 네트워크를 거미줄처럼 묶어 놓은 클라우드 인프라 개념에 대한 이해가 선행되어야 합니다. 지금부터 AWS 인프라 구성 요소를 살펴보겠습니다.

❶ 리전

[그림 2-1-4] AWS 리전
(홈페이지 제공 이미지: https://aws.amazon.com/ko/about-aws/global-infrastructure/)

AWS는 물리적으로 떨어진 지역에 여러 개의 클라우드 인프라를 운영하는데, 이 지역을 어원 그대로 리전(region)이라고 부릅니다. 리전은 서울 리전(ap-northeast-2), 미국 버지니아 북부 리전(us-east-1) 등과 같이 국가나 지역을 식별할 수 있는 이름을 붙입니다. 리전이 이렇게 여러 곳에 있는 이유는 네트워크 속도 때문입니다. 아무리 5G 기술이 각광받고 네트워크 환경이 발전하며 전 세계가 광케이블로 연결되었다 하더라도, 멀리 떨어진 서버에 접속하면 그만큼 경유하는 라우터 개수가 많아져서 속도가 느릴 수밖에 없습니다. 따라서 주요 지역에 리전을 위치시키고, 가까운 리전에 접속하게 해야 속도를 올릴 수 있죠. 전 세계에 뻗어 있는 AWS 인프라는 크게 언급한 리전과 가용 영역(Availability Zone) 그리고 에지 로케이션(Edge Location)으로 나눌 수 있습니다. AWS는 전 세계 20여 곳의 리전을 제공하고 있고, 각 리전은 물리적으로 완전히 분리되어 있으며, AWS 콘솔 상에서도 완전히 다른 리소스로 구분합니다. 내가 서울에서 만든 EC2나 서비스 등은 도쿄나 싱가폴 리전에서 만든 EC2와는 완전히 별개의 리소스라는 의미입니다. 2014년 기준 8개의 리전이 있었지만, 5년만에 2배로 늘어났으며, 매년 여러 개의 새로운 리전이 만들어지고있습니다.

❷ 가용 영역

앞에서, 리전들이 모여 AWS 서비스를 구성한다고 언급했습니다. AWS 서비스가 리전들의 집합이라면, 리전은 가용 영역(Availability Zone)들의 집합입니다. 여러 개의 가용 영역이 모여 리전을 구성합니다. 가용 영역은 데이터 센터입니다. 각 가용 영역은 실제 물리적으로는 완전히 독립되어 있지만, AWS 콘솔에서 리소스별로 구분하지는 않습니다.

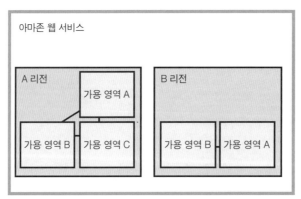

[그림 2-1-5] 가용 영역

우리가 스마트폰을 구매하면 일련번호(고유번호)가 있는 것처럼 모든 AWS상의 서비스들은 ARN(Amazon Resource Number)이라는 번호가 붙습니다. 가상 서버 EC2를 생성하면, 생성된 EC2에 대해 ARN 번호가 부여되며 우리가 접근할 수 있습니다. 앞으로 다룰 람다 함수를 생성해도 ARN 번호가 만들어집니다. 이후 AWS상에서 생성하는 모든 것이 리소스입니다. 리소스 번호를 보는 것만으로도 어떤 서비스인지, 어느 지역인지 그리고 어떤 계정인지를 알 수 있습니다. ARN 번호를 리전으로 분류하지만, 가용 영역으로는 나누지 않아서 이를 변경할 수 있습니다. 그러나 리전을 바꾸면 ARN번호, 즉 일련번호를 변경해야 해서 완전히 다른 리소스로 인식하게 됩니다.

```
arn:partition:service:region:account-id:resouece
arn:partition:service:region:account-id:resourcetype/resource
arn:partition:service:region:account-id:resourcetype/resource/qualifier
arn:partition:service:region:account-id:resourcetype/resource:qualifier
arn:partition:service:region:account-id:resourcetype:resource
arn:partition:service:region:account-id:resourcetype:resource:qualifier
```

[그림 2-1-6] AWS ARN 리소스

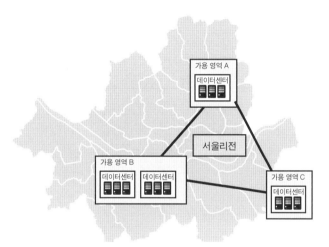

[그림 2-1-7] 가용 영역 사례

다시 가용 영역으로 돌아가, 하나의 리전은 여러 개의 가용 영역으로 이루어져 있다고 밝혔습니다. 이는 다시 말해, 서울 리전이라는 리전 아래 여러 개의 데이터 센터가 운영되고 있다는 의미입니다. 만약 하나의 데이터 센터에서만 운영하고 있다면 지진이나 해일 혹은 화재 등이 발생했을 때 서울 리전 전체가 영향을 받게 됩니다. 그렇지만 가용 영역을 여러 곳에 두고 운영한다면, 하나의 가용 영역에 문제가 발생해도 단순한 변경만으로 가용 영역을 운영할 수 있습니다. 이러한 특징을 가동률 혹은 가용성(Availability)이라고 부릅니다.

컴퓨터에서 가용성은 서버, 네트워크, 프로그램 등이 정상적으로 사용 가능한 정도를 나타냅니다. 서비스 가동률로 이해하면 됩니다. 앞으로 다룰 AWS의 S3 서비스를 통해 저장 장소를 만들면 기본적으로 2개의 가용 영역을 가지게 된다는 사실을 알게 될 겁니다. 또한 AWS는 1년에 99.999999999%의 가용성 보장을 자랑합니다. 1년이 8,640시간이니 8639.99시간 동안 문제없는 작동을 보장하고, 그 이하로 문제가 생겼을 경우 AWS에서 보상하는 방식입니다. AWS가 이렇게 높은 가용성을 자랑하는 이유는 2개 이상의 가용 영역을 사용하여 높은 가동률을 보장할 수 있기 때문입니다. 하나의 가용 영역만 운영하며 장애가 발생하지 않을 확률이 1,000분의 1이라고 하면, 2개의 가용 영역을 가졌을 때 2곳 모두 문제가 발생할 확률은 1,000

분의 1의 제곱이기 때문에 100만분의 1로 가능성이 기하급수적으로 줄어듭니다. 이러한 이유로 AWS에서는 실제 서비스를 운영할 때 복수의 가용 영역에서 서비스할 것을 권장합니다.

❸ 에지 로케이션

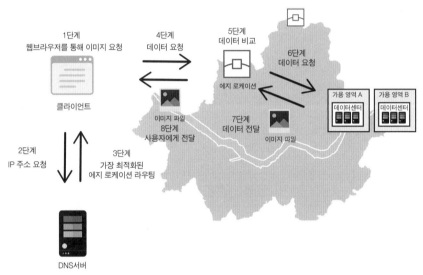

[그림 2-1-8] 에지 로케이션의 이해

에지 로케이션(Edge Location)은 리전에 속한 '리전 에지 캐시'를 통해 데이터 속도를 개선합니다.

●1단계
사용자가 브라우저를 통해 이미지를 요청합니다.

●2단계
DNS 서버에 IP 주소를 요청합니다.

●3단계
에지 로케이션 주소를 라우팅합니다. 이때 에지 로케이션은 일반적으로 지연 시간이 가장 적고 가까운 에지 로케이션의 주소를 알려줍니다.

●4단계

전달받은 주소로 데이터를 요청합니다.

●5단계

만일, 사용자가 요청하는 파일이 에지 로케이션에 저장되어 있다면 단계를 생략하고 바로 9단계로 넘어가, 사용자에게 데이터를 전달합니다.

●6단계

데이터가 없는 경우 서버에 데이터를 요청합니다.

●7단계

데이터를 에지 로케이션에 전달합니다.

●8단계

데이터가 도착하면 사용자에게 전달합니다. 이후 다른 사용자가 해당 파일을 요청하면 캐시에 데이터를 추가합니다.

에지 로케이션은 CDN(Content Delivery Network)을 이루는 캐시 서버로, 실은 간단한 개념입니다. 우선 캐시는 데이터를 임시로 저장하는 역할을 말합니다. 우리가 사용하는 익스플로러나 크롬 등 인터넷 브라우저도 이전에 열어본 페이지들의 이미지 등을 캐싱하여 하드디스크에 저장합니다. 이로 인해 이후 동일한 사이트에 접속했을 때 첫 번째 접속보다 두 번째 접속 시 더욱 속도가 빠르게 됩니다. 또한 인터넷 브라우저에 있는 옵션 중 '인터넷 임시 파일 삭제'을 통해 캐시 파일을 삭제하면, 자주 접속하는 사이트에 속도가 느리기 되는 이유이기도 합니다.

이제 CDN에 대해 좀 더 자세한 설명을 해보겠습니다. 서버가 미국에 있고 많은 유저들이 한국에서 접속한다고 가정해보죠. 서울에서 접속하는 사람도 있고 부산에서 접속하는 사람도 있지만, 데이터는 미국에서 오기 때문에 상당한 거리를 거치게 됩니다. 만약 네트워크 요청이 서울에서 출발하여 미국을 거쳐 데이터를 받는 방식이라면, 미리 데이터를 어딘가 저장을 해두면 어떻게 될까요? 바로 이때 CDN 서비스를 사용하게 됩니다. CDN은 웹 콘텐츠를 전달하기 위한 최적화된 네트워크입니다. 웹 콘텐츠가 저장된 서버 외에 다른 서버에 콘텐츠를 캐시해두고 사용자와 가까운 위치에 있는 서버가 대신 전달하면, 접속량을 분산시키게 되어 결과적으로 접속량이 급증해도 안정적으로 서비스를 제공할 수 있습니다. 대표적인 클라우드 CDN 서비스로 AWS의 클라우드 프론트와 MS의 애저 CDN 등이 있습니다.

2.2 AWS 서비스

AWS가 탄생한 이래로 지금까지, 3천여 가지 이상의 서비스와 기능들을 출시했습니다. 정말 많은 서비스와 기능들이 있지만, 기반 서비스 중심으로 살펴보겠습니다. 기반 서비스는 IT 인프라에서 가장 핵심이 되는 서비스들입니다. AWS 서비스는 2006년 EC2를 첫 선을 보인 후, 지속적으로 신규 서비스를 출시하고 있습니다.

[그림 2-2-1] AWS 서비스 발전

대표적인 컴퓨팅, 스토리지, 데이터베이스, 네트워크 그리고 최근 각광받는 빅데이터 분석, 인공지능 서비스 중심으로 살펴보겠습니다.

AWS 제품 살펴보기

분석   애플리케이션 통합   증강현실 및 가상현실   AWS 비용 관리   블록체인

Amazon Athena
SQL을 사용해 S3의 데이터 쿼리

Amazon CloudSearch
관리형 검색 서비스

Amazon EMR
호스팅된 하둡 프레임워크

Amazon Elasticsearch Service
Elasticsearch 클러스터를 실행 및 확장

Amazon Kinesis
실시간 비디오 및 데이터 스트림 분석

Amazon Managed Streaming for Kafka
완전관리형 Apache Kafka 서비스

Amazon Redshift
빠르고 간단하며 비용 효율적인 데이터 웨어하우징

Amazon QuickSight
빠른 비즈니스 분석 서비스

AWS Data Pipeline
데이터 중심의 주기적인 워크플로를 위한 오케스트레이션 서비스

AWS Glue
데이터 준비 및 로드

AWS Lake Formation
며칠 만에 안전한 데이터 레이크 구축

비즈니스 애플리케이션   컴퓨팅   고객 인게이지먼트   데이터베이스   개발자 도구

최종 사용자 컴퓨팅   게임 기술   사물 인터넷   기계 학습   관리 및 거버넌스

미디어 서비스   마이그레이션 및 전송   모바일   네트워킹 및 콘텐츠 전송   로보틱스

인공위성   보안, 자격 증명 및 규정 준수   스토리지   모든 제품 보기

[그림 2-2-2] 아마존 클라우드 웹 서비스
(아마존 홈페이지: https://aws.amazon.com/ko/)

2.2.1 컴퓨팅

컴퓨팅 서비스는 가상 서버를 중심으로 AWS의 핵심이 되는 서비스를 의미합니다. 컴퓨팅이란 연산 혹은 계산을 뜻하지만, 클라우드 환경에서는 가상 서버를 중심으로 컴퓨터 인프라를 이용하는 서비스를 말합니다.

❶ EC2

EC2는 '엘라스틱 컴퓨터 클라우드'(Elastic Compute Cloud)의 약자로, 종량제 형태로 과금이 되는 가상 서버라고 생각하면 이해가 쉽습니다. 컴퓨터 리소스에 대해 전반적 관리를 도와주며, 새로운 서버를 단지 몇 분만에 구축할 수 있도록 돕죠. 또한 가동 중인 EC2 가상 서버를 EC2 인스턴스라고 하는, 개별 인스턴스에 대해 총체적인 권한을 받습니다. AWS는 이 인스턴스로부터 시작합니다. 인스턴스는 AWS에 구축된 1대의 가상 서버를 의미합니다. AWS 컴퓨팅 서비스는 인스턴스를 시작할 때 지정하는 유형에 따라, 인스턴스에 사용되는 호스트 컴퓨터의 하드웨어가 결정됩니다. 각 인스턴스 유형은 서로 다른 컴퓨팅, 메모리, 스토리지 용량을 제공하는데, 이 용량에 따라 서로 다른 인스턴스 패밀리로 분류됩니다. 인스턴스에서 실행하려는 애플리케이션 또는 소프트웨어의 요구사항에 따라 인스턴스 유형을 선택하게 됩니다.

❷ 람다

AWS 람다는 특정한 이벤트를 통해 입력 인자가 발생하면 연산 과정으로 출력 인자를 바꾸는 이벤트 기반의 컴퓨팅 서비스입니다. EC2와는 다르게 오직 소스코드만 사용하여 인프라에 대한 관리가 필요하지 않은 완전 관리형 컴퓨팅 서비스입니다.

❸ ECS

ECS는 AWS에서 제공하는 도커 컨테이너 서비스입니다. 도커란 서버 가상화 기술 중 하나로, 최근 가장 주목받고 있는 서비스입니다. 도커와 가상화 기술과 관련해서는 뒤에 좀 더 자세히 다루겠습니다.

❹ 라이트세일

라이트세일(Lightsail)은 완전 관리형 가상 서버 서비스입니다. AWS에서 가상 서버를 구축할 수 있는 가장 손쉬운 서비스로, 별도의 소스코드 업로드나 설정 없이 클릭 몇 번만으로 서버를 구축할 수 있게 만듭니다.

❺ 빈스톡

빈스톡(Beanstalk)은 EC2의 설정을 매우 쉽게 돕는 서비스로, 서버의 런타임부터 운영체제 환경까지 관리해주며 개발자는 소스코드만 업로드하여 바로 운영할 수 있습니다.

2.2.2 스토리지

우리가 사용하는 PC에도 CPU, 램과 함께 저장 장치 역할을 하는 SSD나 하드디스크가 있어야 합니다. 스토리지 서비스는 이처럼 파일을 보관하거나 관리하는 저장 장소를 의미합니다.

❶ S3

아마존 웹 서비스에서 가장 역사가 오래된 서비스이며, 다른 상용 클라우드에 비해 월등한 성능을 보여주는 스토리지 서비스입니다. S3는 뛰어난 안정성과 보안이 완벽한 스토리지를 손쉽게 만들 수 있게 해주며 서비스 운영 시 생성되는 이미지, 동영상, 오디오 파일들을 저장할 수 있게 합니다.

❷ 글래시어

S3 서비스는 언제든 빠른 시간 내에 트래픽을 처리할 수 있게 만들어졌기 때문에 항상 리소스를 대기하는 상태로 유지합니다. 백업 데이터의 경우 저장된 리소스들의 사용 빈도가 낮은 경우가 대부분이죠. 만약을 위해 저장하지만, 사용 빈도가 낮은 경우 글래시어(Glacier) 서비스가 적합합니다. 저렴한 저장 비용을 자랑하지만, S3에 비해서 트래픽 요금이 다소 높습니다.

❸ 스토리지 게이트웨이

스토리지 게이트웨이(Storage Gateway) 서비스는 기존 온프로미스 환경과 AWS를 연결해주는 게이트웨이 서비스입니다. 과거 온프로미스 환경과 사용자를 직접 연결하는 방식이 아니라, AWS를 통해서 파일로 연결되기 때문에 더 높은 보안성과 신뢰성을 기대할 수 있습니다. 기존 데이터들을 클라우드 환경으로 옮기지 않고도 바로 적용이 가능합니다.

❹ EBS

EBS는 '엘라스틱 블록 스토리지'(Elastic Block Storage)의 약자로 EC2와 연결할 수 있는 저장장치 서비스입니다. EC2의 하드디스크, SSD 스냅샷을 통해 언제든 EC2를 백업할 수 있고 문제가 생겼을 때 복원할 수도 있습니다.

2.2.3 데이터베이스

데이터베이스란 체계화된 데이터들의 모임을 의미합니다. AWS는 RDBMS뿐 아니라, 빅데이터 등에 사용되는 No-SQL 서비스도 제공합니다.

❶ RDS

전통적인 관계형 데이터베이스(RDBMS)를 구축하는 서비스입니다. 6개의 RDBMS 데이터베이스 엔진을 선택할 수 있고, 시간이 많이 드는 데이터베이스 관리 작업들을 간편한 방법으로 지원합니다. 높은 가용성을 자랑하며, 자동으로 백업과 복원 등을 지원합니다.

❷ 다이나모 DB

다이나모 DB(DynamoDB)는 No-SQL 기반의 완전 관리형 데이터베이스입니다. RDS와 동일하게 백업이나 복원 그리고 스케일링과 같은 관리 작업을 자동으로 수행하며, 저렴한 비용이 장점입니다. 주로 네트워크의 로그 데이터나 게임, IoT처럼 대량의 데이터 발생 시 저장하기에 적합합니다.

❸ 엘라스틱 캐시

노트북의 경우 하드디스크가 200GB든 300GB든 간에, 성능에는 큰 영향을 미치지 않습니다. 그렇지만 RAM 메모리가 8GB와 16GB라는 것은 엄청난 차이를 만듭니다. 이러한 이유는, RAM 메모리가 하드디스크에 비해 더 빠른 입출력을 지원해서 컴퓨터 연산 작업을 하는 데 사용되기 때문입니다. 데이터베이스도 마찬가지로 RDS와 다이나모 DB가 SSD 영역에서 입출력이 수행되는데 반해, 엘라스틱 캐시(Elasticache)는 메모리에 데이터를 저장하여 더욱 빠르게 입출력이 가능합니다.

❹ Red Shift

완전 관리형 SQL 데이터 웨어 하우스로 대용량의 정형 데이터를 처리하는 데 사용됩니다. 페타바이트 규모의 데이터 쿼리를 저렴한 가격에 유지 보수 및 운영할 수 있도록 만듭니다.

2.2.4 네트워크

AWS에서 아키텍처 3계층에 대한 서비스를 다루며, 간단히 인터넷 연결과 내부 인터넷(인트라)에 대한 서비스를 담당합니다

❶ VPC

VPC(Virtual Private Cloud)는 AWS에서 '가상 네트워크망'(VPN, Virtual Private Network) 구축 지원 서비스입니다. 서비스 보안 수준을 결정하거나 EC2나 RDS와 같은 AWS 서비스들에 적합한 권한이 있는 사용자들만 접속할 수 있게 합니다. 가상 네트워크망이란 실제 물리적으로 다른 장비를 사용하거나 떨어져 있지는 않지만, 논리적으로 실제 다른 네트워크망에 있는 것처럼 분리해주기 때문에 '가상'이라는 개념을 사용한 네트워크 전용망입니다.

❷ Route53

AWS에서 제공하는 DNS(Domain Name System) 서비스입니다. 도메인을 AWS 리소스와 연결할 때 사용됩니다. DNS 서비스는 우리가 주소창에 컴퓨터 IP 주소를 입력할 필요가 없이 (www.naver.com이나 www.google.com과 같은) 도메인 주소로 접속할 수 있도록 해주는 서비스입니다.

❸ 클라우드 프론트

클라우드 프론트(CloudFront)는 세계 어디서나 빠른 속도로 이미지나 파일 같은 정적 콘텐츠들을 최적화할 수 있게 만드는 CDN(Content Delivery Network) 서비스입니다. 클라우드 프론트는 클라우드 에지 로케이션 서버를 이용하여 콘텐츠를 배포합니다.

2.2.5 인공지능

인공지능 서비스는 최근 AWS가 가장 중점을 두고 있는 영역입니다. AWS는 많은 투자를 통해 경쟁적으로 매년 새로운 서비스들을 쏟아내고 있습니다. 개발자가 처음부터 구현하기 어려운 자연어 처리나 이미지 분석 등에 대해 API를 제공하고 개발자들이 사용하기 쉽게 돕기 때문에 누구나 편리하게 인공지능 서비스를 개발할 수 있도록 만듭니다. 이에 따라 이제 AWS 클라우드 환경에서 인공지능은 어렵게 구축하는 개발이 아닌, 손쉽게 사용하는 서비스로 변화하고 있습니다.

❶ 폴리

폴리(Polly)는 음성 합성 서비스로, 텍스트를 음성으로 바꾸는(TTS, Text To Speech) 서비스입니다. 기존에도 비슷한 많은 서비스들이 있었지만, 폴리를 사용하면 일상 언어와 비슷한 수준의 자연스러운 음성 파일을 만들 수 있습니다. 이후 실습을 통해 확인해보겠습니다.

❷ 렉스

렉스(Lex)는 대화형 챗봇(Chatbot) 서비스로, 음성과 텍스트를 지원하고 우리가 일상에서 사용하는 자연어의 처리를 돕는 서비스입니다. 요즘 북미 지역에서 선풍적인 인기를 누리는 인공지능 스피커 아마존 '에코'가 바로 이 서비스를 기반으로 개발되었습니다.

❸ 레코그니션

AWS 레코그니션(Rekognition)은 이미지 인식 · 분석 서비스입니다. 이미지 데이터만으로 어떤 이미지인지, 표정은 어떤지 혹은 닮은 유명인은 누구인지까지 알려주는 재미있는 서비스죠. 예상 외로 많이 쓰이는 서비스로, 콘텐츠의 품질을 평가하거나 스팸 콘텐츠 혹은 음란물 등의 이미지를 사전에 필터링해주는 데 많이 사용되고 있습니다.

2.2.6 데이터 분석

데이터 분석은 많은 비용과 시간이 소요되는 분야 중 하나입니다. 가공되지 않은 데이터들은 먼저 분석할 수 있는 형식으로 다시 가공해야 하고, 이렇게 가공된 데이터들을 바탕으로 학습을 시키거나 분석을 해야 하기 때문에 많은 시간과 컴퓨팅 파워가 필요합니다. AWS는 이러한 일련의 과정을 쉽게 할 수 있도록 만듭니다.

❶ 퀵사이트

퀵사이트(QuickSight)는 태블로(Tableau)와 같이 데이터를 시각화하는 서비스입니다. AWS 데이터베이스나 외부에서의 데이터를 분석하며 시각적인 인사이트를 제공합니다. 실습에서 확인해보겠습니다.

❷ 아테나

아테나(Athena)는 서버리스 기반 SQL 쿼리 서비스입니다. 서버리스 서비스이기 때문에 따로 구축해야 할 서버가 필요하지 않고, S3에 저장된 데이터를 SQL문을 통해 원하는 결과를 얻을 수 있습니다.

❸ 클라우드 서치

클라우드 서치(CloudSearch)는 완전 관리형 검색 서비스입니다. 데이터가 수백, 수천 여건 정도라면 별 문제가 되지 않지만, 웹 사이트 검색 엔진처럼 수천 억 개 이상의 크롤링된 텍스트나 패킷을 30개 국어 이상의 언어별로 처리해주고 사용자에 맞게 관련성을 찾아 원하는 데이터를 찾아줄 때 사용됩니다.

❹ EMR

빅데이터 분석 플랫폼인 하둡 프레임워크를 AWS의 다른 서비스들과 연동하여 더욱 쉽고 빠르게 사용할 수 있는 서비스입니다.

❺ 키네시스

키네시스(Kinesis) 서비스는 실시간 데이터 처리를 위한 서비스입니다. AWS 데이터베이스 서비스나 외부의 데이터를 실시간으로 분석하여 처리하고 결과를 보여줍니다. 증권이나 가상화폐처럼 단 몇 초 동안에도 수십~수백 건의 데이터를 실시간으로 처리해야 할 때 유용하게 사용됩니다.

2.2.7 개발자 도구

❶ 코드 빌드

코드 빌드(CodeBuild)는 원격 빌드 서비스입니다. 소스코드를 컴파일하는 단계부터 테스트와 배포까지 설정할 수 있는 완전 관리형 서비스입니다.

❷ 코드 커밋

코드 커밋(CodeCommit)은 AWS에서 제공하는 사설 Git[2] 저장소 서비스입니다.

❸ 코드 디플로이

코드 디플로이(CodeDeploy)는 람다, ECS, EC2 같은 서비스들에 애플리케이션 배포를 자동화할 수 있게 지원하는 배포 서비스입니다.

❹ 코드 파이프라인

코드 커밋이 저장소, 코드 빌드가 원격 빌드 그리고 코드 디플로이가 배포를 지원하는 서비스라면, 코드 파이프라인(CodePipleine)은 코드 커밋부터 코드 디플로이까지 한번에 설정할 수 있도록 돕는 서비스입니다.

---

2. Git

Git은 소스코드를 효율적으로 관리할 수 있게 해주는 형상 관리 도구입니다. 또한 여러 명의 개발자들이 같은 프로젝트를 작업할 때 협업을 쉽게 만들고, 작업한 프로그램의 버전을 관리해줍니다.

[그림 2-2-3] 분산 버전 관리 툴인 깃을 지원하는 깃허브 서비스

2.3 내게 맞는 AWS 컴퓨팅 선택

AWS는 비지니스 요구 사항에 맞는 60여 개 이상의 서비스 조립을 바탕으로, 유연한 활용이 가능하도록 레고 블록과 같은 형식을 제공합니다. 지금부터는 AWS의 가장 대표적인 컴퓨팅 서비스들을 아키텍처 계층 단계별로 살펴보겠습니다.

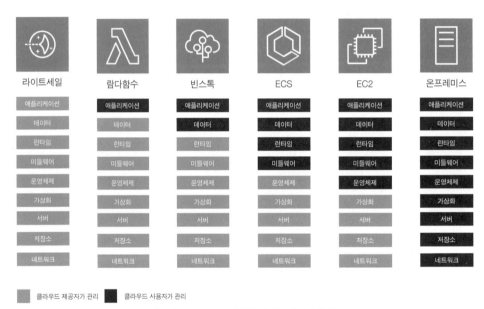

[그림 2-3-1] AWS 컴퓨팅 서비스별 아키텍처

2.3.1 모든 것을 다 관리한다, EC2

EC2 서비스는 AWS에서 활용 범위가 가장 높은 컴퓨팅 서비스입니다. 온프레미스와의 차이점은 네트워크와 스토리지 그리고 서버나 가상화 등을 고객이 신경 쓸 필요가 없다는 것입니다. 그러나 운영체제와 애플리케이션은 직접 관리해야 합니다.

[그림 2-3-2] IaaS 비교

2.3.2 운영체제 관리가 필요 없다, 빈스톡과 ECS

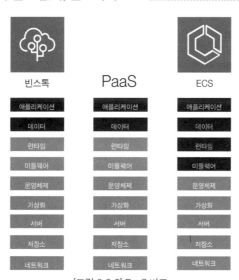

[그림 2-3-3] PaaS 비교

ECS는 앞서 말한 도커 컨테이너 서비스로, 새로운 개념인 '서비스로서의 컨테이너'(Container as a Service)라는 용어도 있지만 '서비스로서의 플랫폼'(Platform as a Service)으로 구분했습니다. EC2는 운영체제를 직접 관리해야 하지만, 두 서비스는 운영체제를 관리할 필요가 없죠. 차이점이 있다면, 파게이트(ECS)는 런타임을 직접 설정해야 한다는 것입니다. 반면, 빈스톡은 런타임을 선택할 수 있고 이때 추가적인 런타임 설치는 필요하지 않습니다. 둘 다 미들웨어 영역인 보안이나 클러스팅 혹은 운영체제 관리는 필요하지 않습니다.

2.3.3 완전 관리형, 람다와 라이트세일

[그림 2-3-4] Saas 비교

람다는 빈스톡과 비교했을 때, 데이터 계층을 제공하지 않는다는 차이점이 있습니다. PaaS는 사용자가 코드를 실행시킬 수 있는 환경(런타임, 미들웨어 등을 포함하는 환경)을 얻고 거기에서 작동 가능한 데이터를 미리 준비해야 하지만, 람다는 개발자가 애플리케이션이 어떻게 동작하는지를 코드로만 정의해주면 별도의 데이터 없이 바로 사용할 수 있습니다. 라이트세일은 SaaS와 가장 가까운 서비스로, 어떠한 인프라 설정 없이 원하는 애플리케이션 서비스를 바로 작동시킬 수 있습니다.

2.3.4 소요 작업 시간별 서비스

람다	ECS	EC2
수분	수시간	수시간 이상

컴퓨팅 소요 시간

[그림 2-3-5] 작업 시간별 서비스

[그림 2-3-5]를 보면 소요 시간은 람다 > ECS > EC2 순입니다. 반대로 상세 기능 설정과 서비스 다양성은 EC2> ECS> 람다 순입니다. 이를테면, 람다는 특정 IP를 부여하여 인터넷에 접근할 수 없습니다. 반면, ECS(파게이트)나 EC2는 IP나 운영 체제 설정까지 가능합니다. 하지만 람다는 애플리케이션 계층을 제외한 모든 설정이 고정되어 있기 때문에 빠른 프로비저닝(컴퓨팅이 준비되기까지 걸리는 시간을 의미) 시간을 갖습니다. 일반적으로 람다 함수는 20ms 이내에 인스턴스를 실행시켜 0.5초 안에 원하는 기능을 수행할 수 있으며 최대 15분까지 실행할 수 있도록 설계되어 있습니다. 반면, ECS와 EC2는 사용자가 원하는 만큼 사용할 수 있지만 ECS가 조금 더 짧은 프로비저닝 시간과 높은 요금으로 장시간 작업하는 경우 비용 면에서 EC2보다는 효율이 좋지 않습니다.

2.3.5 AWS 마켓플레이스

구글 플레이나 애플의 앱스토어처럼 AWS에도 서비스를 사고 팔 수 있는 AWS 마켓플레이스(Marketplace)가 있습니다. AWS 마켓플레이스는 구매자가 AWS에서 실행되는 소프트웨어를 검색, 구매 및 빠르게 배포할 수 있는 온라인 스토어입니다. AWS 마켓플레이스는 아마존 협력 기업들과 연계 프로그램을 보완하며 강력한 소프트웨어 및 솔루션 제공을 위한 클라우드 에코 시스템을 구축하려는 AWS의 또다른 노력입니다. 현재 AWS 마켓플레이스의 경우 1,400개 독립 소프트웨어 벤더(ISV)들의 4,500개 제품이 등록되어 있고, 20만 명의 고객이 이용 중입니다. 한국 벤더로는 한글과 소프트, 티맥스 소프트 등 70여 개 업체의 제품들이 AWS 마켓플레이스에 등록되어 있습니다.

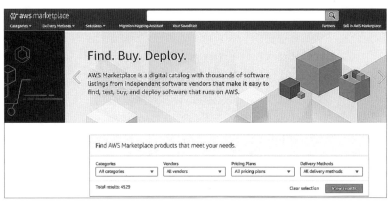

[그림 2-3-6] AWS 마켓플레이스

❶ AWS 마켓플레이스 구매자

AWS 마켓플레이스는 구매자가 AWS에서 실행되는 소프트웨어를 검색, 구매 및 빠르게 배포할 수 있도록 돕습니다. 이 과정은 아마존 머신 이미지(AMI)의 형태로 제공됩니다. 인스턴스는 EC2 웹 서비스에서 제공되는 가상 컴퓨팅 환경으로, AMI에는 소프트웨어를 통해 EC2 인스턴스를 부팅하는 데 필요한 모든 정보가 들어 있습니다. AMI는 컴퓨터 루트 볼륨에 대한 템플릿과 같습니다. AMI에는 웹 서버 역할을 수행하는 데 필요한 여러 소프트웨어가 포함될 수 있습니다(리눅스, 아파치 및 사용자의 웹 사이트 등). 또는 하둡(리눅스, 하둡 및 사용자 지정 애플리케이션) 등의 분산 데이터 환경의 소프트웨어도 포함될 수 있습니다. AMI에서 하나 이상의 EC2 인스턴스를 시작할 수 있는데, AWS 마켓플레이스를 통해 소프트웨어를 구입하려면 유료 AMI를 구입하여 소프트웨어를 구독한 다음 EC2 인스턴스로 시작하면 됩니다.

❷ AWS 마켓플레이스 판매자

마켓플레이스 판매자는 사용자 지정 AMI를 구축하여 AWS 마켓플레이스에서 판매할 수 있고, 제품을 구입한 고객들을 관리할 수 있습니다. AWS 마켓플레이스에서 판매자가 되는 방법은 AWS 마켓플레이스 판매자 포털을 이용해서 서비스를 거래할 수 있습니다.

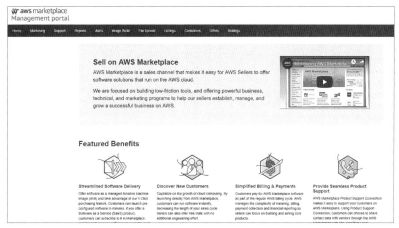

[그림 2-3-7] AWS 마켓플레이스 판매자 포털

2018년 말에 AWS는 새로운 개념의 프라이빗 마켓플레이스(AWS Private Marketplace)도 함께 선보였습니다. 이 서비스는 IT 관리자들이 자사가 승인한 업체와 제품 정책에 부합하는 외부 공급 업체로부터 맞춤형 제품 카탈로그를 신속히 생성할 수 있도록 지원하는 새로운 기능입니다.

3장
AWS 시작과 관리

3.1 가입 및 루트 계정 만들기

지금부터 기본 회원 가입과 가장 중요한 루트 계정을 만들어보겠습니다. 루트 계정은 제일 처음 AWS를 통해 만드는 계정을 말합니다. 현재 운영 중인 서비스에 접근이 필요한 계정들이 필요하다면, 루트 계정을 통해 여러 개의 하위 계정들을 생성할 수 있습니다. 이때 만든 하위 계정들은 루트 계정에 종속됩니다. 또한 루트 계정은 각 하위 계정들의 접근 권한에 대해 정의할 수 있습니다.

3.1.1 1단계: 기본 정보 입력

[그림 3-1-1] AWS 콘솔 시작

AWS를 사용하려면, 가장 먼저 계정을 만들어야 합니다. https://aws.amazon.com/ko/console에 접속하여 무료 계정 생성 버튼을 클릭합니다.

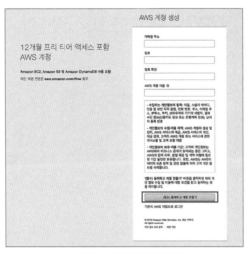

[그림 3-1-2] AWS 계정 생성

사용할 이메일 주소, 암호, 계정 이름을 입력한 후 "동의하고 계정 만들기"를 클릭합니다.

3.1.2 2단계: 연락처 정보 입력

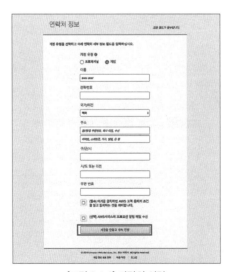

[그림 3-1-3] 연락처 입력

양식에 맞게 연락처 정보를 입력합니다. 모든 연락처와 정보는 영문으로 작성해야 하니, 주의하세요. 입력을 완료했다면 "계정을 만들고 계속 진행"을 클릭합니다.

[그림 3-1-4] 영어 주소 확인

국내 포털에서 '영어 주소'로 키워드 검색을 하면 간편하게 영문 주소를 알수 있으니, 참고하세요

3.1.3 3단계: 결제 정보 입력

[그림 3-1-5] 결제 정보 입력

결제 정보에서는 해외 결제가 가능한 카드 번호를 입력해야 합니다. 완료하면 "보안 전송"을 클릭합니다. 이 과정에서 1달러가 결제되지만, 실제 사용 가능한 카드인지 여부를 확인하기 위한 용도로 추후 환불됩니다.

3.1.4 4단계: 전화번호 인증

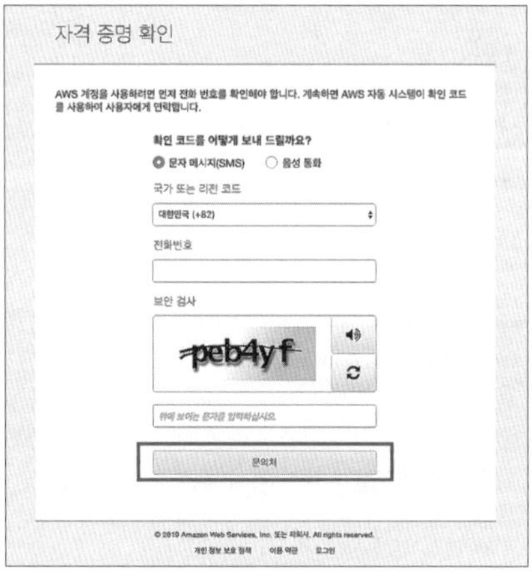

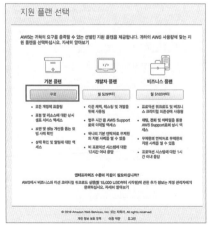

[그림 3-1-6] 전화번호 인증 확인

전화번호 인증을 완료한 후 "지금 전화하기"를 클릭합니다.

[그림 3-1-7] 지원 플랜 선택

마지막으로 지원 플랜을 선택할 수 있습니다. 유료 플랜을 선택하면 문제가 생겼을 때 기술 지원을 포함하여 비용 절감이나 성능 최적화에 대한 도움을 이메일과 전화를 통해 받을 수 있습니다. 특별한 경우가 아니라면, "기본 플랜"을 선택합니다.

[그림 3-1-8] 가입 완료

이제 회원 가입이 완료되었습니다. 회원 가입 이후 활성화되었다는 이메일까지 확인하고 나면 로그인이 가능해집니다. 만일, 메일이 오지 않았다면 잠시 기다린 후 "콘솔에 로그인" 버튼을 클릭합니다.

[그림 3-1-9] AWS 로그인

이메일 주소와 비밀번호를 입력하여 로그인을 완료합니다.

AWS 프리티어 요금

AWS 프리티어는 다양한 서비스를 포함하고있지만 주요하게 제공하는 무료 서비스는 아래와 같습니다.

계정 생성 후 12개월간 무료 서비스(월 기준)

 세이지메이커 - 250시간

 API 게이트웨이 - 1백만 호출

 S3 - 5GB 저장공간

 RDS T2 Micro - 750시간

 EC2 - T2 Micro - 750시간

 퀵사이트 - 1GB 저장공간

12개월 이후에도 무료 사항(월 기준)

 SQS - 1백만요청

 클라우드와치 - 10개의 지표 및 경보

 SES 62,000 수신메세지

 람다함수 1백만 요청

 다이나모DB 25개의 읽기/쓰기공간

월별 750시간의 무료는 31일 x 24시간 = 744시간을 무료로 사용할 수 있기 때문에 1달을 무료로 사용할 수 있는 것과 같습니다.

만약 윤년이 아닌 2월처럼 28일밖에 없다면 EC2 Micro 인스턴스 2개를 사용시 28 × 24 × 2를 적용하여 1,344시간의 요금을 기준으로 하고 750시간을 제외한 594시간의 요금을 청구합니다.

3.2 IAM

이메일 아이디로 만든 AWS 계정을 "루트 계정"이라고 부릅니다. 루트 계정은 사용자가 직접 계정 생성 버튼을 클릭하여 처음 만드는 계정을 의미합니다. 루트 계정은 모든 AWS 리소스에 접근할 수 있는 권한을 가지고 있기 때문에 여러 명의 사용자가 루트 계정을 사용하는 것은 보안에 좋지 않습니다. 이를 위해 AWS에서는 'IAM'(Identity and Access Management)서비스를 제공합니다. IAM은 루트 계정을 사용하지 않고도 각각의 사용자들이 AWS 리소스들에 접근할 수 있도록 해주며 IAM을 통해 유저, 유저 그룹을 만들어 각각의 사용자 혹은 그룹별로 필요한 권한만을 제한적으로 부여할 수 있습니다.

IAM은 AWS 계정과 관련된 권한을 제어하고, 사용자를 관리하는 기능을 제공하는 보안 서비스이며, AWS 리소스에 대한 액세스를 안전하게 제어할 수 있는 웹 서비스입니다. AWS 모든 서비스는 IAM을 활용하여 AWS 리소스를 사용하도록 인증(로그인)을 설정하고 권한 부여된 대상을 제어합니다.

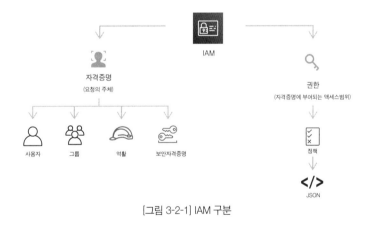

[그림 3-2-1] IAM 구분

IAM은 누가 리소스에 접근하는지에 대한 'Who' 자격 증명과 무엇을 어디까지 허용해 줄 것인지에 대한 'What' 권한입니다.

3.2.1 IAM 특징

- 각 AWS 서비스 및 자원 별 사용 권한 지정
- 역할 및 정책을 통해 손쉽게 자세한 권한 관리
- 기업내 사용자 관리 시스템과 연동 지원
- 오프라인 기기(MFA, 멀티팩터 인증)를 통한 인증 가능

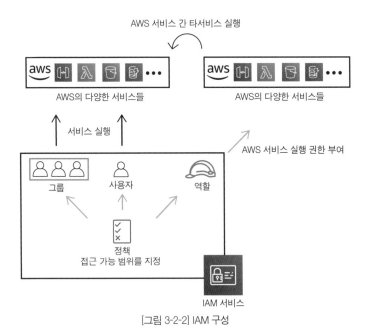

[그림 3-2-2] IAM 구성

3.2.2 IAM 구성

IAM 구성은 크게 2가지로 구분됩니다. 먼저 사용자를 정의하는 IAM 사용자 · 그룹 · 역할과 각 사용자의 권한을 정의하는 IAM 정책으로 구성됩니다.

IAM 사용자

●루트 사용자
모든 접근 권한을 가지는 가장 중요한 사용자로, 특정 그룹에 속하지 않고 사용자를 만들 수 있는 권한이 있으며 AWS 콘솔에 아이디와 비밀번호로 접속할 수 있습니다.

●**사용자**

루트 사용자와 마찬가지로 AWS 콘솔에 아이디와 비밀번호로 접속할 수 있고, 그룹에도 속할 수 있습니다. 하지만 사용자는 부여된 정책에 한해서만 리소스에 접근할 수 있습니다.

●**그룹**

그룹은 사용자 관리를 편리하게 하는 기능입니다. 그룹에 정의된 특별한 정책은 그룹에 속한 모든 사용자가 영향을 받고, 모든 사용자를 수정할 필요 없이 간단히 그룹으로 묶어 그룹 권한을 수정할 수 있습니다.

●**역할**

역할은 사용자와 유사하지만 비밀번호를 통해 접속할 수 없으며 그룹에 속할 수도 없습니다. 사용자와 마찬가지로 정책에 한해서만 리소스에 접근할 수 있으며 정책이 부여되지 않았다면 아무것도 할 수 없습니다. 또한 리소스가 다른 리소스를 사용할 때도 역할이 필요합니다.

●**정책**

정책은 AWS 리소스에 접근하기위해 권한을 허용할지 거부할지를 결정합니다. JSON 형태로 저장되며 각 그룹, 사용자, 역할에 부여할 수 있습니다. 또한 기존 AWS에서 제공하는 정책들을 이용하여 고객이 직접 관리하는 정책을 만들 수 있으며 더욱 정밀하게 설정할 수 있습니다.

3.2.3 IAM 접속 방법

● **AWS 관리 콘솔**

콘솔은 IAM 및 AWS 리소스를 관리하기 위한 브라우저 기반 인터페이스입니다. 일반적으로 주로 사용하는 접속 방법입니다.

● **AWS 명령어 도구**

AWS 명령어 도구를 통해 시스템 명령어에서 명령을 실행하여, IAM 및 AWS 작업을 수행하는 방법입니다. 고급 사용자에게는 명령어를 사용하는 것이 콘솔을 사용하는 것보다 더욱 빠르고 편리할 수 있습니다. 작업을 수행하는 스크립트를 작성할 때도 명령어 도구가 유용합니다. AWS에서는 'AWS Command Line Interface'(AWS CLI) 및 Windows PowerShell용 AWS 도구라는 2가지 명령어 도구 세트를 제공합니다.

● AWS SDK

AWS에서는 다양한 프로그래밍 언어 및 플랫폼(Java, Python, Ruby, .NET, iOS, Android 등)을 위한 라이브러리와 샘플 코드로 구성된 소프트웨어 개발 키트(SDK)를 제공합니다. SDK를 사용하면 편리하게 IAM 및 AWS에 프로그래밍 방식으로 액세스할 수 있습니다. 이를테면, SDK는 요청에 암호화 방식으로 서명, 오류 관리 및 자동으로 요청 재시도와 같은 작업을 처리합니다.

● IAM HTTPS API

서비스로 직접 HTTPS 요청을 실행할 수 있는 IAM HTTPS API를 사용하여 프로그래밍 방식으로 IAM 및 AWS에 액세스할 수 있습니다. HTTPS API를 사용할 때는 자격 증명을 사용하여 요청에 디지털 방식으로 서명하는 코드를 포함해야 합니다.

3.2.4 IAM 유의사항

IAM을 통해 계정을 생성하고 신용카드를 등록하는 순간 여러분은 전 세계 아마존 클라우드와 무한 서비스 사용 및 비용 지불 계약을 체결하는 것입니다. 단순한 홈페이지 포탈 회원 가입을 넘어 여러분이 전체 IT 서비스 관리자가 되는 것이므로 신중하고 꼼꼼하게 계정 관리를 해야 합니다.

특히 루트 계정은 매우 중요하기 때문에 보안에 각별히 신경 써야 합니다. 종종 깃허브(GitHub) 내 누구나 접근할 수 있는 퍼블릭 온라인 저장소에 루트 계정 자격 증명이 해킹 당해 비트 코인을 채굴하는 데 사용되어 막대한 비용이 청구되는 사례가 발생하고 있습니다. 해킹과 같은 범죄와 관련하여 비용이 발생한 경우 AWS에서 일부 비용을 면제해주지만, 그 과정이 매우 복잡하기 때문에 루트 계정 보안 관리에 최대한 신경 써야 합니다.

- 루트 액세스 키를 조심해야 합니다. 특히, 블로그나 책에 루트 액세스 키를 생성하는 예제들을 유의하세요
- 오프라인 기기 혹은 앱 인증을 꼭 사용합니다. 중요 서비스일 경우, 꼭 모바일 앱 혹은 일회용 암호 생성기를 이용하는 것이 안전합니다.

- IAM 사용자를 생성하고 필요한 권한만 할당합니다. 최소한의 권한을 주면 보안 위험도 그만큼 낮아집니다.
- IAM 그룹 생성을 통해 권한을 관리합니다. 그룹을 통해 개발자, 관리자, 운영자 권한을 세분화하면 그만큼 보안에 안전합니다.
- 암호 생성 조건을 꼭 확인하세요. 탈취당하기 쉬운 암호보다 특수문자, 문자, 숫자 등이 결합된 난이도 높은 암호가 안전합니다.
- AWS에서 제공하는 비용 청구 자동 확인 서비스들을 수시로 확인합니다. 결제 대시보드에서 제공하는 비용 알람을 반드시 체크하세요. 클라우드 와치를 통해 일정 비용 이상이 초과하면 결제 정보 알람이 뜨도록 설정합니다.
- 실제 서비스 환경에서 루트 계정을 사용하기보다, 루트 계정은 사용자를 생성하는 용도로만 사용하며 필요한 권한을 부여한 사용자들을 이용해 콘솔에 접속합니다.

3.3 사용자 만들기

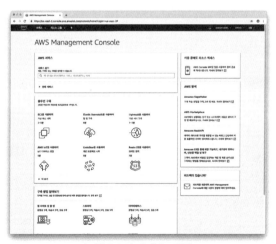

[그림 3-3-1] 대시보드 화면

IAM을 통해 루트 계정 아래에 일반 사용자를 만들어보겠습니다. 루트 계정으로 접속하여 IAM을 선택합니다.

3.3.1 1단계: 대시보드 IAM 선택

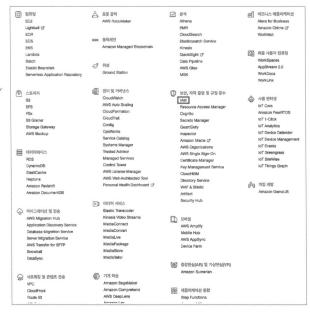

[그림3-3-2] 콘솔 IAM

3.3.2 2단계: 사용자 만들기

[그림 3-3-3] IAM 대시보드

맨 처음 IAM 대시보드에 접근하면 사용자 로그인 링크를 볼 수 있습니다. https://[사용자 id].
signin.aws.amazon.com/console으로 구성되어 있고, 우리가 앞으로 만들어볼 사용자는 위
주소를 통해 로그인 주소로 접속할 수 있습니다. 주의할 점은 루트 계정 로그인 주소(https://)

와 일반 사용자의 로그인 주소가 다르다는 점입니다.

로그인 주소의 차이

로그인 주소에서 주의할 점은 루트 계정을 제외한 모든 계정은 루트 계정 아래 고유 영역으로 생성됩니다. 이를테면, 루트 계정A와 루트 계정B가 있다면 A와 B에 ABC라는 계정을 1개씩 만들 수 있습니다. 그렇다면, 일반적인 URL인 https://console.aws. amazon.com/console/home으로 접속하면 어떻게 될까요?

[그림 3-3-4] 로그인 화면

이 경우, 루트 계정이라면 루트 계정 이메일 주소를 입력하면 됩니다. 그러나 루트 계정의 하위 계정으로 로그인한다면, 이때는 계정 이메일 주소에 방금 전 확인한 루트 계정의 ID 값을 입력해야 합니다.

[그림 3-3-5] 계정 하위 로그인

계정 ID 값을 입력하면 [그림 3-3-5]처럼 루트 계정 번호와 함께 사용자 이름과 암호를 입력할 수 있습니다. 이러한 과정 없이 https://[사용자 id].signin.aws.amazon.com/ consol로 직접 접속해도 위 화면처럼 루트 계정 ID가 미리 입력된 로그인 창을 확인할 수 있습니다.

[그림 3-3-6] 사용자 추가

좌측 사용자 탭을 누른 후 "사용자 추가"를 클릭합니다.

[그림 3-3-7] 사용자 정보 입력 및 AWS 액세스 유형 선택

원하는 사용자 이름을 입력합니다. 사용자 이름은 아이디와 같은 역할을 하며, 영문자와 숫자 및 몇몇 제한된 특수 문자만을 허용합니다.

액세스 유형으로 AWS Management Console을 선택합니다. 지금처럼 웹 브라우저를 통해서 접근하는 방식입니다. 로그인을 위한 아이디와 비밀번호가 존재하고 웹 브라우저에서 모든 제어를 합니다. 반면, 프로그래밍 방식 액세스는 웹 브라우저가 아닌 다른 모든 접근 방법에서 사용할 수 있는 액세스 방식입니다. CLI를 통해 접속하거나 내가 만든 프로그램이 AWS의 람다를 실행할 때 사용할 수 있습니다.

이 방법들이 복잡하다면 서버나 프로그램이 이용할 계정은 후자를 선택합니다. 사용자가 직접 웹 브라우저를 통해 로그인하기 때문에 AWS Management Console에 체크합니다.

콘솔 비밀번호는 특별한 케이스가 아니라면 사용자 지정 비밀번호를 선택합니다. 원하는 비밀번호를 입력한 후 하단의 "다음: 권한"을 클릭합니다.

[그림 3-3-8] 권한 설정

3.3.3 3단계: 사용자 IAM 권한 확인

권한 설정에는 크게 3가지 옵션이 있습니다. 첫 번째는 그룹에 권한을 부여한 후 사용자를 그룹에 포함시키는 방법, 두 번째는 기본 사용자의 권한을 복사하는 방법, 마지막 세 번째는 기존 정책을 연결하는 방법입니다. 아무런 권한도 지정하지 않았을 때 어떤 일이 생기는지 확인하기 위해 별다른 설정을 하지 않고 하단의 "다음: 태그" 버튼을 클릭합니다.

[그림 3-3-9] 사용자 추가 - 태그 추가

사용자 식별 데이터를 입력할 수 있는 태그[3] 정보입니다. 별다른 식별 값은 지정하지 않고 "다음: 검토"를 클릭합니다.

3. 태그

앞으로 우리가 예제들을 다룰 때 항상 태그 설정이 나타나게 됩니다. 태그는 주로 어느 때 사용할까요? 일반적으로 AWS 리소스를 만들 때 입력하는 메타 데이터로 리소스를 식별하거나 확인하기 위한 용도로 사용됩니다. 또한 주요한 용도로 리소스들을 그룹화하여 관리하기 위한 용도로도 사용됩니다.

예를 들어, A서비스와 B서비스를 동시에 운영하고 A서비스를 위한 EC2와 RDS 데이터베이스 그리고 B서비스를 위한 EC2와 RDS 데이터베이스를 생성한 경우 각각의 EC2와 RDS의 태그 값에 키로 Service, 값으로 A-Service 혹은 B-Service라는 값을 주어 리소스를 그룹화하여 AWS System Manager를 통해 관리할 수 있습니다.

[그림 3-3-10] 리소스 그룹

또한 이렇게 태그 값으로 그룹화한다면 입력한 태그 값과 일치하는 리소스만 접근할 수 도록 IAM 권한을 부여할 수도 있습니다.

[그림 3-3-11] 사용자 추가 - 검토

검토 화면에서 설정한 내용들이 잘 적용되었는지 확인한 후 "사용자 만들기"를 클릭합니다.

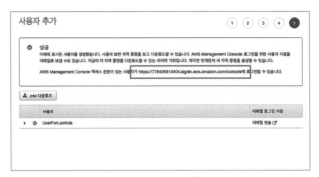

[그림 3-3-12] 사용자 추가 - 성공

사용자 만들기에 성공했다면, 대시보드에서도 보았던 로그인 링크를 확인할 수 있습니다. 해당 주소를 클릭합니다.

[그림 3-3-13] 사용자 추가 성공 - 사용자 로그인

새로운 사용자 이름과 암호를 입력합니다.

[그림 3-3-14] 사용자 로그인 후 비밀번호 변경

루트 사용자가 생성한 계정은, 이미 사용자에게 노출된 내용이기 때문에 계정을 이용하기 위해서는 비밀번호를 새로 적용해야 합니다. 새로운 비밀번호를 입력한 후 "비밀번호 변경 확인"을 클릭합니다.

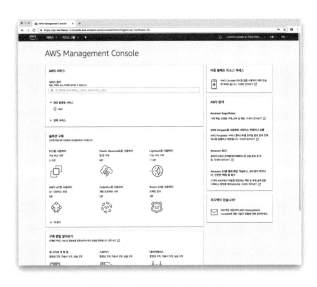

[그림 3-3-15] AWS 매니지먼트 콘솔

일반 계정도 [그림 3-3-15]와 같이 AWS 콘솔을 통해 서비스를 접근할 수 있습니다. 그러나 서비스를 이용할 수는 없습니다. 접근 권한 확인을 위해 대시보드 컴퓨팅에서 "라이트세일"을 클릭합니다. 라이트세일을 실행하려면 사용자 접근 권한이 없어, 서비스를 이용할 수 없다는 메시지를 확인할 수 있을 겁니다.

3.4 비용 알람 설정

AWS 계정을 생성하고 본격적인 실습에 앞서 가장 중요한 것 중 하나가 비용 알람 설정입니다. 특별히 신경 쓰지 않았는데, 어느 날 카드에 청구된 요금이 예상치를 훨씬 초과하는 경우가 있습니다. 필자의 경우 처음 AWS를 접했을 당시 EC2 인스턴스를 생성하고, 1~2달 정도 운영하다 삭제했던 기억이 있습니다. 이때만 해도 비용이 청구되지 않았는데 인스턴스를 삭제하고 요금이 청구되기 시작했습니다. 영문을 몰라 청구서 상세 내역을 살펴보니 AWS에서는 EC2 Micro와 IP 주소 1개를 무료로 제공하지만, 제공받은 IP 주소가 1개일지라도 실제 EC2와 연결되어 있지 않고 사용하지 않아도 비용이 발생했던 것입니다. EC2를 삭제할 당시 IP 주소는 계속해서 가지고 있었던 게 원인이었습니다. 이처럼 예상치 못한 비용 발생에 대비하여 미리 비용 알람을 설정해 놓는 것이 안전합니다.

3.4.1 1단계: 결제 콘솔 접속

[그림 3-4-1] 내 결제 대시보드 확인

우측 상단 유저 이름을 클릭한 후 "내 결제 대시보드"를 선택합니다.

3.4.2 2단계: 결제 대시보드에서 알람 수신

[그림 3-4-2] 결제 대시보드 기본설정

대시보드 탭 하단 "기본 설정" 탭을 선택합니다. "무료 티어 사용량 알림 수신"과 "결제 알림 받기"를 선택하고 기본 설정 저장을 클릭합니다. 이제 무료 사용량이 초과되면 이메일을 받을 수 있습니다. 추가적인 알람 설정을 위해 이동해보겠습니다. 저장이 완료되었으면 결제 알림 받기 하단의 "결제 알림 관리"가 보입니다. 위 링크를 클릭하게 되면 결제 알림 관리를 할 수 있는 클라우드 와치로 이동하게 됩니다. 또는 AWS 콘솔에서 클라우드 와치를 통해 서비스를 시작할 수도 있습니다.

3.4.3 3단계: 클라우드 와치 접속

AWS 관리 및 거버넌스 영역에 클라우드 와치 서비스가 있습니다. 클라우드 와치는 AWS에서 발생하는 모든 이벤트를 모니터링하고 사용자에게 알려줍니다. 최근 인기 있는 <왕좌의 게임>이라는 미국 드라마에서도 'The Night Watch'를 밤의 파수꾼 또는 경비대라고 번역하고 있습니다. 이처럼 Watch는 파수꾼, 경비대, 수호자라는 뜻을 함축하고 있습니다. 마찬가지로, AWS 클라우드를 지키고 감시하는 역할을 클라우드 와치가 수행합니다.

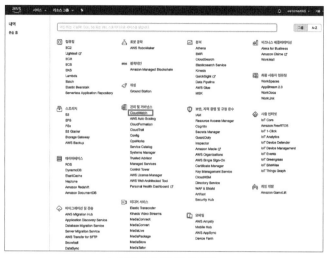

[그림 3-4-3] 클라우드 와치

AWS 콘솔에서 관리 및 거버넌스 영역 클라우드 와치 서비스를 실행합니다.

[그림 3-4-4] 클라우드 와치 대시보드

클라우드 와치 대시보드를 보면, 크게 경보, 이벤트, 로그, 지표를 볼 수 있습니다. 경보는 특정한 이벤트가 설정한 임계 값을 초과하게 되면 발생하는 이벤트로 정의할 수 있습니다. 이벤트는 특정 시간 혹은 매시간, 매분 별로 발생하는 이벤트, AWS 람다나 DynamoDB 데이터베이스에 데이터가 들어왔을 때 등 AWS 서비스에 특정한 이벤트가 발생할 때를 정의합니다. 로그는 AWS 서비스에서 발생하는 모든 로그들이 모이는 곳이며, 지표는 각 AWS 서비스들의 통계 데이터 등을 제공합니다.

3.4.4 4단계: 클라우드 와치 결제 경보 설정

실습을 통해 일정 금액 이상의 비용이 발생할 경우 알림을 받게 만들 것이니 경보에 해당합니다. 좌측 경보 메뉴를 클릭합니다.

[그림 3-4-5] 지역 설정

경보 화면에서 경보를 생성해보겠습니다. 한 가지 주의할 점은 금액과 관련된 설정은 버지니아에서만 가능합니다. 따라서 지역이 버지니아로 설정되어 있지 않다면, 우측 상단 지역을 클릭하여 버지니아로 수정합니다.

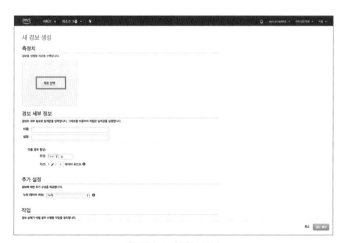

[그림 3-4-6] 경보 생성

지표 선택을 클릭합니다.

[그림 3-4-7] 지표 선택

하단 지표들 중 결제를 클릭합니다.

[그림 3-4-8] 지표 추가

예상 요금 합계를 클릭합니다.

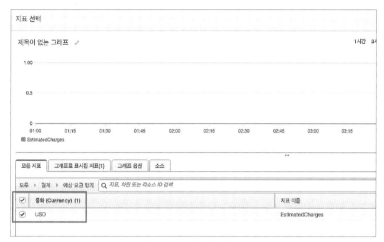

[그림 3-4-9] 지표 선택

AWS에서 발생하는 모든 요금은 달러를 기준으로 합니다. 통화에 USD를 체크하고 지표 선택을 클릭합니다.

[그림 3-4-10] 새 경보 생성

이제 초과에 대한 조건에 따른 한계 값을 설정할 수 있습니다. 1USD에 해당하는 적절한 금액을 입력합니다. 우리가 앞으로 실습할 예제에서는 (12장 퀵 사이트 제외) 비용이 청구되는 예제가 없기 때문에 1달러 혹은 2달러로 설정을 해주어도 무방합니다. 다음으로 알림을 받을 이메일 주소를 입력합니다. 완료되면, 경보 생성을 클릭합니다. 정리하면, 클라우드 와치에서 결제 경보를 다음과 같이 지정합니다.

- USD 비용 임계 값을 입력합니다.
- 이메일 주소를 제공합니다.
- 수신함에서 확인 이메일을 찾아 제공된 링크를 클릭합니다.

[그림 3-4-11] 새 이메일 주소 확인

이 경우 확인 이메일을 받게 되는데, 만약 메일이 오지 않는다면 스팸 메일함을 꼭 확인해보세요.

[그림 3-4-12] 경보 생성 성공

이제 성공적으로 클라우드 와치 경보가 생성되었습니다.

82

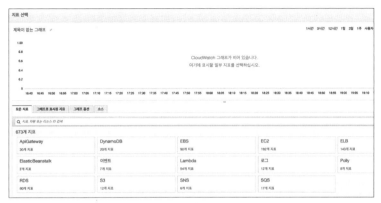

[그림 3-4-13] 지표 선택

클라우드 와치의 다양한 용도

실습에서 지표를 통해 간단히 비용 알림만을 설정했지만, 클라우드 와치는 AWS 모든 서비스에 필요한 지표들을 제공합니다. 예를 들어, EC2의 CPU 사용량이 일정 이상이면 알려주는 경보를 생성한다거나 혹은 람다 함수 서비스에서 에러가 발생하면 사용자에게 알려주는 경보 등 다양한 방법으로 경보를 활용할 수 있습니다. **한 가지 주의할 점은 지표 10개와 경보 10개까지만 프리티어 범위 내에서 제공된다는 것입니다.**

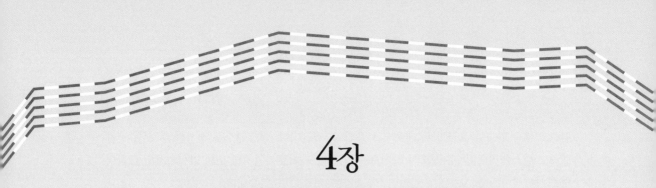

4장
라이트세일, 버튼 몇 번으로
인공지능 홈페이지 만들기

가장 가벼운 서비스, 라이트세일

4.1.1 라이트세일

아마존 라이트세일은 AWS를 가장 쉽게 시작할 수 있는 방법입니다. 라이트세일에는 클라우드 환경에서 어떤 서비스든 간에, 빠르게 시작하는 데 필요한 모든 것(가상 머신, SSD 기반 스토리지, 데이터 전송, DNS[4] 관리, 고정 IP)이 포함되어 있으며, 사용자는 이러한 서비스를 저

서버를
간단하게 유지

클릭 몇 번으로 가상 프라이빗 서버를 시작하십시오.

세계 최고의
클라우드상에 구축

AWS의 능력, 안정성, 보안 기능을
애플리케이션에 부여하십시오.

여러분은 코드를 알고,
우리는 인프라를 압니다

부담스러운 작업은 Lightsail에 맡기십시오. 서버 관리가
쉬워집니다.

여러분과 함께
성장하는 클라우드

수십 개의 AWS 서비스에 엑세스하여 애플리케이션의 규모를 조정하십시오.

[그림 4-1-1] 라이트세일

렴하고 예측 가능한 요금 범위 내에서 사용할 수 있습니다. 인스턴스를 생성한 후 손쉽게 관련 인스턴스에 연결할 수 있으며 라이트세일 콘솔, 라이트세일 API 또는 라이트세일 CLI(명령줄 인터페이스)를 사용하여 인스턴스를 간단히 관리할 수 있습니다.

아마존 라이트세일 서비스는 저렴한 비용으로 시작할 수 있는 작은 가상 서버 서비스로만 이해하기 쉽지만, 로드 밸런서를 통한 대용량 설계가 가능하며 RDS, S3등 다른 AWS의 요소들과 연결을 통한 확장이 가능한 서비스입니다. 최근에는 개편한 새로운 요금 플랜에 더 강력한 컴퓨팅 사양이 추가되면서, 품질이 더욱 좋아졌습니다. 즉, 라이트세일이라는 서비스는 '라이트 하게'(작고 가볍게) 서버를 써야 할 사용자에게 적은 비용으로 차후 더 큰 서버가 필요할 때 이미 익숙한 환경에 의존하도록 하는 입문용 서비스(엔트리 모델)입니다. 그 가벼운 시작과 함께 편리함이 입소문 나면서 고객 확장에 일조하기도 합니다.

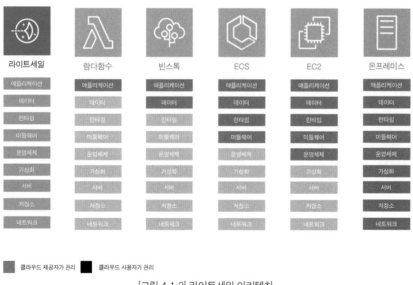

[그림 4-1-2] 라이트세일 아키텍처

4.1.2 라이트세일과 EC2 비교

AWS 가장 대표적인 서비스인 EC2와 비교하여 라이트세일이 왜 가장 쉽고 빠른 서비스인지 살펴보도록 하겠습니다.

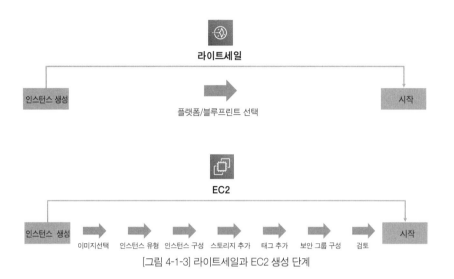

[그림 4-1-3] 라이트세일과 EC2 생성 단계

일반적으로 EC2를 만들려면 크게 7가지 단계가 필요하지만, 라이트세일은 플랫폼과 시작 이미지를 선택하는 것만으로 인스턴스를 바로 시작할 수 있습니다. EC2 단계는 앞으로 다시 실습하겠습니다.

컴퓨팅, 스토리지, 네트워크에 대한 설정이 라이트세일에서는 클릭 한 번으로 구성되며, 저렴하고 훨씬 예측하기 쉬운 요금 범주 내에서 설정할 수 있습니다. 또한 손쉽게 규모를 키울 수 있고, 다른 AWS 서비스에도 접근하기 편리합니다.

[그림 4-1-4] 라이트세일과 EC2 비교

높은 사양의 컴퓨팅 파워가 필요하고 인스턴스가 소모되는 작업에는 EC2를 사용하지만, 반대로 단순한 블로그 혹은 개발 환경과 같이 가벼운 성능을 가지면서 빠르고 쉽게 배포가 필요할 때 라이트세일이 사용하기 좋습니다.

4.1.3 요금정책

터무니없는 월별 요금과 작별

Linux/Unix   **Windows**

$3.50 USD	$5 USD	$10 USD	$20 USD	$40 USD	$80 USD	$160 USD
512MB 메모리	1GB 메모리	2GB 메모리	4GB 메모리	8GB 메모리	16GB 메모리	32GB 메모리
1코어 프로세서	1코어 프로세서	1코어 프로세서	2코어 프로세서	2코어 프로세서	4코어 프로세서	8코어 프로세서
20GB SSD 디스크	40GB SSD 디스크	60GB SSD 디스크	80GB SSD 디스크	160GB SSD 디스크	320GB SSD 디스크	640GB SSD 디스크
1TB 전송*	2TB 전송*	3TB 전송*	4TB 전송*	5TB 전송*	6TB 전송*	7TB 전송*

[그림 4-1-5] 라이트세일 리눅스 요금정책

요금 정책 또한 EC2 인스턴스가 100여 개가 넘는 인스턴스 타입과 수백여 개의 가격 정책을 가지고 있는 것에 비해, 라이트세일은 매우 단순한 요금 정책을 가지고 있습니다.

4.2 워드프레스 블로그 구축

실습 아키텍처

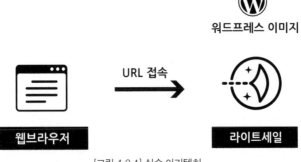

[그림 4-2-1] 실습 아키텍처

■ 실습 요약 ■
❶ AWS 라이트세일 접속
❷ 라이트세일 인스턴스 생성(인스턴스 이름: Wordpress-lightsail)
❸ 라이트세일 인스턴스 확인
❹ 워드프레스 사용자 설정(기본페이지 접속 및 확인)
❺ 워드프레스 관리자 설정
　A. 사용자명, 패스워드 설정을 위한 원격 서버 접속
　B. 비트나미(SSH)[5] 접속을 통한 아이디, 패스워드 생성
　C. 워드프레스 관리자 페이지 접속 및 확인

AWS서비스에서 가상 서버를 구축하기 가장 쉬운 라이트세일을 이용하여 워드프레스 블로그를 구축해보겠습니다.

2003년 맷 멀런웨그(Matt Mullenweg)가 만든 워드프레스(WordPress)는 세계 최대의 오픈 소스 기반의 블로그 플랫폼입니다. 워드프레스 기반 웹 사이트는 전 세계 웹 사이트의 30%를 차지하고 있으며, 국내의 경우 서울특별시에서 콘텐츠 관리 플랫폼을 위해 일부 도입했습니다. 초기 워드프레스는 단순한 블로그 시스템으로 시작했지만, 오늘날에는 우커머스

아름다운 디자인, 강력한 기능, 그리고 원하는 모든 것을 만들수 있는 자유도. 워드프레스는 자유로우면서 무료입니다.

[그림 4-2-2] 인스턴스 생성, 플랫폼 및 이미지 선택

(WooCommerce)라는 플러그인을 이용해 코딩 한 줄 없이 간단히 쇼핑몰을 구축할 수 있습니다. 단순한 웹 사이트 저작 도구를 넘어 오픈소스에 뿌리를 두고 전 세계 웹 사이트를 만들어낸 도구이고, 인터넷에 콘텐츠를 올리고 관리하는 CMS 시장만 두고 보면 점유율은 60%를 넘는다고 하며, 한국에서도 큰 인기를 끌고 있습니다.

4.2.1 1단계: AWS 콘솔에서 라이트세일 접속 ···

[그림 4-2-3] 라이트세일 접속

AWS 콘솔 컴퓨팅 영역에서 "Lightsail"을 클릭합니다. 맨 처음 라이트세일에 접속하면 사용자 언어를 선택해야 합니다. 한국어를 선택한 후 "Save"를 클릭합니다.

4.2.2 2단계: 인스턴스 생성 ···

첫 번째는 인스턴스 이미지를 선택하는 과정입니다. 크게 플랫폼과 블루프린트 메뉴가 있습니다. 플랫폼은 인스턴스에 설치할 운영체제를 선택할 수 있고, 크게 Linux/Unix와 Windows를 제공합니다. 이 중 "Linux/Unix"를 선택합니다. 다음은 블루프린트입니다. "Wordpress"를 선택합니다. [그림 4-2-4]에서 라이트세일 아키텍처는 우리가 만들 최종적인 애플리케이션 레벨인 워드프레스입니다. 소스코드 한 줄 사용하지 않고 운영체제 영역부터 애플리케이션 레벨까지 간단히 클릭만으로 선택할 수 있습니다. 워드프레스를 선택하면 현재 설치하는 워드프레스 버전에 대한 정보와 하단에 간단한 설명이 함께 나옵니다.

지금 실습하는 워드프레스는 많은 부분을 바로 구성할 수 있도록 만들어졌습니다. 대부분의 소프트웨어가 설치되어 있고 사용자명, 패스워드 등이 미리 설정됩니다. 이후 관리자 페이지를 통해 사용자에게 맞게 웹 페이지를 수정할 수 있습니다.

[그림 4-2-4] 인스턴스 생성, 플랫폼 및 이미지 선택

화면을 아래로 스크롤 하면 "시작 스크립트"와 "SSH 키 페어 변경"이라는 옵션을 볼 수 있습니다. 시작 스크립트란 맨 처음 서버가 구성될 때 실행되는 스크립트로, 사용자에 따라 필수적으로 설치해야 하는 소프트웨어 등을 깔아야 할 때 사용하며, SSH 키 페어는 원격 서버 접속을 위해 사용됩니다. 이번 장에서는 원격 접속을 따로 설정하지 않고 나중에 실습해보겠습니다.

[그림 4-2-5] 인스턴스 생성 - 플랜 선택

다음은 인스턴스 플랜을 결정합니다. 무료 티어 범위 내에서 실습하기 위해 첫 달 무료 3.50$
플랜을 선택합니다. 인스턴스를 1달 이상 유지할 경우 비용이 발생하니, 이점을 꼭 기억하시
기 바랍니다. 다음 과정 인스턴스 식별은 현재 생성하는 가상 서버 리소스 이름을 결정하는
단계입니다. 우측 숫자는 인스턴스 개수를 의미하며 숫자를 늘려주면 그만큼 많은 가상 서버
가 추가로 생성되지만, 이럴 경우 추가 비용도 함께 발생한다는 점에 유의해야 합니다. 인스
턴스 리소스 이름은 기본 값을 사용해도 조금 더 쉽게 식별하기 위해 "Wordpress-lightsail"로
변경합니다. 인스턴스 개수는 1개로 설정합니다. 키 전용 태그와 키-값 태그는 따로 설정하지
않고 "인스턴스 생성"을 클릭합니다.

4.2.3 3단계: 인스턴스 확인

[그림 4-2-6] 라이트세일 대시보드 - 인스턴스 보류 중

처음 인스턴스를 생성하면 [그림 4-2-6]과 같이 회색 화면으로 보류 중이라는 메시지를 확인할 수 있습니다. 인스턴스가 생성되는 과정이니 잠시 기다립니다.

[그림 4-2-7] 라이트세일 대시보드 - 인스턴스 생성 완료

약 3~4분 후 실행 중이라는 메시지를 볼 수 있습니다. 한동안 기다린 후에도 상태 메시지가 변경되지 않으면, "F5" 키를 클릭하여 페이지를 새로 고침합니다. 버튼 몇 번 만으로 라이트세일 서버 환경을 구축했습니다.

이제 워드프레스 사이트에 직접 접속하겠습니다. 워드프레스 설정을 위해 다시 대시보드로 돌아와야 하므로 새 창을 열어 서울, 영역A 상단 IP 주소를 입력합니다.

4. DNS 네임 서버

DNS(Domain Name Sever)는 도메인 네임 서버를 의미합니다. 인터넷에 연결된 모든 컴퓨터 서버는 고유한 IP 주소를 가지고 있고, 이 IP 주소를 통해 우리는 서버를 특정할 수 있습니다. 만약 웹 사이트를 접속할 때마다 "51.21.121.59"와 같은 IP 주소를 매번 입력해야 한다면, 기억하기가 상당히 어려울 겁니다. 이를 위해 도메인 네임 서버를 사용합니다. 도메인 네임 서버는 우리가 도메인만 입력해도 어떤 IP인지 알려주는 시스템입니다. Route53 서버를 이용하면 도메인 네임 서버 서비스를 사용할 수 있어서 도메인을 구입한 후 등록하면, 우리가 만든 라이트세일 인스턴스와 도메인을 맵핑하여 도메인으로 접속할 수 있도록 설정하게 도와줍니다.

4.2.4 4단계: 워드프레스 사용자 접속 및 확인

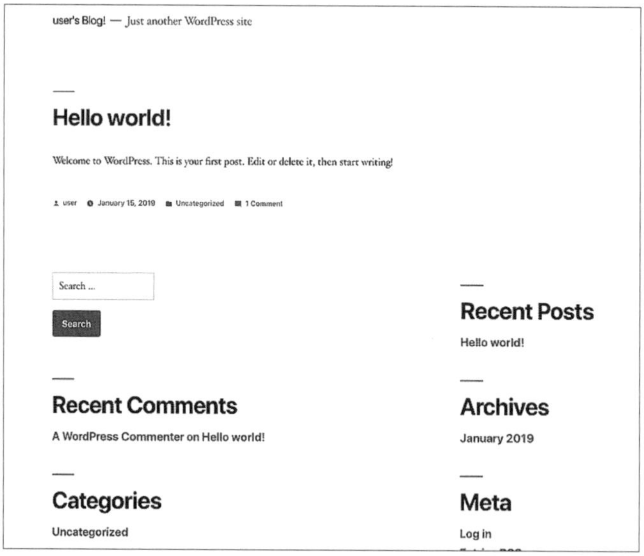

[그림 4-2-8] 워드프레스 홈 화면

새로 인터넷 브라우저 주소창에 상단 퍼블릭 IP 주소를 복사해서 입력하면 워드프레스 사이트가 정상적으로 만들어졌는지 확인할 수 있습니다. 기본으로 생성되어 있는 'hello world'라는 문구와 일반적인 블로그 레이아웃을 볼 수 있습니다. 기본 웹 페이지가 생성되었으므로 관리자 환경으로 접속해보겠습니다.

4.2.5 5단계: 워드프레스 관리자 접속 ....

워드프레스 관리자 대시보드에 접속하려면, 기본 값으로 메인 주소에서 /wp-admin 디렉토리로 이동해야 합니다. 예를 들어, 접속한 IP가 http://52.79.120.74라면 끝에 /wp-admin을 추가하여 http://52.79.120.74/wp-admin으로 관리자 화면에 접속합니다.

[그림 4-2-9] 워드프레스 로그인 화면

관리자 대시보드를 사용하려면, 유저 네임과 패스워드를 입력해야 합니다. 그런데 현재 우리에게는 유효한 정보가 없습니다. 다시 라이트세일 대시보드로 돌아가보겠습니다.

[그림 4-2-10] 라이트세일 인스턴스 대시보드

이전 라이트세일 대시보드에서 IP 상단 네모 모양의 아이콘을 클릭합니다.

```
Welcome to Ubuntu 16.04.5 LTS (GNU/Linux 4.4.0-1065-aws x86_64)

 ____  _  _                        _
| __ )(_)| |_ _ __   __ _ _ __ ___ (_)
|  _ \| || __| '_ \ / _` | '_ ` _ \| |
| |_) | || |_| | | | (_| | | | | | | |
|____/|_| \__|_| |_|\__,_|_| |_| |_|_|

  *** Welcome to the Bitnami WordPress 4.9.8-0 ***
  *** Documentation:  https://docs.bitnami.com/aws/apps/wordpress/ ***
  ***                 https://docs.bitnami.com/aws/ ***
  *** Bitnami Forums: https://community.bitnami.com/ ***
To run a command as administrator (user "root"), use "sudo <command>".
See "man sudo_root" for details.

bitnami@ip-172-26-1-33:~$ █
```

[그림 4-2-11] 라이스 세일 원격 접속

웹 브라우저에서 [그림 4-2-11]과 같은 화면을 볼 수 있습니다. 우리에게 익숙한 GUI(Graphic User Interface) 방식이 아닌 CLI(Command Line Interface) 방식입니다.

```
Welcome to Ubuntu 16.04.5 LTS (GNU/Linux 4.4.0-1065-aws x86_64)

 ____  _  _                        _
| __ )(_)| |_ _ __   __ _ _ __ ___ (_)
|  _ \| || __| '_ \ / _` | '_ ` _ \| |
| |_) | || |_| | | | (_| | | | | | | |
|____/|_| \__|_| |_|\__,_|_| |_| |_|_|

  *** Welcome to the Bitnami WordPress 4.9.8-0 ***
  *** Documentation:  https://docs.bitnami.com/aws/apps/wordpress/ ***
  ***                 https://docs.bitnami.com/aws/ ***
  *** Bitnami Forums: https://community.bitnami.com/ ***
Last login: Sun Mar  3 03:05:16 2019 from 54.239.116.100
To run a command as administrator (user "root"), use "sudo <command>".
See "man sudo_root" for details.

bitnami@ip-172-26-1-33:~$ cat bitnami_credentials
Welcome to the Bitnami WordPress Stack

*******************************************************************************
The default username and password is 'user' and 'wRXDiglVc1ZD'.
*******************************************************************************

You can also use this password to access the databases and any other component
ncludes.

Please refer to https://docs.bitnami.com/ for more details.

bitnami@ip-172-26-1-33:~$ █
```

[그림 4-2-12] 비트나미 어드민 패스워드 정보 확보

접속 후 화면을 클릭하고 키보드로 "cat bitnami_credentials" 명령을 입력한 다음 엔터 키를 클릭합니다. cat 명령어는 catch의 약자로 파일의 내용을 출력합니다. 클릭하면 The default username and password is [ID] and [PASSWORD]라는 텍스트와 함께 아이디와 패스워드가 출력됩니다. 출력된 아이디와 패스워드는 비트나미 관리자 정보이므로 잘 보관합니다. 다시, 워드프레스 로그인 페이지로 이동합니다.

[그림 4-2-13] 워드프레스 로그인 화면

방금 확인한 아이디와 패스워드로 관리자 화면에 로그인합니다.

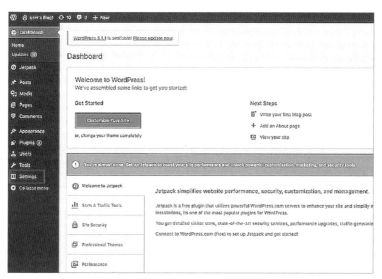

[그림 4-2-14] 워드프레스 대시보드

이제 정상적으로 워드프레스 관리자 콘솔에 접속한 것을 확인할 수 있습니다. 영어 설정을 한글로 변경해야 합니다. 좌측 "Setting"을 클릭합니다.

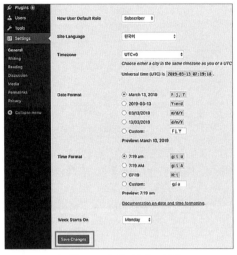

[그림 4-2-15] 워드프레스 설정

Setting의 General 항목을 클릭한 후 스크롤을 내려서 "Site Language" 항목에서 한국어를 선택한 다음, 하단 "Save Changes"를 클릭해 한국어 설정으로 변경합니다.

5. SSH

 SSH(Secure Shell Protocol)는 네트워크 프로토콜 중 하나로, 컴퓨터와 컴퓨터가 인터넷과 같은 공공 네트워크로 서로 통신할 때 보안을 가지고 안전하게 하기 위해 사용하는 프로토콜입니다. 이름에서도 알 수 있듯, 보안을 중시한 쉘이라는 뜻입니다. 쉘 스크립트를 통해 컴퓨터에 명령을 실행할 수 있지만 클라우드처럼 원격에 있는 컴퓨터에 접속하기 위해서는 안전한 보안 프로토콜이 필요합니다. 이때 우리는 SSH라는 암호화된 데이터를 이용해 통신합니다.

대표적인 예로는 데이터 전송과 원격제어가 있습니다. 이 2가지는 앞으로 개발 실습을 진행할 때 알아 두어야 할 내용입니다. 먼저, 데이터 전송의 예로는 원격 저장소인 깃허브에 소스코드를 전송할 때 SSH를 활용해 파일을 전송합니다.

다음으로는, 원격 제어입니다. 우리가 실습을 통해 사용하는 방법으로, AWS를 통해 생성한 인스턴스에 접속하여 해당 명령을 내리기 위해서 SSH로 접속을 해야 합니다. 윈도우 환경에서 원격 접속 방법은 PuTTY라는 원격 SSH 접속 프로그램을 사용하는 방법과 윈도우10 프로에 탑재된 원격 데스크톱 연결 프로그램을 통한 SSH 접속 방법이 있습니다.

4.3 워드프레스와 AWS 폴리

4.3.1 실습 아키텍처

[그림 4-3-1] S3 폴리 기반 아키텍처

■ **실습 요약** ■

❶ 워드프레스 플러그인[6] 설정

❷ 라이트세일 기반 워드프레스 사용을 위한 IAM 설정

    A. 정책 설정

    B. 정책 생성 및 검토: 정책이름 policy_for_wordpress_polly

    C. 사용자 설정

    D. 사용자 생성(사용자 이름 UserForWordpres)

    E. 기존 정책(policy_for_wordpress_polly)과 사용자(UserForWordpres) 연결

    F. 사용자 관리 키 보관

❸ 워드프레스 플러그인 아마존 폴리[7] 설정 및 사용

❹ 라이트세일 종료

워드프레스 기본 블로그에 TTS(Text To Speech) 기능을 구현해보겠습니다. TTS는 음성 합성 시스템이라는 의미로, 텍스트를 음성으로 읽어주는 기능을 말합니다.

4.3.2 1단계: 워드프레스 플러그인 설정

[그림 4-3-2] 워드프레스 플러그인 설정 화면

워드프레스 관리자 화면으로 접속합니다. 좌측 "플러그인"을 클릭합니다. 스크롤을 내려, 현재 설치되어 있는 플러그인 리스트를 확인합니다. "Amazon Polly"라는 플러그인이 설치되어 있는 것을 확인할 수 있습니다. "활성화" 버튼을 클릭합니다.

---

6. 워드프레스 플러그인

워드프레스 플러그인은 기본으로 제공하는 서비스 이외에 부가 기능들을 사용자들이 직접 만들고 배포할 수 있게 해주며, 이를 이용 필요한 기능들을 직접 코딩하는 것이 아닌 플러그인의 설정 페이지를 이용하여 제어할 수 있도록 만듭니다. 누구든 만들어 배포할 수 있기 때문에 워드프레스를 더욱 손쉽고 빠르게 개발할 수 있게 돕지만, 최근 악의적인 목적으로 플러그인을 만들어 사용자 몰래 채굴기나 서버를 해킹하기 위한 목적으로 활용되는 등 설치하는 플러그인이 신뢰할 수 있는 것인지 각별한 주의를 기울여야 합니다.

[그림 4-3-3] AWS 폴리 플러그인 설정 화면

플러그인이 활성화되었다면, 좌측 "Amazon Polly"라는 메뉴가 나타납니다. 클릭하면 "AWS access key"와 "AWS secret key" 입력을 하라는 문구가 나타납니다. 라이트세일을 통해 워드프레스를 만들었지만, 워드프레스 서버는 AWS 서비스들과는 독립된 사용자가 만든 서비스입니다. 워드프레스 서버가 AWS 폴리를 사용하려면, 앞에서 이해한 서비스 권한인 IAM이 필요합니다. 이제 IAM을 만들어보겠습니다.

[그림 4-3-4] 워드프레스 플러그인 설정 화면

좌측 플러그인을 클릭하여 화면 하단 방금 활성화한 플러그인 하단 "상세보기"를 클릭합니다.

[그림 4-3-5] 워드프레스 플러그인 상세 정보

활성화한 플러그인에 대한 자세한 정보들을 이곳에서 확인할 수 있습니다. 화면 스크롤을 더 내려봅니다.

[그림 4-3-6] 워드프레스 플러그인 상세 정보(하단)

화면 하단으로 내리면 'How to obtain AWS Access Key and Secret Key?'라는 제목과 함께 JSON 형태의 IAM 정책에 대해 설명하고 있습니다. 이 부분을 복사한 뒤 다시 라이트세일 대시보드로 이동하겠습니다.

4.3.3 2단계: IAM 설정

[그림 4-3-7] 라이트세일 대시보드

라이트세일 대시보드 상단 우측 AWS 로고를 클릭하여 AWS 대시보드로 이동합니다.

[그림 4-3-8] 대시보드 화면

콘솔 화면에서 IAM 메뉴로 이동합니다.

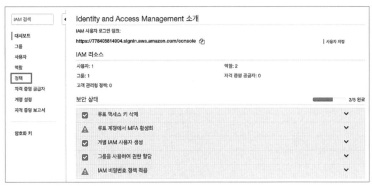

[그림 4-3-9] AWS IAM 대시보드

워드프레스가 접근할 수 있는 권한을 정의하는 정책을 만들고, 정책을 이용할 수 있는 사용자를 만들어보겠습니다. 먼저 정책 메뉴를 클릭합니다.

[그림 4-3-10] AWS IAM 정책

좌측 상단 "정책 생성"을 클릭합니다.

[그림 4-3-11] IAM 정책 생성 - 시각적 편집기

정책 생성에서 상단 탭을 보면 "시각적 편집기"가 기본으로 선택되어 있습니다. JSON 탭을 클릭합니다.

[그림 4-3-12] IAM 정책 생성 - JSON

JSON 편집기 영역을 모두 지운 후 워드프레스 플러그인 상세 화면에서 복사했던 정책을 붙여 넣습니다.

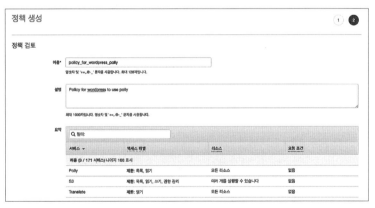

[그림 4-3-13] IAM 정책 생성 - JSON

아래 "정책 검토" 버튼을 클릭합니다.

[그림 4-3-14] IAM 정책 생성 - 정책 검토 화면

정책 이름은 워드프레스 폴리 플러그인 용도라는 뜻의 'policy_for_wordpress_polly'로, 설명
에는 Policy For Wordpress to use polly를 입력합니다. 요약의 의미는 복사해서 붙여 넣었던
정책에 대한 세부 사항들이 나타납니다. 확인 후 하단 "정책 생성" 버튼을 클릭합니다.

[그림 4-3-15] IAM 정책 생성 - 성공 화면

정책을 만들었습니다. 다음으로 정책을 연결할 사용자가 필요합니다. 좌측 사용자 메뉴를 클릭합니다.

[그림 4-3-16] IAM 사용자 - 정책 검토 화면

메뉴에서 상단 "사용자 추가"를 클릭합니다.

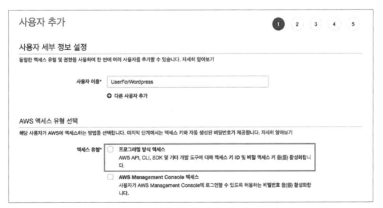

[그림 4-3-17] 사용자 추가 - 세부 정보 설정

사용자 이름은 워드프레스 용도라는 뜻의 'UserForWordpres'를 입력합니다. 액세스 유형은

일반 사용자가 아닌 워드프레스라는 애플리케이션을 통해 AWS에 서비스에 접근하기 때문에 "프로그래밍 방식 액세스"를 선택합니다.

[그림 4-3-18] 사용자 추가 - 권한 설정

상단 메뉴 중 "기존 정책 직접 연결"을 선택합니다.

[그림 4-3-19] 사용자 추가 - 권한 설정

정책이 많이 표시되니, 검색창에 간단히 'wordpress'만 입력하여 필터링한 후 'policy_for_

wordpress_polly'를 선택하고 하단 "다음: 태그"를 클릭합니다. 태그 화면은 별도의 설정을 하지 않고, 하단 "다음: 검토"를 클릭합니다.

[그림 4-3-20] 사용자 추가 - 검토

사용자와 정책 연결 검토 후 이상 없다면 "사용자 만들기"를 클릭합니다.

[그림 4-3-21] 사용자 추가 - 검토

성공적으로 사용자가 추가되었습니다. 프로그래밍 액세스 방식은 액세스 키와 비밀 액세스 키가 발급됩니다. 키는 CSV 파일로도 보관할 수 있습니다. 두 키는 다음 관리자 설정에서 다시 사용하니 잘 보관해야 합니다. 이제 다시 워드프레스를 설정하기 위해 워드프레스 관리자 메뉴로 돌아가겠습니다.

4.3.4 3단계: 워드프레스 플러그인 설정

[그림 4-3-22] 워드프레스 대시보드

좌측 "Amazon Polly"를 클릭합니다. 앞서 생성한 액세스 키와 시크릿 키를 입력한 후 "변경 사항 저장"을 클릭합니다.

[그림 4-3-23] 워드프레스 대시보드

설정이 저장되었다는 메시지와 함께 클라우드 프론트, 버킷 사용 여부 등 상세한 설정을 할 수 있는 옵션 메뉴들이 활성화됩니다. AWS Region은 'Asia Pacific(Seoul)'으로 설정하고, Source language는 'Korean'으로 선택합니다. 하단 "변경 사항 저장"을 클릭합니다. 다음으로 다시 좌측 "Amazon Polly" 메뉴 중 "Text-To-Speech"를 클릭합니다.

[그림 4-3-24] 워드프레스 관리자 - 플러그인

"Enable text-to speech support"에 체크한 후 하단 "변경 사항 저장"을 클릭합니다. 설정이 저장되었다면 테스트를 하기 위해 좌측 메뉴 상단 "글"을 클릭합니다.

7. 아마존 폴리

TTS(Text to Speech)가 무엇인지 아시나요? 문장 그대로 텍스트를 말로 바꿔주는 기능이며, AWS Polly는 TTS 기능을 수행하는 서비스입니다. 여러 언어를 읽어주니 용도도 다양하겠죠? 이를테면, 글을 읽는 데 어려움이 있는 분들을 위해 Polly를 통해 음성으로 안내할 수도 있고, 나레이션이 필요한 부분도 Polly를 통해 텍스트를 음성으로 변경하여 mp3 파일로 사용할 수 있습니다. 현재까지 Polly는 총 25개 언어를 지원하고 있습니다. 국가별로 여성과 남성의 목소리 톤을 제공하는데, 한국은 아직 '서연'이라는 여성의 음성만을 제공하고 있습니다. 이외 어떤 국가를 더 지원하는지 확인해보십시오.

언어	여성	남성
영어	Joanna	Matthew
덴마크어	Naja	Mads
포르투갈어(브라질)	Vitória	Ricardo
스페인어	Penélope	Miguel
프랑스어	Léa	Mathieu
일본어	Mizuki	Takumi
한국어	Seoyeon	

[표 4-3-1] 아마존 폴리 지원 언어

Polly를 사용하면 어떤 점이 좋을까요? AWS에서는 크게 5가지 장점을 이야기합니다.

❶ 자연스러운 음성: 다양한 언어와 남성 및 여성의 음성을 고품질로 제공합니다.

❷ 음성 저장 및 재배포: 한 번 생성된 음성을 MP3 파일로 다운로드하면 무제한으로 재생할 수 있습니다. 생성된 MP3 파일은 클라우드 또는 오프라인 재생용 앱, 장치로 재배포가 가능합니다.

❸ 실시간 스트리밍: Polly API로 텍스트를 전송하면 오디오 스트림으로 애플리케이션에 반환하여 즉시 음성을 재생할 수 있습니다.

❹ 음성 출력 사용자 지정 및 제어: 음성을 SSML 태그(사용 방식은 HTML과 유사)를 지원하여 발음, 볼륨, 피치, 속도 등 단어 또는 문장마다 태그 내 텍스트들은 각각 제어가 가능합니다.

❺ 저렴한 비용: 종량요금제로 저렴한 문자당 비용, 무제한 재생 등으로 합리적인 가격을 자랑합니다.

4.3.5 4단계: 워드프레스 글 작성

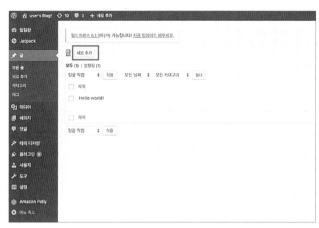

[그림 4-3-25] 워드프레스 글 작성

이제, "새로 추가" 버튼을 클릭하여 글을 작성해보겠습니다.

[그림 4-3-26] 새 글 작성 화면

제목과 내용을 입력하겠습니다. 예제는 간단히 애국가를 사용해보았습니다. 폴리는 프리티어
가 적용되기 때문에 테스트 환경 구성 정도라면 비용이 발생하지 않습니다. 하단 Amazon Polly
항목에서 "Enable Text-To-Speech"에 체크 박스를 선택한 후 우측 상단 "공개"를 클릭합니다.

[그림 4-3-27] 글 저장 후 화면

한 번 더 "공개"를 클릭하면, 우측 상단 글 주소와 함께 "글 보기" 버튼이 나타납니다. 버튼을 클릭합니다.

[그림 4-3-28] 포스트 화면

작성한 포스팅은 [그림 4-3-28]과 같고, 상단 재생 버튼을 누르면 폴리 서비스를 통해 TTS 기능이 구현되어 있는 것을 확인할 수 있습니다.

4.3.6 5단계: 안전한 종료(선택)

실습한 라이트세일 기반 워드프레스 웹 페이지는 첫 1달간은 무료로 사용할 수 있습니다. 하지만 그 이후부터는 매달 3.5$ 요금이 발생합니다. 따라서 비용 청구가 되지 않게 하려면, 다시 라이트세일 대시보드로 돌아갑니다.

[그림 4-3-29] 라이트세일 대시보드

화면 중간 ":"를 클릭합니다.

[그림 4-3-30] 라이트세일 대시보드

다음 "삭제" 버튼을 클릭하면 정상적으로 모든 리소스가 삭제됩니다.

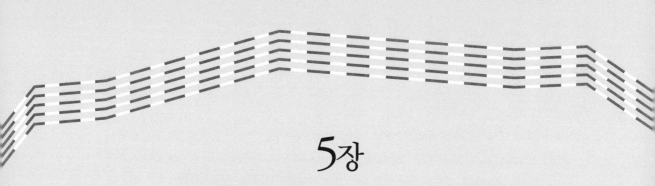

5장
클릭 한 번으로 모바일에서
나만의 반응형 페이지 만들기

5.1 AWS S3의 정의

5.1.1 AWS S3

S3(Simple Storage Service)는 AWS 서비스 콘솔에서 스토리지 서비스로 분류되어 있습니다. 클라우드 스토리지는 클라우드 공급자가 저장 공간을 서비스로 관리하고 운영하며 인터넷에 데이터 저장 공간을 제공하는 '클라우드 스토리지 서비스 모델'입니다. 클라우드 스토리지는 용량 및 비용이 필요에 따라 온디맨드로 제공되며 자체 데이터 스토리지 인프라를 구매하거나 관리할 필요가 없습니다.

AWS는 S3를 다음과 같이 소개하고 있습니다. "AWS S3 - 어디서나 원하는 양의 데이터를 저장하고 검색할 수 있도록 구축된 객체 스토리지다." 이처럼 '언제 어디서든' 데이터에 액세스할 수 있는 신속성, 세계적 규모 및 안정성이 S3가 AWS 클라우드에서 스토리지를 제공하는 대표적 서비스로 각광받는 이유입니다. S3는 AWS 초창기부터 출시된 핵심 서비스로, Simple Storage Service의 줄임말입니다. 클라우드에 파일을 저장하고 공유할 수 있고, 게시판에 글을 쓰고 파일을 첨부하거나, 내가 찍은 사진을 인터넷에 저장할 때 이러한 파일들을 보관하는 역할을 하는 것이 파일 서버인데, S3가 파일 서버 기능을 수행합니다.

S3는 스토리지 형식으로 객체 스토리지(Object Storage)를 사용합니다. 일반적으로 윈도우에서 폴더를 만들고 파일을 넣는 파일 스토리지(File Storage)와 S3가 사용되는 객체 스토리지는 개념이 조금 다릅니다. 파일 스토리지는 하드 디스크에 파일을 저장하는 것과 유사합니다. 폴더 단위로 나누어져 있는 개별 파일들을 언제든 수정하고 저장할 수 있죠. 또한 각각의 확장자에 맞게 다양한 정보를 저장합니다. 하지만 많은 정보를 저장해서 파일의 수는 제한적입니다. 반면, 객체 스토리지는 이러한 계층 구조가 없고, 고유식별 번호와 데이터 그리고 메타 데이터 등 최소한의 정보만을 가지고 있기 때문에 파일 개수가 많아져도 파일 스토리지에 비해 훨씬 많은 수의 파일들을 처리할 수 있습니다. 일반적으로 수십억 단위의 파일까지 처리할 수 있습니다.

파일 스토리지　　　　객체 스토리지

[그림 5-1-1] 파일 스토리지와 객체 스토리지

● 클라우드 스토리지

클라우드 데이터 스토리지는 3가지 유형이 있습니다. 객체 스토리지, 파일 스토리지, 블록 스토리지입니다. 스토리지마다 고유한 장점과 특징이 있습니다. AWS는 모든 유형의 클라우드 스토리지를 제공하고 있습니다. 각각 살펴보겠습니다.

❶ 객체 스토리지

클라우드에서 개발된 애플리케이션은 객체 스토리지의 방대한 확장성 및 메타 데이터의 특성을 활용하는 경우가 많습니다. AWS S3 객체 스토리지 솔루션은 규모와 유연성이 필요한 최신 애플리케이션을 처음부터 구축하는 데 적합하며, 분석, 백업 또는 아카이브를 위해 기존 데이터 스토어를 가져오는 용도로도 사용할 수도 있습니다.

❷ 파일 스토리지

어떤 애플리케이션은 공유 파일에 액세스해야 하고 파일 시스템이 있어야 합니다. 이러한 유형의 스토리지는 NAS, 즉 Network Attached Storage라고 하며, 서버에서 주로 지원됩니다. AWS는 EFS, 즉 Elastic File System이라 불리는 파일 스토리지도 제공하는데, 주로 대규모 콘텐츠 리포지토리, 개발 환경, 미디어 스토어 또는 사용자 홈 디렉터리 등과 같은 환경에 적합합니다.

❸ 블록 스토리지

데이터베이스 또는 ERP 시스템과 같은 기타 엔터프라이즈 애플리케이션은 지연 시간이 짧은 전용 스토리지가 필요한 경우가 많습니다. 이러한 스토리지는 DAS, 즉 Direct Attached Storage 또는 SAN, 즉 Storage Area Network를 사용합니다. AWS에서는 EBS, 즉 Elastic Block Store와 같은 블록 기반 클라우드 스토리지 솔루션도 제공합니다. 개별 가상 서버로 제공되기 때문에 고성능 워크로드에 필요한 엄청나게 짧은 지연 시간을 사용하는 작업에 적합합니다.

5.1.2 AWS S3 사용 사례

AWS S3는 단지 파일을 저장하는 스토리지 역할만이 아니라, 글로벌 기업들에서 빅데이터 분석, 백업 및 복구 등 데이터 기반 업무에도 사용됩니다.

NETFLIX

우리가 자주 이용하는 세계 최대 온라인 동영상 스트리밍 서비스 기업 넷플릭스(Netflix)는 AWS S3를 사용하여 전 세계 고객에게 수십 억 시간의 콘텐츠를 제공합니다. 또한 넷플릭스는 S3 서비스를 빅데이터 분석 솔루션을 위한 데이터 저장소로도 활용하고 있습니다.

우버(Uber)와 함께 가장 주목받는 유니콘 기업 에어비앤비(Airbnb)는 10페타바이트가 넘는 사용자 사진을 비롯하여 백업 데이터와 정적 파일을 AWS S3에 저장합니다. 클라우드에서 탄

생한 스타트업 에어비앤비는 S3에 저장된 데이터를 분석하는 새로운 방법을 끊임없이 혁신해나가고 있습니다.

빅데이터와 머신 러닝(기계 학습)을 통해 산출된 정보를 소비자에게 제공, 지역성 및 정보 비대칭성이라는 제약을 극복하며 부동산 시장의 변화를 선도하는 1위 부동산 정보 업체가 질로우(Zillow)입니다. 질로우는 Amazon S3와 Amazon EMR을 사용하여 기계 학습 계산 성능과 확장성을 높이고, 고객에게 거의 실시간 주택 평가 데이터를 제공합니다.

5.2 S3 구성 및 이해

5.2.1 S3 구성

S3를 사용하기 전에 반드시 이해해야 할 2개의 개념이 있습니다. S3를 사용하려면, 먼저 버킷(Bucket)을 만들고 오브젝트(Object)를 저장한 후 접근 권한을 만들고 공개하면 됩니다.

- 버킷: 데이터 저장소
- 오브젝트: 저장 파일명

5.2.2 S3 기본

- 파일의 크기는 0바이트부터 5테라바이트까지 저장할 수 있습니다.
- 파일 수의 제한 없이, 무제한으로 저장할 수 있습니다.
- S3 버킷은 폴더 혹은 파티션과 유사하며 각 버킷별 접근 권한이나 보안 설정 등을 다르게 지정할 수 있습니다.
- 버킷은 웹 사이트의 주소나 DNS 주소를 갖기 때문에 중복되는 이름을 만들 수 없습니다. 따라서 모든 리전에서 유일해야 합니다.

5.2.3 S3 요소

- 키(Key): 파일의 이름(ext today.txt, myphoto.png)
- 값(Value): 파일의 데이터
- 메타 데이터(Meta Data): 저장된 파일에 대한 추가정보
- 버전 아이디(Version ID): 파일의 버전 관리를 위한 고유한 아이디

S3는 앞서 설명한 오브젝트 스토리지의 특성을 지원합니다. 동영상을 예를 들어 보겠습니다. 동영상의 길이, 해상 등의 불필요한 정보를 없애고 필요한 파일의 이름, 데이터 등 최소한의 값만 저장합니다.

5.2.4 S3 특징

● **높은 내구성**

AWS S3는 중요한 데이터를 저장할 수 있으며, 아마존은 99.9999999999%의 객체 내구성을 보장한다고 자랑합니다. '9'가 너무 많아 헷갈릴 수 있겠지만, 이는 1천억 개의 파일을 저장한다면 단 하나 정도만 유실될 수도 있다는 것을 의미합니다. HDD, SDD를 가지고 직접 파일 저장소를 운영하는 것보다 훨씬 높은 내구성으로, 파일을 저장할 수 있습니다.

● **손쉬운 확장성**

사용량 예측이 어려운 서비스에 효율적으로 대응할 수 있습니다. 개별 파일의 크기는 0바이트부터 5테라바이트까지 저장할 수 있으며 파일 수의 제한이 없어, 데이터를 무제한 저장할 수 있습니다. 서비스하는 제품이나 사용자의 트래픽에 대해 고려하지 않아도 원하는 만큼 확장이 가능합니다.

● **보안성과 편리성**

S3는 HTTPS라는 보안 프로토콜을 제공하고, AWS IAM 등을 통해 인증된 사용자만 데이터에 접근할수록 관리할 수 있으며, 별도의 프로그램 설치나 개발을 하지 않아도 콘솔 화면에서 간단히 설정할 수 있습니다. 또한 새로운 파일로 덮어쓸 때 기존 파일에 대한 정보를 유지시키고 싶다면, 버저닝(Versioning)을 활성화하여 백업본을 만들 수 있습니다.

● 관리 유연성

S3는 가장 유연한 스토리지 관리 및 관리 기능 세트를 제공합니다. 스토리지 관리자는 데이터 사용 추세를 분류, 보고 및 시각화하여 비용을 줄이고 서비스 수준을 높일 수 있습니다. 객체 에는 사용자 정의가 가능한 고유한 메타 데이터 태그를 지정할 수 있기 때문에 고객은 각 워 크로드에 대한 스토리지 사용, 비용 및 보안을 개별적으로 확인하고 제어할 수 있습니다. S3 인벤토리 기능은 유지 관리, 규정 준수 또는 분석 작업을 위해 객체 및 해당 메타 데이터에 대 한 예약된 보고서를 제공합니다.

5.3 S3 스토리지 클래스

S3 스토리지는 저장 장소 형태가 고정된 것이 아니며 내구성, 가격 및 용도별로 4가지 스토리 지 클래스(Storage Class)를 제공합니다.

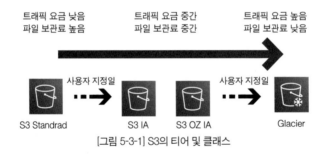

[그림 5-3-1] S3의 티어 및 클래스

5.3.1 S3 Standard

가장 일반적인 형태의 S3입니다. 99.99가용성, 99.9999999999 내구성을 가지며 AWS 자체적으 로 여러 가용 영역에 백업을 하기 때문에 2곳 이상의 가용 영역에서 문제가 생기지 않는 이상, 작동에 문제가 없도록 설계되어 있습니다. 높은 가용성을 유지하는 만큼 가격이 비쌉니다.

5.3.2 S3- IA(Infrequently Accessed)

비교적 사용이 적은 편이지만, 빠른 전송속도를 필요로 할 때 설정할 수 있습니다. S3에 비해 가격이 저렴하지만, 호출될 때마다 추가 비용이 발생합니다. 데이터의 백업용으로 적합합니다.

5.3.3 S3 One-Zone-IA

자주 사용하지도 않고 중요하지도 않은 데이터(웹 사이트 사용자 마케팅 데이터)에 사용됩니다. 비용은 저렴하지만 S3 Standard에 비해 내구성이 낮습니다.

5.3.4 글래이셔(Glacier)

가격이 저렴한 저장 장치입니다. 주로 데이터를 백업하여 저장하기 위한 용도로 많이 사용됩니다.

5.4 S3 사진 파일 업로드 및 확인

5.4.1 실습 아키텍처

[그림 5-4-1] S3 클라우드 실습 아키텍처

■ 실습 요약 ■
❶ 버킷 생성
❷ AWS S3에서 이미지(AWS-logo.png) 업로드
   A. 웹 브라우저 확인을 위한 퍼블릭 권한 부여
   B. S3 스탠다드 스토리지 선택
❸ 업로드 이미지 웹에서 확인

5.4.2 1단계: 버킷 생성

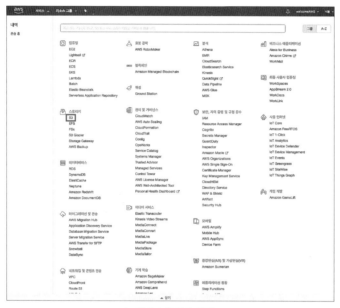

[그림 5-4-2] 콘솔 화면

AWS 콘솔에서 스토리지 서비스 "S3"를 클릭합니다.

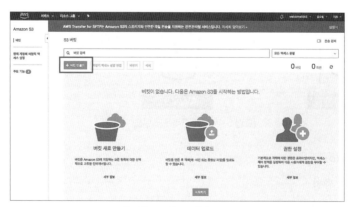

[그림 5-4-3] S3 대시보드

"버킷 만들기"를 클릭합니다.

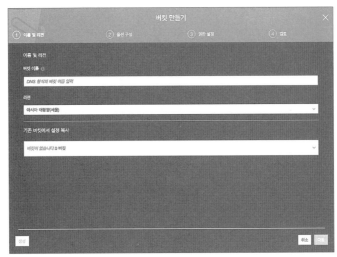

[그림 5-4-4] 버킷 만들기 - 이름 및 리전

버킷 이름 생성 시 주의해야 할 점이 있습니다. 버킷 이름은 이메일 주소처럼 고유해야 한다
는 사실입니다. 내가 가지고 있는 버킷은 물론, 다른 사용자들과도 겹치지 않아야 하니 중복
되지 않은 이름을 붙입니다. 리전은 특별한 경우가 아니라면, 서울 리전을 선택합니다.

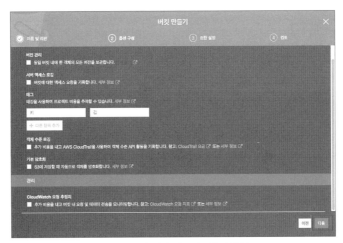

[그림 5-4-5] 버킷 만들기 - 옵션 구성

앞서 말한 버전 관리 태그 그리고 암호화 내용을 옵션 구성에서 설정할 수 있습니다. 설정 후
나중에 수정할 수 있으니, 현재 실습에서는 기본 값으로 두고 "다음" 버튼을 클릭합니다.

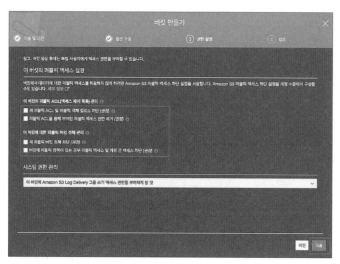

[그림 5-4-6] 버킷 만들기 - 권한 설정

생성한 버킷에 대한 파일의 접근 권한을 설정하는 화면입니다. 외부 브라우저를 이용하여 데이터를 확인하기 때문에 퍼블릭 액세스 관련 설정 등을 허용합니다. 액세스 관련 설정의 체크박스를 그림과 같이 모두 해제합니다. 시스템 권한 관리는 기본 값으로 둔 후 "다음"을 클릭하여 진행합니다.

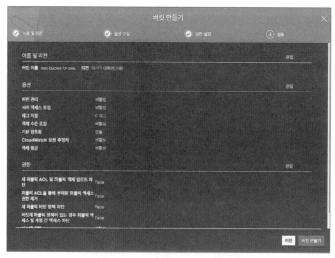

[그림 5-4-7] 버킷 만들기 - 검토

검토 후 문제가 없다면 하단 "버킷 만들기"를 클릭합니다.

5.4.3 2단계: 버킷 이미지 업로드

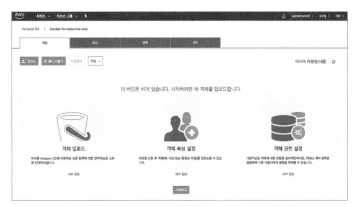

[그림 5-4-8] 버킷 대시보드 - 개요

이제, 만들어진 AWS 저장 장소인 버킷에 이미지를 업로드해보겠습니다. 앞에서 만든 버킷을 선택합니다. 예제 파일 중 AWS-logo.png를 웹 브라우저로 드래그하고, "다음" 버튼을 클릭합니다.

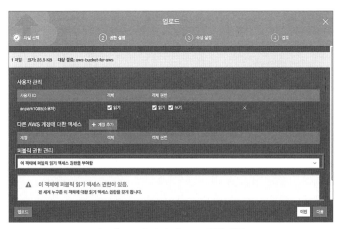

[그림 5-4-9] 파일 업로드 - 권한 설정

웹 브라우저로 확인하니, 퍼블릭 권한 관리에서 "이 객체에 퍼블릭 읽기 액세스 권한을 부여함"을 선택합니다. "다음"을 클릭합니다.

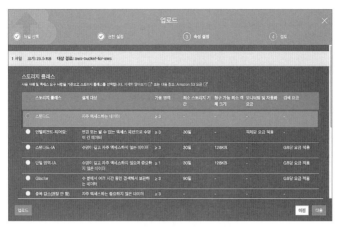

[그림 5-4-10] 파일 업로드 - 속성 설정

앞서 배운 것처럼 파일에 적용되는 S3의 스토리지 클래스는 다양한 옵션이 존재합니다. 예제를 위한 내용이니, 스토리지 클래스를 기본 값인 스탠다드로 설정하고, "다음"을 클릭합니다.

[그림 5-4-11] 파일 업로드 - 검토

검토 후 문제가 없다면, 하단 "업로드" 버튼을 클릭합니다.

5.4.4 3단계: 업로드 이미지 확인

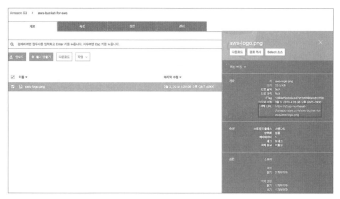

[그림 5-4-12] 버킷 대시보드- 개요

정상적으로 업로드되었는지 확인해보겠습니다. 이전과 다르게 파일 하나가 출력됩니다. 체크 박스에 표시를 하면 오른쪽에 업로드한 이미지에 대한 정보가 출력됩니다. 이때 "객체 URL"을 클릭합니다.

[그림 5-4-13] 업로드된 이미지

퍼블릭 액세스 권한을 가지고 있기 때문에 웹 브라우저를 통해서 이미지를 볼 수 있습니다.

5.5 부트스트랩을 이용한 반응형 페이지 생성

5.5.1 실습 아키텍처

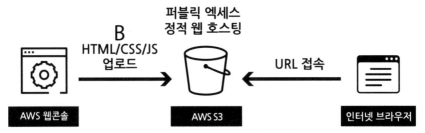

[그림 5-5-1] S3 부트스트랩 실습 아키텍처

■ **실습 요약** ■
❶ 부트스트랩 홈페이지 접속
❷ 부트스트랩 템플릿 다운로드
❸ S3 버킷 생성
❹ 부트스트랩 템플릿 파일 업로드
❺ 정적 웹 사이트 설정
❻ 엔드포인트 URL을 통한 부트스트랩 index.html 확인

5.5.2 1단계: 부트스트랩 홈페이지 접속

https://startbootstrap.com/로 접속하면 부트스트랩에서 무료로 제공하는 HTML 템플릿을 다운받을 수 있습니다. 마음에 드는 템플릿을 다운로드합니다. 우선 홈페이지 메인 화면에 접속합니다. 부트스트랩은 트위터의 두 개발자인 마크 오토(Mark Otto)와 제이콥 손튼(Jacob Thornton)이 처음 개발했습니다. 트위터 내부적으로 개발을 일관성 있게 통합하고 유지하기 위해 개발된 프레임워크로, 초기에는 '트위터 블루프린트'(Twitter Blueprint)라고 불렸죠. 그 후 몇 달의 개발 기간을 거쳐 이름을 부트스트랩으로 바꾸고 2011년 8월에 최초로 공개되었습니다.

[그림 5-5-2] 부트스트랩

부트스트랩은 동적인 웹 사이트 및 웹 응용 개발을 위한 프론트엔드 프레임워크로, 입력 창, 버튼, 내비게이션 및 기타 구성물, 각종 레이아웃 등을 HTML 및 CSS 기반의 디자인 템플릿으로 제공하며 추가적인 자바스크립트[8] 확장들도 포함합니다. 오픈소스로 공개되어 있으므로 기존의 디자인을 재사용하는 것이 가능하며, 사용자가 자신의 디자인 목적에 따라 자유롭게 수정 및 재배포할 수 있습니다.

5.5.3 2단계: 부트스트랩 템플릿 다운로드

[그림 5-5-3] 템플릿 다운로드

화면을 내려보면 무료로 제공하는 템플릿을 확인할 수 있습니다. 실습에는 "Freelancer" 템플릿을 선택하여 클릭합니다.

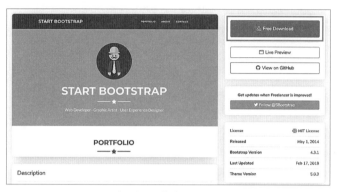

[그림 5-5-4] 템플릿 상세

우측 "Free download" 버튼을 클릭하여 다운로드한 후 압축을 풉니다.

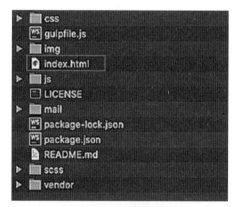

[그림 5-5-5] 다운받은 부트스트랩 템플릿

index.html 파일이 있는 것을 확인합니다. 만일 html 파일의 이름이 다르다면 파일 이름을 기억해야 합니다. HTML에 대한 지식이 있다면 HTML이나 CSS를 수정하고, 그렇지 않다면 index.html 파일 내에 영문으로 나오는 텍스트를 간단히 변경해도 됩니다.

5.5.4 3단계: 버킷 생성

[그림 5-5-6] S3 대시보드

블로그 호스팅으로 사용할 버킷을 생성해보겠습니다. 대시보드에서 "버킷 만들기"를 선택합니다.

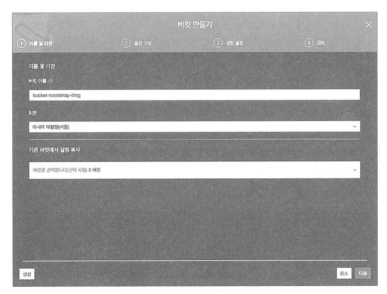

[그림 5-5-7] 버킷 만들기 - 이름 및 리전

고유한 버킷 이름과 리전을 선택한 후 "다음"을 클릭합니다.

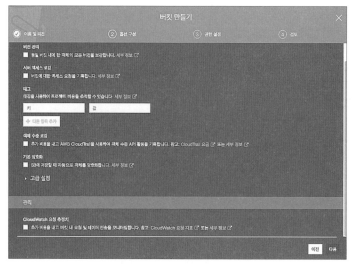

[그림 5-5-8] 버킷 만들기 - 옵션 구성

이전과 동일하게, 따로 태그나 암호화는 하지 않으므로, "다음"을 클릭합니다.

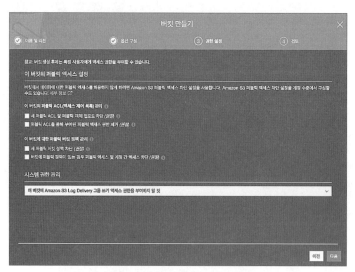

[그림 5-5-9] 버킷 만들기 - 권한 설정

퍼블릭 액세스를 위해 액세스 설정과 관련된 내용들의 체크 박스를 [그림 5-5-9]와 같이 해제
합니다.

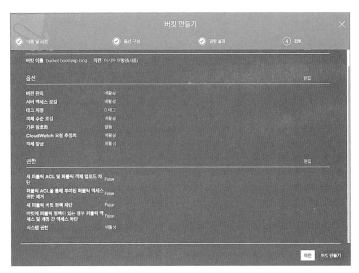

[그림 5-5-10] 버킷 만들기 - 검토

검토를 마친 후 "버킷 만들기"를 클릭합니다.

5.5.5 4단계: 부트스트랩 파일 업로드

[그림 5-5-11] 파일 업로드 - 파일 선택

생성된 버킷을 선택하고 부트스트랩에서 다운받은 파일들을 드래그합니다. 압축 형태가 아니라, 압축이 해제된 상태로 업로드해야 합니다. 완료 후 "다음"을 클릭합니다.

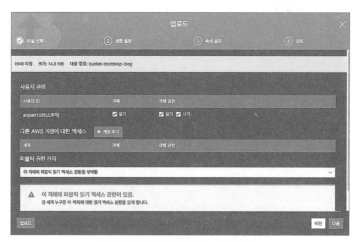

[그림 5-5-12] 파일 업로드 - 권한 설정

퍼블릭 액세스를 허용한 후 "다음"을 클릭합니다. 스토리지 클래스는 스탠다드로 설정한 후 "다음"을 클릭합니다. 최종 검토 후 문제가 없다면 업로드합니다.

[그림 5-5-13] 파일 업로드 - 업로드 진행

이전 예제들에 비해 파일 개수와 크기가 크기 때문에 업로드에 다소 시간이 소요될 수 있습니다. 버킷의 모든 파일 업로드 진행 상태는 하단에서 확인할 수 있습니다. 성공적으로 업로드가 완료되었다면 "속성" 버튼을 클릭합니다.

5.5.6 5단계: 정적 웹 사이트 설정

[그림 5-5-14] 버킷 속성

상단 속성을 클릭한 후 "정적 웹 사이트 호스팅"을 클릭합니다. 정적 웹 사이트 호스팅은 S3 버킷을 홈페이지처럼 사용할 수 있는 기능입니다.

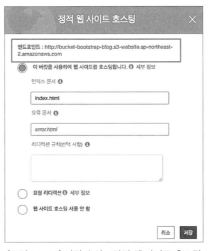

[그림 5-5-15] 버킷 속성 - 정적 웹 사이트 호스팅

업로드한 부트스트랩 파일은 index.html 파일을 기본으로 하므로, 인덱스 문서에 index.htm

를 입력합니다. 입력 후 하단 "저장" 버튼을 클릭합니다. 다음 표기된 "엔드포인트 URL"을 클릭합니다.

[그림 5-5-16] 업로드된 부트스트랩 템플릿

지금까지 S3를 이용해서 나만의 홈페이지를 호스팅해보았습니다. 실제로 홈페이지를 구축하기 위해서는 운영체제와 미들웨어 등 많은 준비가 필요하지만, S3를 이용하면 클릭 몇 번으로 홈페이지를 호스팅할 수 있습니다.

S3권한

S3 권한은 누구나 읽을 수 있는 퍼블릭 공개와 인증된 사용자만 데이터를 볼 수 있는 권한으로 나뉩니다. 모두에게 공개된 일반적인 웹 사이트를 위한 용도라면 누구나 데이터를 읽을 수 있게 퍼블릭으로 권한을 지정해도 되지만, 사용자의 개인 정보나 민감한 데이터라면 퍼블릭 설정을 제한하고 권한이 있는 사용자만 접근할 수 있도록 해야 합니다. 다음 장에서는 직접 이러한 역할과 권한을 만들며 실습해보도록 하겠습니다.

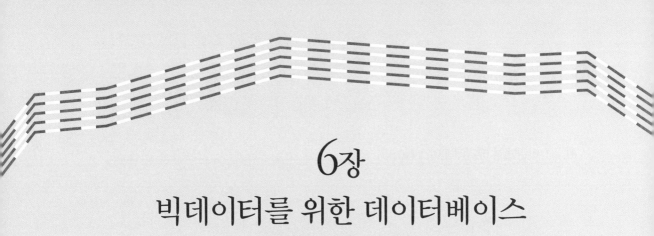

6장
빅데이터를 위한 데이터베이스

6.1 데이터베이스의 발전

Relational	Key-Value	Document	In-memory	Graph	Time-Series	Ledger
데이터의 무결성 및 트랜잭션 보장 스키마 보장	높은 처리량, 최소 지연 보장, 유연한 확장	문서의 저장 및 모든 속성에대한 빠른 쿼리요구	키를 기반으로 한 마이크로 초 이내의 응답요구	데이터 간 신속 간편한 관계 구축 및 탐색	시간에 따라 데이터 수집 저장, 처리	응용프로그램 내 모든 데이터변경에 대한 완전하고 변경 불가능한 기록 관리
보편적인 환경의 데이터베이스	실시간구매이력, 게임상 유저정보, 고객관리	컨텐츠관리, 도서데이터, 방송컨텐츠	데이터캐싱, 실시간 데이터	SNS 친구추천, 사기탐지	주가정보, IoT데이터	물류배송,헬스케어 정품인증, 금융

[그림 6-1-1] 데이터베이스의 발전

6.1.1 전통적 데이터베이스: RDBMS ....

Amazon RDS는 클라우드에서 관계형 데이터베이스를 쉽게 설정, 운영 및 확장할 수 있습니다. 하드웨어 프로비저닝, 데이터베이스 설정, 패치, 백업과 같은 시간 소모적인 관리 작업을 자동화하는 한편, 비용 면에서 효율적이고 확장 가능한 관계형 데이터베이스 용량을 제공합니다. 애플리케이션에 집중하여 이에 필요한 빠른 성능, 고가용성, 보안 및 호환성을 제공하도록 지원합니다.

6.1.2 비관계형 데이터베이스 NoSQL

전통적인 데이터베이스   NoSQL

스케일업   샤드 단위의 스케일아웃

[그림 6-1-2] 기존 DBMS와 NoSQL 비교

NoSQL은 Not Only SQL의 약자로, 기존 관계형 데이터베이스가 열과 행으로 저장했다면 NoSQL은 다양한 비정형 데이터를 저장합니다. 이러한 비정형 데이터에는 키·밸류나 문서, 테이블 데이터 간 연결을 고려하는 그래프를 들 수 있습니다. 일반적으로 관계형 데이터베이스는 데이터 간 관계 정보를 얻기 위한 '조인'을 원활히 이용할 목적으로 보통 단일 스택으로 이용되기 때문에 주로 스케일업 방식으로 성능을 개선합니다. 반면, NoSQL은 이런 확장을 해결하기 위해 설계된 분산형 데이터로, '샤드'라는 단위로 분산하여 데이터의 키 값에 따라 다른 샤드가 처리할 수 있게 합니다(키 값에 따라 DB Host 등 다른 처리). 따라서 저렴한 하드웨어로 스케일아웃이 가능하죠. AWS는 다양한 전통적 데이터베이스와 함께 다양한 데이터베이스 구조를 지원합니다.

[그림 6-1-3] AWS 데이터베이스

❶ 키 밸류: 다이나모 DB

다이나모 DB(Dyanmo DB)는 완전 관리형 키 밸류(Key-Value) 기반 NoSQL 데이터베이스입니다. 어떠한 규모의 데이터이든 간에, 일관되게 10밀리초 미만의 응답 시간으로 하루에 10조 개 이상의 데이터를 처리할 수 있습니다. 모바일, 웹, IoT 등 규모와 상관없이 낮은 대기 시간을 요구하는 서비스들 사이에서 각광받고 있습니다.

❷ 문서(도큐먼트) DB

도큐먼트 DB(Document DB)는 쿼리의 자유도와 다양성에 최적화되어있기 때문에 유연한 쿼리가 가능한 NoSQL 데이터베이스입니다. 빠르고 안정적으로 액세스를 신속하게 처리할 수 있습니다.

❸ 인메모리 DB: AWS 엘라스틱캐시

인메모리 DB(in-memory DB)는 디스크가 아닌 주 메모리에 모든 데이터를 보유하고 있는 데이터베이스로, 디스크 검색보다 자료 접근이 훨씬 빠른 것이 큰 장점입니다. 데이터베이스 대기 시간이 떨어지는 문제를 해결할 대안으로 많이 활용되고있습니다.

AWS 엘라스틱캐시(Elasticache)는 레디스(Redis), 멤캐시드(Memcahed)와 같은 인기 있는 오픈소스와 호환되는 인메모리 데이터스토어로 데이터를 원활하게 배포 및 확장할 수 있습니다. 처리량이 많고 지연 시간이 짧은 인메모리 데이터의 집약적 앱을 구축하거나 기존 앱의 성능 향상을 돕습니다.

❹ 그래프 DB: 넵튠

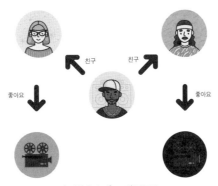

[그림 6-1-4] 그래프 DB

그래프 DB(GDB, graph DB)는 그래프 이론을 토대로 둔 NoSQL 데이터베이스입니다. 노드(Node)로 부르는 데이터 엔티티와 데이터 간의 관계를 정의해주는 에지(링크)로 이루어져 있으며 주로 데이터 간의 관계를 질의하려는 목적으로 사용됩니다. 최근, 데이터가 많아지고 데이터 간 관계가 복잡해지면서 관심이 높아지는 데이터 유형 중 하나입니다. 예를 들어, SNS에서 나와 친구를 맺은 사람들의 관계 정보를 바탕으로 새로운 친구를 추천해주거나 내가 구매한 물건들의 구매 이력을 토대로 상품을 추천해주는 서비스에 사용됩니다.

AWS 넵튠(Neptune)은 AWS에서 제공하는 완전 관리형 그래프 데이터베이스입니다. 상호 연결성이 높은 데이터베이스를 위한 넵튠은, 수십억 개의 그래프 데이터베이스를 불과 수십 밀리초 내에 처리할 수 있는 특수 목적의 고성능 데이터베이스입니다.

❺ Time-Serieis 와 시계열 DB

시계열 DB(Time series DB)는 시간 간격을 두고 기록되는 데이터베이스로, 가장 큰 특징은 시간이 축이 되어 데이터의 변동을 나타낸다는 것입니다. 이러한 시계열 DB의 특징상 많은 데이터가 발생하기 때문에 일반적인 관계형 데이터베이스에서 사용할 경우 성능에 큰 부담을 주게 되죠.

AWS 타임스트림은 하루 수조 건의 데이터를 기존 관계형 데이터베이스 대비 1/10의 비용으로 처리하며, 성능의 경우 1,000배 이상 빠르게 작동합니다. 또한 서버리스 환경에서 작동하여 기존의 프로비저닝, 소프트웨어 배치 등으로부터 자유롭습니다.

❻ 원장 DB와 퀀텀 DB

원장은 일반적으로 위·변조를 막으려는 목적으로 금융이나 신원 확인 공급망 또는 네트워크 등의 정확한 내역을 유지 및 관리하기 위해 사용됩니다. 일반적인 관계형 데이터베이스를 사용하여 구축하는 경우, 구축이 어렵고 위조 및 변조의 가능성이 있습니다.

아마존 QLDB(Quantum Ledger Database)는 자체 원장형 애플리케이션을 만들지 않아도, 사용할 수 있는 데이터베이스입니다. QLDB를 이용하면 데이터의 변경 내역이 변경하거나 수정 불가능하고, 애플리케이션의 데이터에 의도치 않은 수정 등을 쉽게 확인할 수 있으며, 서버 관리를 하지 않아도 되고, 읽기나 쓰기의 제한도 구성할 필요 없이 사용한 만큼 지불하는 요금제입니다.

6.2 다이나모 DB

다이나모 DB는 키 밸류 형태의 대표적인 NoSQL 데이터베이스입니다. 스키마가 따로 결정되어 있지 않으며, 확장성 높은 고성능의 데이터베이스를 제공합니다. 또한 완전 관리형 다중 리전, 다중 마스터 데이터베이스이며, 대규모 애플리케이션을 위한 보안 기능, 백업 및 복원, 인메모리 캐싱을 기본 제공합니다. 다이나모 DB는 하루 10조 개 이상의 요청을 처리할 수 있고, 초당 2,000만 개 이상의 급증하는 요청을 지원합니다. 아무리 큰 규모라도 가동 중지나 성능 저하 없이 데이터를 저장하고 처리하면서, JSON 형태로 데이터를 저장합니다.

6.2.1 다이나모 DB 구성 요소

❶ 테이블, 항목 및 속성

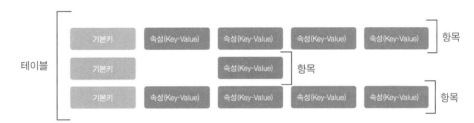

[그림 6-2-1] 다이나모 DB 구성

다른 데이터베이스 시스템과 마찬가지로 다이나모 DB 역시 데이터를 테이블에 저장합니다. 테이블이란 데이터의 집합을 의미하며, 각각의 데이터들은 항목과 속성으로 구성되어 있습니다. 각 개별 데이터를 항목이라 하며, 각 항목이 가지고 있는 키 밸류 형태의 데이터를 속성이라고 합니다.

❷ 기본키

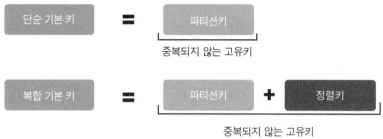

[그림 6-2-2] 키 구조

NoSQL 방식으로 스키마는 필요가 없지만, 각 데이터를 식별하기 위한 기본키는 필요합니다. 기본키는 단일한 하나의 데이터로 사용하는 파티션키 방식과 2개의 데이터를 조합하여 기본키로 사용하는 파티션 및 정렬키 방식이 있습니다. 전자는 단순한 값을 가지는 기본키 방식이고, 후자는 값의 대소를 비교하는 추가적인 값인 정렬키를 조합하여 사용하는 방법입니다.

❸ 글로벌 보조 인덱스

다이나모 DB의 인덱스는 크게 글로벌 보조 인덱스(Global Secondary Index)와 로컬 세컨더리 인덱스(Local Secondary Index)로 나눌 수 있습니다. 전자는 테이블을 만든 후 추가할 수 있고 현재 테이블과 동기화되는 똑같은 테이블을 만들어 원하는 속성을 기본키로 설정할 수 있습니다. 인덱싱하기 때문에 개별적인 읽기 용량과 쓰기 용량이 필요합니다. 후자는 오직 데이터를 생성하는 시점에서만 만들 수 있으며 별도의 쓰기 용량, 읽기 용량이 필요치 않습니다.

❹ 쿼리와 스캔

다이나모 DB는 크게 쿼리와 스캔이라는 데이터 탐색 방법을 제공합니다. 쿼리란 삽입된 기본키를 기준으로 데이터를 찾는 방법이고, 스캔은 조건 값과 맞는 데이터를 찾을 때까지 모든 데이터를 검색하는 방식입니다. 다이나모 DB는 처리 용량이라는 단위를 사용합니다. 1처리 용량은 1초 동안 1Kb의 데이터를 처리합니다. 당연히 스캔 방법은 모든 데이터를 기준으로 찾아 많은 처리 용량이 필요하기 때문에 비용이 발생합니다.

6.3 다이나모 DB CRUD

6.3.1 실습 아키텍처

[그림 6-3-1] 실습 아키텍처

■ 실습 요약 ■

❶ 다이나모 DB 테이블 만들기

    A. 테이블 이름: UnivStudent

    B. 기본키: univ_name + univ_id

❷ 테이블 데이터 추가

❸ 데이터 수정 및 삭제

❹ 데이터 스캔와 쿼리

❺ 테이블 삭제

6.3.2 1단계: 테이블 만들기

[그림 6-3-2] 다이나모 대시보드

AWS 콘솔 데이터베이스에서 다이나모 DB를 선택한 후, 다이나모 DB 대시보드 화면으로 이동합니다. 좌측 테이블을 클릭합니다.

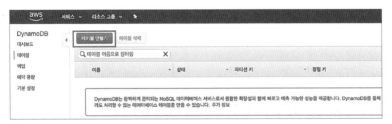

[그림 6-3-3] 테이블 만들기

우측 상단 "테이블 만들기"를 클릭합니다.

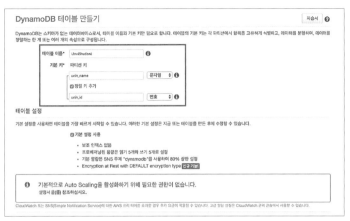

[그림 6-3-4] 테이블 만들기 - 계속

테이블 이름은 "UnivStudent", 기본키는 "univ_name" 문자열로 합니다. 기본키는 서로 중복되지 않는 고유한 값입니다. 그러나 학교를 예를 들면 이름이 같은 학생이 존재하는 경우가 발생할 수 있습니다. 기본키를 1개가 아닌 2개를 사용하여, 정렬키로 학번을 사용하면 "이름 + 학번"으로 기본키를 만들게 되어 고유한 아이디를 만들 수 있습니다. 정렬키를 추가하여 "univ_id" 그리고 번호로 설정합니다. 우측 하단 "생성"을 클릭합니다.

[그림 6-3-5] 테이블 만들기 - 계속

잠시 기다리면 "UnivStudent" 테이블이 생성됩니다. 테이블이 생성되었다면 "항목" 탭을 클릭합니다.

6.3.3 2단계: 테이블 데이터 추가

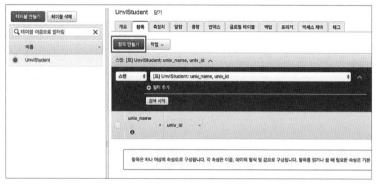

[그림 6-3-6] 테이블 만들기 - 항목 추가

"항목 만들기"를 클릭합니다.

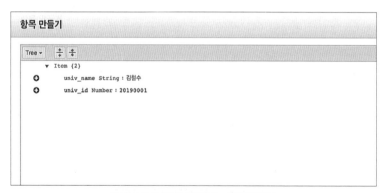

[그림 6-3-7] 테이블 만들기 - 항목 만들기

이미 "univ_name"과 "univ_id"라는 속성이 있습니다. 이 2개의 값은 기본키에 해당하기 때문에 항목을 만들때 꼭 입력해야 하는 필수 항목입니다. [그림 6-3-7]과 같이 "김철수", "20190001"을 입력합니다.

[그림 6-3-8] 테이블 만들기 - 항목 만들기

데이터를 더 추가하고 싶다면, 좌측 십자 아이콘을 선택 "Append"를 클릭하여 데이터를 추가할 수 있습니다. 추가해보겠습니다. "Append - String" 타입을 클릭하고 "major" 항목에 "컴퓨터공학과"를 입력합니다. 데이터를 삽입하기 위해 우측 하단 "저장"을 클릭합니다.

[그림 6-3-9] 테이블 만들기 - 데이터 추가

성공적으로 데이터가 추가되었습니다. 데이터를 하나 더 만들어보겠습니다. "항목 만들기"를 클릭합니다.

[그림 6-3-10] 테이블 만들기 - 데이터 추가

이번 데이터에는, 학생 이름은 "이정호", 학번은 "180001", "major"와 "circle" 항목을 추가하여
전자공학과, 여행동아리를 추가해보겠습니다.

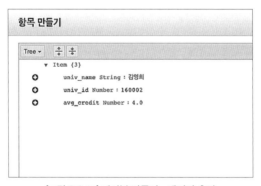

[그림 6-3-11] 테이블 만들기 - 데이터 추가

마지막으로 데이터를 하나 더 추가하겠습니다. 이름과 학번에 "김영희", "160002"를 각각 입력
하고 "avg_credit"라는 "number" 항목을 만들어 "4.0"으로 입력 후 "저장"을 클릭합니다.

[그림 6-3-12] 테이블 만들기 - 항목 만들기

데이터를 입력하면 삽입된 데이터들을 볼 수 있습니다. NoSQL Key-Value 데이터와 맞게 각 데이터를 식별하는 키 값 외에는 데이터의 형식이 자유로우며, 관계형 데이터베이스처럼 모든 속성이 존재하고, NULL을 처리할 필요가 없습니다.

6.3.4 3단계: 데이터 수정 및 삭제

[그림 6-3-13] 테이블 편집

"univ_named"인 "김철수" 파티션 값을 클릭하면 항목을 편집할 수 있습니다. 십자 아이콘 → Append → Number을 눌러 "avg_credit" 다음에 "3.0"을 입력합니다. 입력 후 우측 하단 "저장"을 클릭합니다.

[그림 6-3-14] 필드 생성

데이터가 성공적으로 변경되었다면 다시 "항목 만들기"를 클릭합니다.

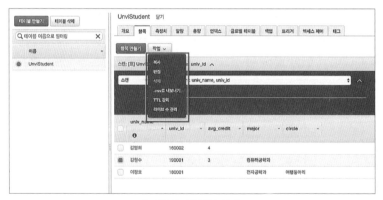

[그림 6-3-15] 필드 삭제

김철수 데이터에 체크 박스를 선택한 후 상단 "작업" → "삭제"를 클릭하고 다시 데이터를 삽입해보겠습니다. 데이터에는 이전과 동일한 "김철수", "190001"이라는 기본키를 주고 "avg_credit"에는 "3", "major"에는 "컴퓨터공학과"를 입력합니다. 이번에는 오류가 나타나지 않고 데이터가 정상적으로 입력됩니다.

6.3.5 4단계: 스캔과 쿼리 ···

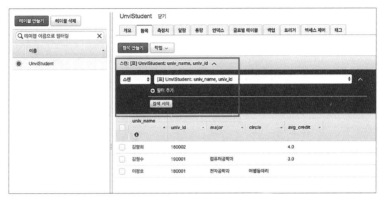

[그림 6-3-16] 테이블 스캔과 쿼리

NoSQL 쿼리의 이해를 돕기 위해 먼저 스캔으로 검색해보겠습니다. 검색에서 "스캔"을 선택하고, 검색 시작을 클릭합니다. 어떤 변화도 없습니다. "스캔"은 조건 값이 맞는 데이터를 찾을 때까지 모든 데이터를 탐색해서 '어떤 조건 값에 맞는 데이터를 몇 개 찾아라'와 같은 명령어로 특별한 명령이 없다면, 모든 데이터를 찾게 됩니다.

[그림 6-3-17] 테이블 스캔과 쿼리

"필터 추가"를 클릭하여 "univ_id"라는 속성 값을 주고 번호로 선택한 후 "170000", 즉 17학번을 포함한 더 높은 학번을 갖는 학생들을 조회해보겠습니다. "검색 시작"을 클릭합니다.

[그림 6-3-18] 테이블 스캔과 쿼리

데이터에 맞는 2개의 레코드만 화면에 출력됩니다. 스캔은 "univ_id" 외에도 "major"나 "circle" 등 어떠한 값이든 검색 가능합니다.

[그림 6-3-19] 테이블 스캔과 쿼리

이번에는 "쿼리"로 바꾸어 "univ_name" 김철수라는 값을 입력합니다. 만약 스캔처럼 아무런 값도 없이 검색 시작을 누른다면 에러가 발생합니다. 쿼리는 기본키를 입력하여 데이터를 검색하는 방법입니다.

6.3.6 5단계: 글로벌 보조 인덱스 생성 ....

[그림 6-3-20] 인텍스 생성

상단 "인덱스"를 클릭합니다.

[그림 6-3-21] 인덱스 생성 - 계속

"인덱스 생성"을 클릭하고 인덱스 파티션키로 "major", 인덱스 이름에 "major-index"를 선택합
니다. 프로젝션 속성이란 인덱스를 기준으로 검색할 때 키 값만 혹은 모든 항목을 전달할지
선택할 수 있습니다. 앞서 설명한 것처럼 다이나모 DB의 인덱스는 동일한 데이터를 갖지만,
다른 키 값과 정렬키를 갖는 클론 테이블을 만들어서 테이블을 만들 때와 동일한 처리 용량이
필요합니다. 추가 비용 안내가 있어도 25개의 읽기 및 쓰기 용량은 프리티어 범위 내에서 제
공되기 때문에 "인덱스 생성"을 클릭합니다.

[그림 6-3-22] 인덱스 생성 - 계속

인덱스 생성 과정은 다소 시간이 걸릴 수 있습니다. 상태가 활성으로 변경되면 항목탭으로 이동합니다.

[그림 6-3-23] 인덱스 검색

표 부분을 클릭한 후 "major-index"를 선택합니다.

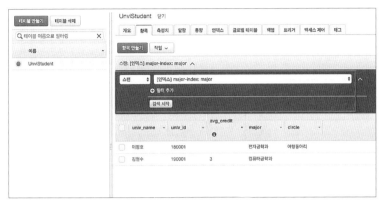

[그림 6-3-24] 인덱스 검색

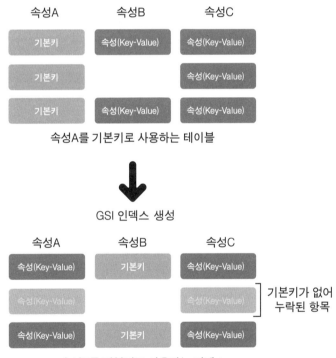

[그림 6-3-25] 인덱스 검색 이해

검색 방법은 "스캔"을 선택하고 "검색 시작"을 누르면 "major"가 포함된 데이터만 표시됩니다. 인덱스에서 만든 테이블에서는 "major"를 기본키로 하기 때문에 원 테이블에서 "major"가 포함되지 않은 데이터는 가져올 수 없습니다.

[그림 6-3-26] 인덱스 검색

다시 스캔으로 변경하고 "전자공학과"를 입력한 후 "검색 시작"을 누르면 쿼리 결과를 볼 수 있습니다. 쿼리는 키 값을 찾아 데이터를 검색하는 방법이고 스캔은 모든 데이터를 검색하는 방법이므로, 원 테이블에서 스캔으로 "Major"을 찾는 것보다 인덱스에서 쿼리로 찾는 것이 처리 용량이 더 적습니다.

6.3.7 6단계: 테이블 삭제(선택)

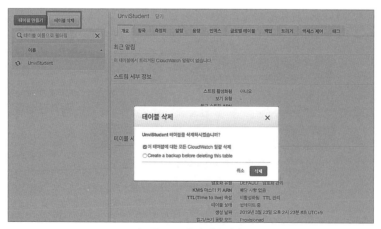

[그림 6-3-27] 테이블 삭제

좌측 상단 "테이블 삭제"를 클릭하면 안전하게 테이블을 삭제할 수 있습니다.

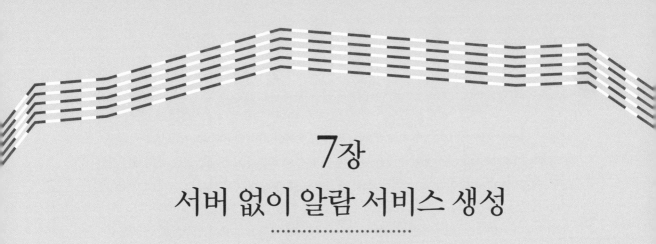

7장
서버 없이 알람 서비스 생성

7.1 서버리스 컴퓨팅 시대

7.1.1 서버리스 컴퓨팅

최근 클라우드 컴퓨팅 부문에서 가장 주목받는 용어 중 하나가 바로 '서버리스 컴퓨팅' (Serverless Computing)입니다. 관련 기사도 부쩍 늘었고, 주요 행사에 가보면 기술 세션이 한 두 개씩은 포함돼 있습니다.

서버리스 컴퓨팅은 그 용어에서 짐작할 수 있듯, 새로운 IT 인프라 아키텍처입니다. 그렇지 만, 서버리스라는 단어 의미처럼 물리적인 서버가 없는 형태는 아닙니다. IT 인프라를 이용하 려면 당연히 물리적인 서버가 필요합니다. 대신, 추상 계층으로 제공하기 때문에 개발자가 운 영과 관련된 문제를 걱정하지 않고, 창의적인 코드 개발에만 집중할 수 있습니다. 다시 말해, "사용자 입장에서 서버를 관리할 필요가 없다는 의미의 '서버리스'"입니다.

우리가 지금 AWS 클라우드 서비스를 학습하는 이유도 온프레미스 환경의 물리적 서버를 신 경 쓰지 않아도 되기 때문이지만, 서버리스 컴퓨팅은 여기서 한발 더 나아갑니다. 즉 개발자 가 작성한 애플리케이션(기능)을 실행할 때 필요한 만큼만 정확하게 자원을 사용합니다. 로 드 밸런싱도 서버 부팅도 필요 없습니다. 플랫폼이 모든 작업을 수행하고, 이 기능이 실행된 횟수와 시간에 따라 비용을 청구합니다.

서버리스 컴퓨팅은 클라우드 환경에서 새로운 소프트웨어 아키텍처입니다. 가상화 기술을 이용해 다양한 인프라 리소스를 거대한 단일 풀로 만드는 클라우드가 확산하는 초기에는 클라우드의 기본 실행 단위가 가상 머신(AWS EC2)이었습니다. 이것이 현재는 '서비스' 중심의 컨테이너로 더 세분화되었고, 서버리스 컴퓨팅은 이를 기능 단위로 더 잘게 쪼갠 것이라고 할 수 있습니다. 서버리스 컴퓨팅은 이러한 구조적 특성 때문에 빠르게 확장·축소할 수 있는 장점이 있습니다. 정확하게 실행된 횟수만큼 비용이 청구되어 보다 경제적이기도 합니다. 반면, 아직 관리 툴과 기반 기술이 충분히 성숙하지 않았다는 것, 개발자가 기존과 다른 방식으로 개발해야 하는 것은 단점이라고 볼 수 있습니다. 그러나 4차 산업혁명의 핵심 서비스인 사물인터넷이 영역을 넓혀 가면 서버리스 컴퓨팅의 장점을 극대화할 수 있는 부분부터 확산될 것이라고 전망하고 있습니다.

AWS 컴퓨팅 구분

구분	가상머신	컨테이너	서버리스
AWS 서비스	EC2	ECS	람다
단위	가상머신	애플리케이션	함수
추상화 단계	하드웨어	운영체제	런타임

[그림 7-1-1] 가상 머신과 서버리스

7.2 AWS 람다 서비스

7.2.1 AWS 람다

"개발자가 오직 소스코드 로직에만 집중할 수 없을까?" AWS 람다의 시작은 작고 단순한 아이디어에서 비롯되었습니다. 나아가 "서버의 유휴자원을 어떻게 하면 최소화할 수 있을까" 하는 생각에서 출발했죠. 점차로 람다의 서버리스 함수를 사용하여 컴퓨팅 작업을 처리하고자 하는 유저들이 늘어나기 시작했습니다. 이럴 경우, 산발적으로 발생하는 작업에 서버를 계속 배치하는 것보다 훨씬 효율적이었기 때문이었죠. 결국 사람들은 람다가 복잡한 서버 중심의 보이지 않는 작업, 특히 산발적으로 실행되는 업무에 이상적이라는 것을 깨닫게 되었습니다. AWS는 이러한 수요를 빠르게 파악했고 이제는 일시적인 프로세싱의 경우 클라우드 중요 작업을 호스팅함에 있어 람다가 AWS에서 서버리스 컴퓨팅의 가장 각광받는 대표 서비스 중 하나가 되었습니다.

7.2.2 AWS 람다의 진화

2018 AWS 최대 기술 행사 "re:Invent 2018"에서 AWS는 람다 계층(Layer)이라는 새로운 기능을 발표했습니다. 이전까지는 Node.js, Python, Java등 선택할 수 있는 런타임이 제한되어 있었지만, 이제는 람다 계층을 통해 사용자 지정 런타임을 통해 원하는 런타임을 업로드하여 사용할 수 있게 되었습니다.

7.2.3 AWS 람다의 특징

❶ 완전 관리형 서비스

완전 관리형 서비스 혹은 서버가 없는 컴퓨팅은 서버리스 컴퓨팅이라는 용어가 사용될 때 빠짐없이 등장하는 수식어들입니다. 앞서 설명한 대로 하드웨어·네트워크는 물론 운영체제(OS)까지 개발자가 파악할 필요가 없이 알아서 관리해주는 서비스라고 이해하면 쉽습니다. 더 이상 복합한 하드웨어나 운영체제를 신경 쓸 필요 없이 내 코드만 작성을 하면 되기 때문에 서버 관리에 대한 고민을 해결합니다. 설치해야 하는 소프트웨어나 런타임도 없습니다. 개발자가 코드를 자바로 작성을 하든 파이썬으로 작성을 하든, 상관없습니다. 웹 브라우저를 통해 어떤 런타임으로 실행할지 선택하기만 하면 됩니다.

❷ 유연한 확장성

람다는 다른 AWS 서비스들을 호출하여, 자신만의 서비스를 만들 수 있습니다.

❸ 고가용성

AWS 람다는 99.9999%의 가용성을 자랑합니다. 직접 서버를 구성한다면 정전이나 인터넷 불안정 등 문제가 생길 가능성이 있지만, AWS에서는 여러 곳의 가용 영역을 활용해 서비스에 문제가 될 확률을 기하급수적으로 줄여줍니다.

❹ 유휴 용량없음

실제 하드웨어 서버를 설치한다면 항상 켜져 있는 상태를 유지해야 합니다. 서버가 꺼져 있으면 응답을 할 수 없기 때문이죠. 반면, 람다는 요청이 올 때만 프로비저닝(사용자의 요구에 맞게 시스템 자원이 할당)되어 작동하기 때문에 응답이 없을 때 비용이 청구되지 않습니다.

❺ 마이크로서비스 호환성

서버리스 컴퓨팅 함수로 특정 역할이나 활동을 수행하기 위해 작고 독립적인 코드 단위로 개발할 수 있습니다. 이는 곧 마이크로서비스의 전달 수단으로 사용할 수 있으며 클라우드 환경에서 효율적으로 확장하기 어려운 모놀리식 애플리케이션의 단점을 극복할 수 있다는 의미입니다. 마이크로서비스는 다음 장에서 구체적으로 실습해보겠습니다.

7.2.4 AWS 람다 사례

AWS 람다는 간단한 방법으로 글로벌 기업들이 서비스를 구축하는 데 사용됩니다.

세계적인 다국적 기업 코카콜라는 AWS 람다와 및 AWS Step Functions를 사용하여 경제적인 서버리스 솔루션을 구축했습니다. 이 프로그램에는 코카콜라 머신 패스를 사용하여 모바일 결제를 지원할 수 있는 기능을 갖춘 자동 판매기에서 제품을 구매하여 얻은 음료 보상이 포함됩니다. 사용자는 자신의 NFC를 지원하는 휴대폰으로 애플 페이 또는 안드로이드 페이 구매를 완료하여, 자동 판매기에서 자신을 식별한 이후 무료 자동 판매기 구매를 위한 크레딧을 획득할 수 있습니다. 이를 통해 코카콜라는 매우 간단한 상태 시스템을 구축하여 비즈니스 로직을 간소화하고 비용을 절감할 수 있었습니다.

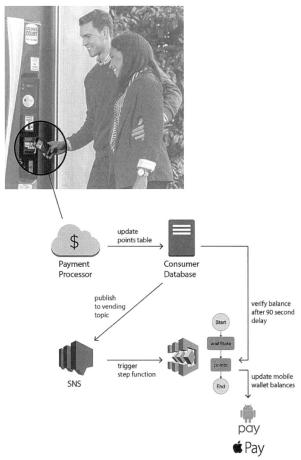

[그림 7-1-2] 코카콜라 람다 서비스

전 세계 로봇청소기 시장에서 약 70%의 점유율을 차지하고 있는 아이로봇(iRobot)사는 AWS 람다 및 AWS IoT를 이용하여 와이파이로 새로운 룸바(Roomba) 진공청소기에 연결하는 웹 애플리케이션을 고객에게 서비스했습니다. 아이로봇 CEO 콜린 앵글(Colin Angle)는 "피지컬 (물리적) 세계와 디지털 세계가 IoT를 통해 컨버전스(융합)를 이루면서 하나의 새로운 세계 로 거듭나고 있다. 이 가운데 IoT, AR·VR, 애널리틱스의 결합은 게임 체인징(game changing) 기술로써 우리에게 새로운 경험과 가치를 제공할 것이다."라고 AWS 람다와 결합한 미래 아 이로봇 비즈니스의 전망을 희망적으로 설계했습니다.

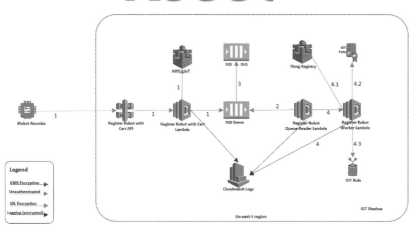

[그림 7-1-3] 아이로봇 람다 서비스 아키텍처

7.3 람다 함수 이해

AWS 람다에 대해 설명했지만, 이 서비스를 처음으로 사용하는 사용자가 람다를 이해하기에 어려운 부분이 있습니다. 조금 풀어서 다시 한 번 살펴볼까요? AWS는 람다를 다음과 같이 소개하고 있습니다. "AWS 람다는 이벤트에 대한 응답으로 코드를 실행하고 자동으로 기본 컴퓨팅 리소스를 관리하는 서버리스 컴퓨팅 서비스입니다." '이벤트에 대한 응답으로 코드를 실행한다'라는 뜻은 특정 이벤트(상황)가 들어왔을 때 실행하는 코드가 람다 함수라는 의미입니다.

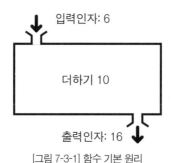

[그림 7-3-1] 함수 기본 원리

람다 함수는 [그림 7-3-1]과 같이 우리가 학창시절에 배운 함수와 유사합니다. 입력인자(6)을 함수에 넣으면 출력 값(16)이 나오게 됩니다. 이때 입력 값에 대한 이벤트로 더하기 10이 람다 함수에 해당합니다. AWS는 입력 인자와 출력 인자를 활용하여 람다 함수로 서버리스 컴퓨팅 서비스를 제공하고 있습니다.

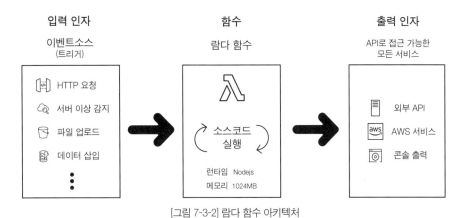

[그림 7-3-2] 람다 함수 아키텍처

7.4 람다 함수 만들기

7.4.1 실습 아키텍처

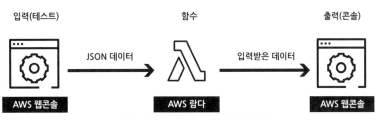

[그림 7-4-1] 람다 함수 만들기 아키텍처

■ **실습 요약** ■
❶ 람다 함수 만들기
　A. 람다 함수 생성(람다 함수 이름: lambda_for_console_log)

B. 람다 함수 실행 역할 생성(람다 역할 이름: role_for_lambda_console_log)

❷ 람다 함수 입력에 해당하는 이벤트 테스트 구성: 테스트 이벤트 이름 "EventForLog"

　　A. 이벤트 테스트 코드 작성

❸ 람다 함수 코드 작성

❹ 람다 함수 테스트 실행과 결과 확인

7.4.2 1단계: 람다 함수 생성

[그림 7-4-2] 람다 - 대시보드

콘솔 목록 화면에서 컴퓨팅 서비스 가운데 "람다"를 클릭합니다. 시작하기 화면에서 "함수 만들기" 버튼을 클릭합니다.

람다는 크게 3가지 방법으로 생성할 수 있습니다. 새로 작성은 이름 그대로 처음부터 새로 작성하는 경우로, 가장 기본적인 형태의 함수만 제공됩니다. 블루프린트는 AWS에서 제공하는 시작 템플릿을 제공하며 주로 람다와 다른 AWS 서비스를 연동하는 내용들이 샘플 형태로 작성되어 있습니다. AWS Serverless Application Repository는 AWS 혹은 AWS와 관련된 파트너 및 기타 개발사가 제공하는 람다 함수를 사용하는 방법입니다.

[그림 7-4-3] 람다 - 함수 생성

"새로 작성"을 선택하여 처음부터 작성해보겠습니다. 이번 실습에서는 간단히 로그를 가져와 메시지를 확인하기 때문에 람다 함수의 이름은 'lambda_for_console_log'로 입력합니다. 다음으로 런타임(Runtime)은 "Node.js 8.10"을 선택합니다. 런타임은 컴퓨터 프로그램이 실행되고 있는 동안의 동작을 의미합니다. 컴퓨터 언어로 쓰인 프로그램을 실행하기 위해 컴파일러 혹은 가상 머신에서 기본적으로 제공하는 라이브러리와 프로그램을 가리켜 런타임 혹은 런타임 라이브러리라고 일컫습니다. 만약 소스코드를 Java로 작성했다면 Java코드를 해석하고 실행하기 위한 환경, 다시 말해 Java 런타임이 필요하고 PHP로 작성했다면 PHP에 맞는 런타임이 필요합니다. 우리가 사용할 Node.js은 Chrome V8엔진으로 작성된 자바스크립트 런타임입니다. AWS람다는 Node, Go, Java, C#와 같은 주요 언어의 런타임도 제공하고 있습니다. 또한 최근 발표된 람다 레이어 서비스를 이용하면 원하는 커스텀 런타임을 사용할 수 있습니다.

8. 자바스크립트

'웹을 풍부하게 만들어주는 작고 가벼운 프로그램 언어'. 자바스크립트(Javascript)는 정적인 웹을 경고창, 애니메이션, 드래그 앤 드랍 등 동적인 요소를 만드는 용도로 시작되었습니다. 우리가 자주 사용하는 모바일이나 PC 웹 사이트는 크게 3가지 요소로 구성됩니다. 'HTML(Hyper Text Markup Language)', 'CSS(Cascading Style Sheets)', '자바스크립트(Javascript)'입니다. HTML은 웹 페이지의 큰 틀을 제공하고, CSS는 색깔이나 글씨체와 같은 디자인 요소를 관리합니다. 자바스크립트는 크로스 플랫폼(Crossplatform), 객체지향 스크립트 언어로 웹 페이지의 동작을 담당합니다.

이를테면, 자바스크립트를 이용 '버튼을 클릭하면 다음 페이지를 보여줘'라는 프로그램 명령을 내릴 수도 있습니다. 자바스크립트를 이용하면 웹에 풍부한 효과를 넣을 수 있는 장점에도 불구하고, 초기 자바스크립트는 개발자들에게 무시당하는 언어였죠. 자바나 C와 같은 언어들에 비해 컨텍스트나 개념이 명확하지 않았고 당시에는 플래시 기반의 액션스크립트를 웹을 동적으로 표현하는 것이 더 인기가 있었습니다. 하지만 최근 다양한 자바스크립트 프레임워크와 라이브러리가 생기면서 자바스크립트를 이용 윈도우와 OSX 애플리케이션, 모바일 애플리케이션 등 다양한 요소에 사용되고 있습니다.

[그림 7-4-4] 람다 - 함수 생성 권한 관리

권한 설정을 위해 실행 역할에 "AWS 정책 템플릿에서 새 역할 생성"을 선택합니다. 역할 이름은 "role_for_lambda_console_log"으로 하고, 정책 템플릿은 가장 많이 사용하는 "기본 Lamda@Edge권한"을 선택하면 됩니다. 모두 작성했다면 "함수 생성"을 클릭합니다.

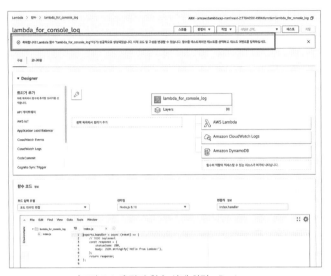

[그림 7-4-5] 람다 함수 상세 화면 - Designer

잠시 후 [그림 7-4-5]와 같이 '축하합니다!' 메시지와 함께 람다 함수 대시 보드 화면이 나타납니다.

람다 함수 대시보드는 현재 구성 탭 하단으로 "Designer", "함수 코드"가 보이고 화면 아래 스크롤을 조금 더 내려보면 "환경 변수", "태그", "실행 역할", "기본 설정"과 같은 기본 설정창이 있습니다.

"Designer"는 람다 함수의 입력 인자(트리거)와 출력 인자(실행 가능 리소스)을 시각적으로 구성하는 화면입니다. 좌측 트리거 추가 영역이 람다 함수를 실행시키는 이벤트를 만들 수 있는 입력 인자에 해당되고, 우측이 람다 함수를 이용하여 호출할 수 있는 서비스 목록입니다.

우측 실행 가능 리소스는 연결한 역할이 가진 정책에 따라 호출할 수 있는 서비스 목록이 달라지며, 방금 생성한 'role_for_lambda_console_log'의 역할은 클라우드 와치 로그를 호출할 수 있는 정책이 상호 연결되어있음을 알 수 있습니다.

[그림 7-4-6] 람다 함수 상세 화면 - 함수 코드

화면을 하단으로 이동하여 "함수 코드"에서 코드 에디터를 확인할 수 있습니다. "함수 코드" 영역은 코드 편집기와 같은 기능을 하며 좌측이 파일 탐색기 우측이 파일 에디터이며 파일 탐색기를 통해 폴더나 파일을 만들 수 있고 파일 에디터에서 수정할 수 있습니다. 다른 개발환경IDE와 마찬가지로 자동완성이나 문법을 확인해주며 폰트 크기, 코드 스타일 등 세부적인 요소들도 변경할 수 있습니다. 함수 코드창을 이용하여 코드를 편집하면 일반적인 방법인 IDE나 에디터를 설치하여 코드를 작성하고 업로드하는 방식이 아니라, 웹 브라우저를 통해 즉각적으로 소스코드를 작성하고 실행할 수 있습니다.

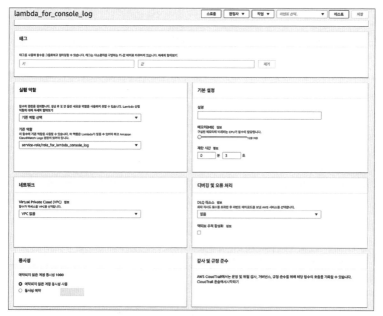

[그림 7-4-7] 람다 함수 상세 화면 - 하단 설정부

화면을 좀 더 아래로 내려보면 에러 처리, 동시 실행, 디버깅 등 람다 함수의 많은 옵션들을 볼

수 있습니다. 주의할 점으로는 실행 역할, 기본 설정, 네트워크 등이 있습니다. 실행 역할은 IAM에서 학습한 것과 같이 람다 함수에 역할을 연결하여 트리거할 수 있는 리소스(output)을 제한합니다. 기본 설정은 메모리와 제한 시간을 설정하여 제한 시간 이내 함수가 끝나지 않으면 에러가 발생하게 됩니다. 일반적으로 람다는 최대 15분까지 실행될 수 있습니다.

7.4.3 2단계: 테스트 구성

[그림 7-4-8] 람다 함수 상세 화면 - Designer

다음으로 람다 함수 테스트를 구성해보겠습니다. 앞에서 "트리거"를 통해 람다 함수가 실행되는 이벤트가 발생된다고 했지만, 테스트를 위해 입력 인자가 필요할 경우가 있습니다. 예를 들어, 매시간 실행되는 람다 함수를 테스트하기 위해 정각마다 기다리기는 힘들죠. 이를 위해 람다 함수에 트리거를 바로 실행시키는 이벤트를 만들 수 있습니다. 상단 테스트 버튼을 클릭합니다.

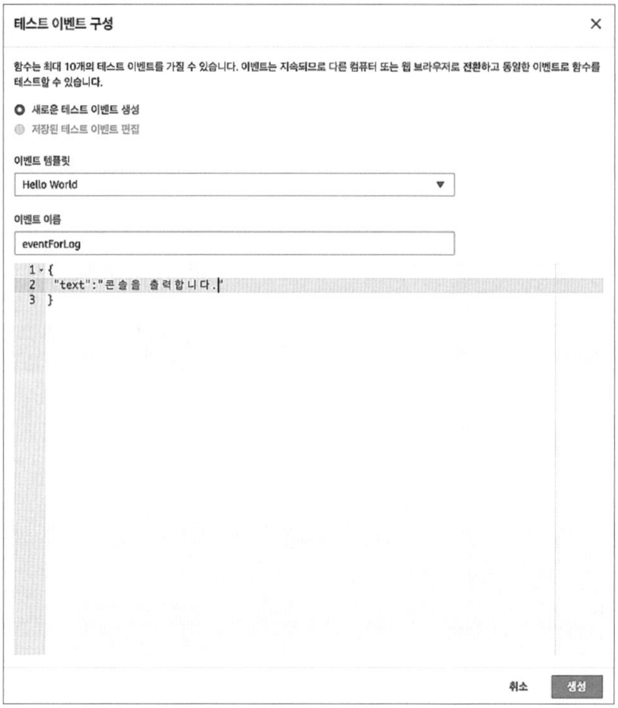

[그림 7-4-9] 테스트 이벤트 구성

테스트를 클릭하면 테스트 이벤트 구성창이 나타나는데, 이곳에서 JSON 형식으로 함수의 입력 인자를 지정할 수 있습니다. 이벤트 이름에 'EventForLog' 혹은 원하는 테스트 이름을 작성합니다. 람다는 JSON 형식의 데이터만 사용합니다. 여러 언어로 된 서비스들이 통신할 수 있도록 표준화된 데이터 포맷을 위해 JSON을 사용하기 때문입니다. 일반적인 프로그래밍 아키텍처에서는 함수와 함수로 데이터를 전달할 때 변수를 활용하지만, 람다 함수에서는 JSON 데이터로 정보를 전달합니다. 다음과 같이 코드를 작성합니다.

```
{
  "text": "콘솔을 출력합니다."
}
```

[그림 7-4-10] 이벤트 소스코드

JSON이란?

JSON(JavaScript Object Notation)은 가장 쉬운 데이터 교환 형식의 하나로, 이 형식은 사람이 읽고 쓰기에 편리하며 기계가 분석하고 생성함에도 용이한 특징을 가지고 있습니다. 이러한 JSON은 XML의 대안으로 좀 더 쉽게 데이터를 교환하고 저장하기 위해서 고안되었습니다. 또한, JSON은 텍스트 기반이어서 어떠한 프로그래밍 언어에서도 JSON 데이터를 읽고 사용할 수 있습니다.

● **JSON은 다음과 같은 특징을 가집니다.**
① JSON은 자바스크립트를 확장하여 만들어졌습니다.
② JSON은 자바스크립트 객체 표기법을 따릅니다.
③ JSON은 사람과 기계가 모두 읽기 편리하도록 고안되었습니다.
④ JSON은 프로그래밍 언어와 운영체제에 독립적입니다.

● **JSON 기본 형식은 다음과 같습니다.**
① name · value 형태의 쌍으로 collection 타입. 다양한 언어들에서, 이는 object, record, struct(구조체), dictionary, hash table, 키가 있는 list, 또는 연상 배열로 만들어집니다.
② 값들의 순서화된 리스트. 대부분의 언어들에서, 이는 array, vector, list, 또는 sequence로서 구현되었습니다.

● **왜 람다 함수의 입력 데이터는 JSON 형식만 지원하나요?**
람다 함수는 마이크로서비스를 위한 플랫폼입니다. 마이크로서비스의 장점 가운데 하나는, 하나의 통일된 런타임(언어)이 아니라 회원 가입은 JAVA, 주문은 C#으로 작성할 수 있습니다. 하나의 큰 모노폴리 시스템이라면 일반적인 언어의 경우 함수를 호출하거나 클래스의 인스턴스를 호출하지만 독립된 서비스 단위로 서로 다른 런타임을 가지기 위해 표준화된 입력 인자를 사용해야 하고, 이를 위해 오직 JSON 형식으로만 입력 인자 및 출력 인자를 사용합니다.

7.4.4 3단계: 람다 함수 코드 작성

[그림 7-4-11] 람다 코드 편집기

중앙에 있는 코드 편집기 메뉴에서 코드를 수정해보겠습니다. 앞서 설명한 것처럼 코드 작성을 위해서는 우측 영역에 기술해야 합니다.

```
exports.handler = async (event) => {
        console.log(event.text)
        return event.text
};
```

[그림 7-4-12] 람다 함수 소스코드

기존 코드를 지운 후 소스코드를 [그림 7-4-12]와 같이 수정합니다. 소스코드는 테스트를 통해서 작성한 JSON 형식을 맨 위 "event"라는 변수로 받은 다음, 그 안의 "text"로 정의된 값을 "Console.log"를 통해 출력하고, 다시 결과 값으로도 리턴하는 자바스크립트 코드입니다.

● 현재 파일명이 Index.js로 되어 있는데 다른 파일을 실행하고 싶으면 어떻게 해야 할까요?

런타임이나 언어마다 다르지만, 우리가 사용하는 Node.JS에서는 오른쪽 상단 핸들러라는 입력 상자에 Index.hanlder라고 입력되어 있습니다. 이는 index 파일의 handler 함수를 핸들러, 즉 시작 지점으로 실행시킨다는 의미입니다. 만약 app.js파일의 printLog 함수라면 app.printLog로 수정한 후 저장하면 됩니다.

● 소스코드 이해가 어렵다면?

람다 함수를 실습하기 위해서는 코드 작성이 필수적입니다. 말 그대로, '함수'이기 때문이죠. 문법이 다소 생소하다면, 소스코드를 이해하기보다는 '이 소스코드는 이렇게 작동하는 코드구나' 정도만 알아두면 됩니다. 마이크로서비스의 가장 큰 장점은 플랫폼에 구애를 받지 않는다는 특성입니다. 자바 코드나 C# 코드든 상관없이, 누구나 자신이 원하는 런타임으로 구성하고 통신할 수 있습니다. 입출력 인자만 JSON으로 지정하면 됩니다. 우리의 학습 목적은 람다 함수에 어떻게 동작하고, 어떻게 AWS 서비스들과 접목되는지를 살펴보는 것이기 때문에 소스코드를 이해하지 못했다고 너무 걱정하지 마세요.

7.4.5 4단계: 람다 함수 테스트 실행과 결과 확인

[그림 7-4-13] 람다 함수 테스트 실행하기

우측 드롭박스 메뉴에서 방금 전 생성한 "EventForlog"가 선택된 것을 확인하고 테스트 코드를 입력한 후 우측 상단 "테스트" 버튼을 클릭합니다.

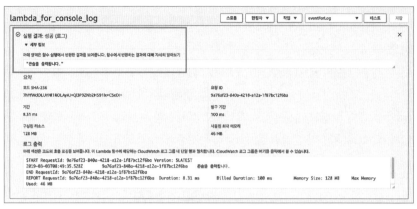

[그림 7-4-14] 람다 함수 테스트 결과

실행 후 최상단 초록색 "박스 실행결과: 성공(로그)"에서 "세부 정보"를 클릭하면 [그림 7-4-14] 화면과 같이 함수 실행 결과에 대한 상세한 내용을 확인할 수 있습니다.

세부 정보를 통해 람다가 실행한 텍스트, 즉 우리가 테스트 구성에서 입력한 텍스트 외에도 상세한 정보들을 확인할 수 있습니다. 람다 함수 기간과 청구 기간의 경우 '기간'은 실제 프로그램이 작동한 시간이며, '청구 기간'은 비용을 지불하는 시간입니다. 청구 기간 단위는 100ms(Millisecond, 1밀리세컨드는 1,000분의 1초)입니다. 이를 토대로 비용을 지불하기 때문에, 청구 기간은 100ms 단위로 청구됩니다. 청구 기간이 계속 표기되면 비용 청구에 대해 걱정할 수 있지만, 람다 함수 프리티어 범위 내에서 개인적인 용도로 사용했을 때는 큰 무리가 없습니다.

❶ 람다 대시보드

[그림 7-4-15] 람다 대시보드

좌측 람다 텍스트 혹은 다시 람다의 대시보드로 접속하면 이전과 다른 대시보드 화면을 확인할 수 있습니다. 람다 대시보드 메뉴에서는 현재 리전에 포함되어 있는 람다 함수들의 에러, 실행 횟수, 오류 등과 같은 람다 함수 사용에 따른 모든 정보를 제공합니다. 자주 확인하시기 바랍니다.

❷ 기본 활용

람다 함수는 사용된 최대 메모리와 설정된 메모리(구성된 리소스)를 보여줍니다. 하단 옵션에서 메모리를 더 늘리거나 줄일 수 있습니다. 하지만 사용된 최대 메모리가 128MB 혹은 256MB라고 해서, 최대 메모리를 낮게 잡는 것은 바람직하지 않습니다. 람다 함수의 경우 함수가 처음 실행될 때 프로비저닝 시간이 있기 때문에 최대 메모리를 낮게 설정할수록 람다 함수는 느리게 실행되기 때문에, 사용된 최대 메모리가 적더라도 실제 서비스 환경에서는 1024MB로 설정하는 것이 좋습니다.

7.5 람다 함수 기반 문자 알림 서비스

7.5.1 실습 아키텍처

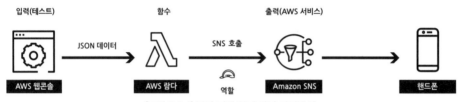

[그림 7-5-1] 람다 기반 문자 알림 아키텍처

■ 실습 요약 ■

❶ SNS 서비스 실행 권한을 위한 IAM 정책 설정

　A. 정책 생성 및 검토(정책 이름 Policy_for_publishing_SNS)

　B. 역할 생성(역할 이름 role_for_sns_sending)

❷ SNS 람다 함수 만들기

　A. 람다 함수 생성(람다 함수 이름: lambda_for_sns)

　B. 람다 함수 실행 역할 생성(람다 역할 이름: role_for_sns_sending)

❸ SNS 람다 이벤트 구성

　A. 람다 함수 이벤트 이름(eventForSendingsSNS)

　B. 람다 함수 소스코드 작성

❹ SNS 람다 함수 테스트

AWS SNS(Simple Notification Services)는 지정된 사용자 그룹에 문자, 푸시 메시지, 이메일 등을 보내는 서비스입니다. SNS로 문자 알림이 전달되는 서비스를 실습해보겠습니다.

알림 전송

엔드포인트 유형	프리티어	요 금
모바일 푸시 알림	1,000,000건	백만 건당 0.50 USD
Global sns	100건	무료

email/email-JSON	1,000건	십만 건당 2.00 USD
HTTP/S	100,000건	백만 건당 0.60 USD
Simple Queue Service(SQS)	SQS 대기열로 전송하는 비용은 부과되지 않음	
Lambda 함수	Lambda로 전송하는 비용은 부과되지 않음	

[표 7-5-1] SNS 알림 전송

AWS SNS의 Global sns를 이용하면 원하는 사용자에게 문자를 보낼 수 있습니다. 또한 프리 티어를 통하면 100건까지 무료이기 때문에 실습에는 무료 티어 한도 내에서 사용할 수 있습니다. 단점은 버지니아, 오레곤, 도쿄와 같은 한정된 리전에서만 사용할 수 있다는 것입니다. 하지만 실습 예제에서는 우리가 직접 sns 콘솔을 통해 보내는 것이 아니라, 람다 함수가 SNS 서비스를 이용하여 sns를 보내기 때문에 리전 변경을 할 필요는 없습니다.

7.5.2 1단계: SNS IAM 정의

먼저 역할과 정책을 만들어보겠습니다. 상단 AWS 대시보드에서 IAM으로 이동합니다. AWS 서비스를 처음 배울 때 가장 어려운 부분 중에 하나이지만 AWS의 모든 서비스는 실행 주체를 명확히 설정해야 합니다. 이번 실습은 모든 권한을 가지고 있는 SNS 서비스 실행이 아닙니다. 람다 함수가 SNS 서비스에 접근해서 생기는 람다 함수를 위한 역할과 그에 따른 정책이 필요하기 때문입니다. 필요하다면 다시 IAM으로 돌아가 참고하십시오.

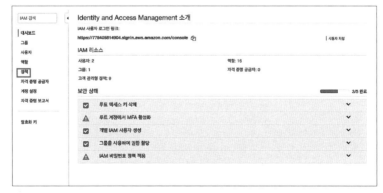

[그림 7-5-2] IAM 대시보드

IAM 대시 보드에서 좌측 "정책" 메뉴를 클릭합니다.

당신이 지금 알아야 할 AWS

[그림 7-5-3] IAM - 정책

좌측 상단 "정책 생성"을 클릭합니다.

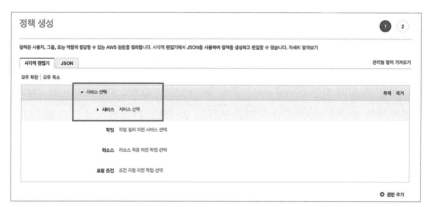

[그림 7-5-4] 정책 생성

정책 생성은 시각적 편집기를 사용해보겠습니다. 먼저 "서비스 선택"을 클릭합니다.

[그림 7-5-5] 서비스 선택

서비스 찾기에서 SNS를 입력합니다. 하단 필터링된 검색결과에서 SNS를 선택합니다.

[그림 7-5-6] 정책 생성 - 권한

우리가 사용하려 하는 문자 보내기는 사용자에게 알림 서비스를 생성하는 것이므로 액세스 레벨 "쓰기"에 해당합니다. 쓰기를 선택합니다.

[그림 7-5-7] 정책 생성 - 리소스

리소스는 "모든 리소스"를 선택한 후 요청 조건은 기본 설정으로 하고, 하단 "정책 검토"를 클릭합니다.

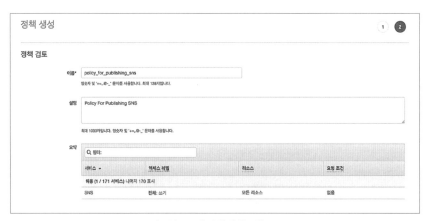

[그림 7-5-8] 정책 생성 - 검토

정책 검토 이름에 SNS 서비스를 발행한다는 의미의 "Policy_for_publishing_SNS"를 입력합니다. 설명 역시 유사하게 "Policy for Pulishing SNS"를 입력합니다. 다음 하단 "정책 생성"을 클릭합니다.

[그림 7-5-9] 정책 생성 - 성공

정책이 생성되었습니다. 정책과 연결해줄 역할을 만들어보겠습니다. 좌측 "역할"을 클릭합니다.

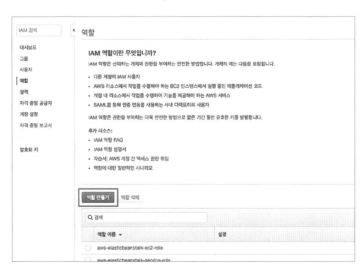

[그림 7-5-10] 역할 대시보드

"역할 만들기"를 선택합니다.

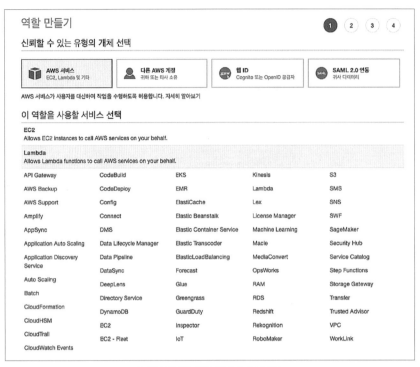

[그림 7-5-11] 역할 만들기 대시보드

앞에서도 언급했듯, IAM에서 중요한 것은 역할을 가지게 될 AWS '서비스 주체'와 그 서비스 주체에 어떤 역할을 부여할지에 대한 '정책'입니다. 따라서 역할 설정의 첫단계는 서비스 주체를 선택하는 것입니다. AWS 역할의 주체가 될 수 있는 것은 AWS 서비스, 다른 AWS 계정, 웹 ID, SAML 2.0 이 4가지로 구분됩니다.

① AWS 서비스는 말 그대로 우리가 만든 AWS 리소스들을 위한 접근입니다.

② 다른 AWS 계정은 타사 계정 즉 다른 루트 계정들과 나의 하위 계정들을 위한 내용입니다. 내가 생성한 하위 계정들은 이해가 되지만, 타사 계정은 어떤 경우에 사용될까요? 주로 '관리' 혹은 '로그'를 위한 목적으로 많이 사용됩니다. 예를 들어, 쇼핑몰 시스템을 우리의 AWS 계정에 만들고 운영 및 유지 보수 등을 다른 회사에 위임하고 싶을 때 직접 해당 업체에 우리의 AWS루트 계정이 아닌 간단히 상대방 회사의 계정들에 권한을 부여하여 우리 서비스에 접근하게 할 수 있습니다.

③ 웹 ID는 주로 코그니토(Cognito)에 많이 사용되는데 Cognito란 AWS에서 제공하는 인증 관리 서비스입니다. 우리가 만든 웹 사이트에 회원 기능이 있고, 회원들은 누구나 자유롭게 람다 함수를 실행시킬 수 있다면 회원 가입을 하는 모든 사용자마다 AWS에서 다시 유저를 생성해야 할지도 모릅니다. 이를 위해 AWS Cognito 서비스는 우리가 만든 회원 관리 서비스처럼 AWS와 독립된 서비스에 AWS 서비스에 인증할 수 있도록 도와주는 서비스입니다.

④ SAML 2.0은 웹 브라우저의 보안 로그인 방식 중 하나로, SAML이라는 프로토콜을 이용하여 인증하는 방식입니다.

역할 생성의 첫 단계에서 람다 함수에 역할을 부여해야 하므로, 람다를 선택하고 "다음: 권한"을 클릭합니다.

[그림 7-5-12] 역할 만들기 - 2단계

검색창에서 'Policy_for_publishing_sns'를 검색하면 이전에 만든 정책이 표시됩니다. 선택하고 하단 "다음: 태그"를 클릭합니다. 태그 화면에서 태그 값은 따로 주지 않고 하단 "다음: 검토"를 클릭합니다.

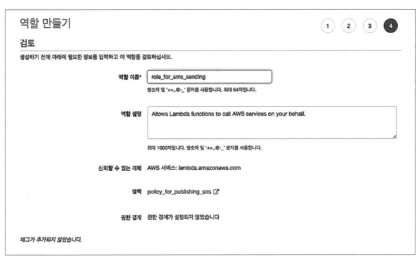

[그림 7-5-13] 역할 생성 - 4단계

역할 이름에 'role-for-sns-sending'을 입력합니다. 설명은 기존에 입력되어 있는 텍스트를 지운 후 간단히 'Allows Lambda to Call SNS Services'라고 작성합니다. 다음 하단 "역할 만들기"를 클릭합니다.

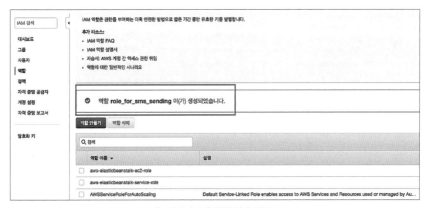

[그림 7-5-14] 역할 생성 성공

성공적으로 역할이 생성되었으면 다시 람다 함수로 돌아가겠습니다.

7.5.3 2단계: SNS 람다 함수 생성

[그림 7-5-15] 람다 함수 대시보드

AWS 콘솔 컴퓨팅의 "Lambda"를 클릭합니다. 람다 함수 대시보드에서 "함수 생성" 버튼을 클릭합니다.

[그림 7-5-16] 람다 함수 생성

"함수 생성" 새로 작성에서 함수 이름은 SNS 서비스를 이용한다는 의미의 'lambda_for_sns'로 입력하고 런타임은 이전과 동일한 nodejs 8.10을 선택합니 다. 권한에서는 "실행 역할 선택 또는 생성"을 클릭한 후 "기존 역할 사용"을 선택합니다. 다음으로 'role_for_sns_sending'을 선택합니다. 하단 "함수 생성"을 클릭합니다.

7.5.4 3단계: SNS 이벤트 구성 및 소스코드 작성

[그림 7-5-17] 람다 함수 생성

성공적으로 함수가 만들어졌다면 앞서 실습한 것처럼 상단 "이벤트 선택…" 드롭박스를 클릭한 후 "테스트 이벤트 구성"을 선택합니다.

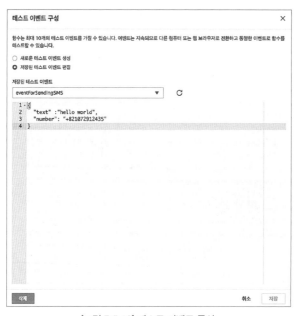

[그림 7-5-18] 테스트 이벤트 구성

이벤트 이름에는 'eventForSendingsSNS'를 입력하고, 아래 코드와 같이 작성합니다.

```
{
    "text": "hello world",
    "number": "+821012345678"
}
```

[그림 7-5-19] 소스코드 event.json

소스코드 text에는 "hello world" 그리고 Number에는 "+82102435678"로 되어있지만, text 부분에 원하는 메시지와 Number 부분에 문자를 수신하려는 전화번호를 입력합니다. 한 가지 주의할 점은, AWS SNS 서비스가 전 세계에서 사용하는 서비스이기 때문에 번호에 국가 코드를 명시해주어야 한다는 것입니다. 국내에서 사용하는 01로 시작하는 부분을 +82로 변경한 후 입력합니다. 이제 하단 "생성"을 클릭합니다.

화면을 하단으로 이동하여 함수 코드에 아래과 같이 자바스크립트 코드를 입력(복사)합니다.

```
//AWS를 실행시키기 위한 라이브러리를 가져옵니다.
const AWS = require('aws-sdk');

//이전과 다른 부분이 있다면 context와 callback이라는 변수가
//추가되었습니다. callback은 현재 함수가 끝났다는 것을 알려줍니다.
exports.handler = (event, context, callback) => {

        //위에 입력했던 json값이 event 즉 input으로 들어옵니다.
        //params에 Message와 PhonNumber 변수를 선언합니다.
    const params = {
        Message: event.text,
        PhoneNumber: event.number
    };

    // SNS SDK를 가져옵니다.
    // SNS 서비스에서 메시지를 보내는 것은 한정된 리전에서만 사용할 수 있기 때문에
    // region을 도쿄 리전으로 설정해야 합니다. 이를 위해 인자값으로
    // region에 도쿄 리전의 식별자인 'ap-northeast-1'을 입력합니다.
    const publishTextPromise = new AWS.SNS({ apiVersion: '2010-03-31',region:
'ap-northeast-1'}).publish(params).promise();
    // SDK를 실행합니다.
    publishTextPromise.then(
        function(data) {
```

```
        //메시지가 있다면 첫 번째에 null, 두 번째에 메시지를 리턴합니다.
        callback(null,"MessageID is " + data.MessageId);
    }).catch(
    function(err) {
                    //에러가 있다면 err를 리턴합니다.
        callback(err);
    });
};
```

[그림 7-5-20] 소스코드 sns.js

주석에 각 라인별 설명이 있지만 상세하게 이해할 필요는 없습니다. 앞서 설명한 것과 같이 이러한 소스코드를 통해 다른 AWS 서비스들을 실행시키고 결과 값을 출력한다는 것만 알아도 됩니다. 위 소스코드는 람다 함수가 도쿄 리전의 SNS 서비스에 문자 메시지를 전송할 텍스트와 전화번호를 전송하는 코드로, 앞서 설명했던 것처럼 문자 서비스는 서울 리전에서 사용할 수 없기 때문에 도쿄 리전으로 설정해야 메시지를 전송할 수 있습니다. 메시지 전송에 실패하면 에러 메시지를 출력합니다.

7.5.5 4단계: SNS 람다 함수 테스트

[그림 7-5-21] 람다 함수 테스트

상단 "저장" 버튼을 클릭한 후 "테스트"를 클릭합니다. 실제로 문자 메시지가 전송되는지 확인하려면 앞서 했던 것과 동일한 방법으로 우측 상단의 "테스트" 버튼을 클릭합니다. 잠시 기다리면 작성한 메시지가 문자로 온 것을 확인할 수 있습니다. AWS SNS 서비스는 50건까지만 무료 문자를 제공하니, 주의하세요

7.6 람다 함수 기반 AWS 지출 요금 모니터링

7.6.1 실습 아키텍처

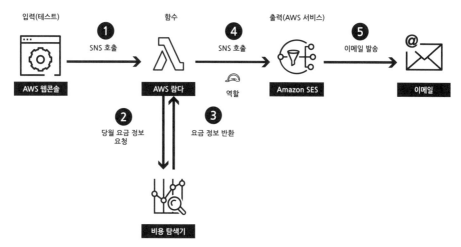

[그림 7-6-1] 람다 함수 지출 요금 모니터링 아키텍처

▣ 실습 요약 ▣

❶ SES 설정

❷ SES 서비스 실행 권한을 위한 IAM 정책 설정

    A. 정책 생성 및 검토(정책 이름 policy_for_lambda_to_billing_email)

    B. 역할 생성(역할 이름 role_for_lambda_to_billing_email)

❸ SES 람다 함수 생성

    A. 람다 함수 생성(람다 함수 이름: lambda_for_billing_email)

    B. 람다 함수 실행 역할 생성(람다 역할 이름: role_for_lambda_to_billing_email)

❹ SES 람다 코드 작성

❺ SES 이벤트 구성(이벤트 이름: EventForMailing)

❻ SES 클라우드와치 이벤트 연동

❼ SES 트리거 구성(트리거 이름: Event_rate_billing_email)

7.6.2 1단계: SES 설정

이메일 알림을 받기 위해 AWS 대시보드에서 고객 참여 카테고리에 있는"Simple Email Service"로 이동합니다. AWS의 많은 서비스들은 약자로 사용하는 경우가 많아서 다소 복잡할 수 있습니다. SNS, SES, SQS가 대표적입니다. 간단히 살펴보도록 하겠습니다.

❶ SNS(Simple Notification Service): 알림 서비스. AWS 서비스를 통해 발생하는 이벤트들을 푸시 메시지, 문자 등을 통해 사용자에게 알려주는 기능을 합니다.

❷ SES(Simple Email Service): 복수의 사용자들에게 이메일을 보내거나 메일 서버 등을 관리 할 때 사용됩니다.

❸ SQS(Simple Queue Service): 마이크로서비스를 위한 분산 관리 서비스입니다. 수만 건 이 상의 람다 함수를 실행할 때 쉽게 사용할 수 있도록 도와줍니다.

[그림 7-6-2] SNS 대시보드

SES 서비스 대시보드로 이동하면 미국 동부(버지니아 북부), 미국 서부(오레곤), EU(아일랜 드)에서만 사용할 수 있다는 메시지가 뜹니다. 이 3군데 지역 중 어떤 곳을 선택해도 상관이 없습니다. 필자는 AWS의 가장 기본 리전인 버지니아 북부를 선택했습니다.

[그림 7-6-3] SES 대시보드

SES의 좌측 메뉴를 보면 증명 관리(Identification Management), 이메일 전송(Email Sending), 이메일 수신(Email Receiving) 3가지로 구분됩니다.

이메일 전송과 수신은 SES 이메일 서버를 통한 전송 설정이나 수신 관리를 하는 부분입니다. 이번 실습은 사용하고 있는 이메일로 수신을 받을 것이기 때문에 "증명 관리"(Identification Management)의 "Email Address"를 클릭합니다.

[그림 7-6-4] SNS 이메일 인증관리

이전 문자 메시지와 다르게 이메일 서비스의 경우, 수신받을 이메일 주소를 통해 자격 증명을 해야 이메일을 받을 수 있습니다. 자격 증명을 위해 상단 "Verify a New Email Address"를 클릭합니다.

[그림 7-6-5] 새로운 이메일 추가

수신하고자 하는 이메일 주소를 입력한 후 "Verity This Email Address"를 클릭합니다.

[그림 7-6-6] 이메일 자격 증명 메일 전송 알림

이메일 자격 증명 메일이 전송되었다는 메시지를 확인한 후 입력한 메일 서비스로 이동합니다.

잠시 기다리면 등록된 이메일의 수신 완료를 확인할 수 있습니다. 간혹 스팸 메시지로 분류되는 경우도 있으니, 한동안 오지 않는다면 꼭 스팸 메일함도 확인해주세요. 메일을 확인했으면 중앙에 있는 "확인" 링크를 클릭하여 자격 증명을 완료합니다.

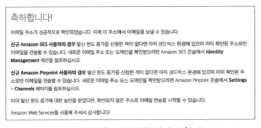

[그림 7-6-7] AWS 등록 이메일 확인

[그림 7-6-7]과 같이 성공 메시지가 뜬다면, 이제 등록한 이메일로 비용 청구 정보를 받을 수

있습니다.

이제, SES 서비스를 이용하기 위해 먼저 IAM에서 SES 역할을 생성한 후 람다 함수를 만들어
보겠습니다.

7.6.3 2단계: SES IAM 정의

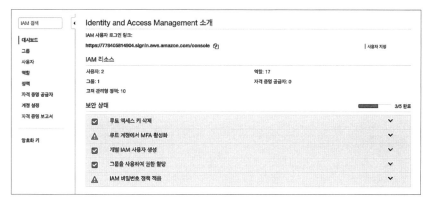

[그림 7-6-8] IAM 대시보드

AWS 콘솔에서 IAM으로 이동하여, IAM 대시보드에서 좌측 "정책"을 클릭합니다.

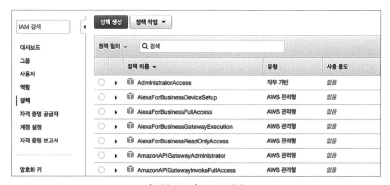

[그림 7-6-9] IAM - 정책

좌측 상단 "정책 생성"을 클릭합니다.

[그림 7-6-10] 정책 생성 - 시각 편집기

이번 실습에서는 2가지 권한이 필요합니다. 하나는 비용 검색을 위한 "Cost Explorer", 또 다른 하나는 메일을 보내기 위한 "SES"입니다.

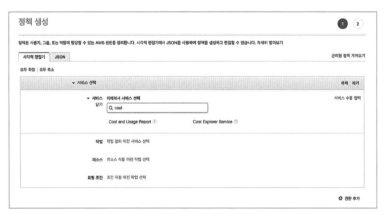

[그림 7-6-11] 정책 생성 - 시각 편집기

"서비스 선택"을 클릭하여 "Cost"를 입력한 후 하단 표시되는 결과에서 "Cost Explorer Service"를 선택합니다.

196

[그림 7-6-12] 정책 생성 - 작업

"모든 Cost Explorer Services 작업"을 선택합니다.

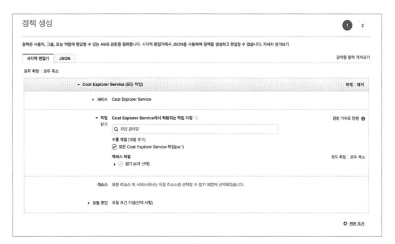

[그림 7-6-13] 정책 생성 - 권한 추가

하나의 정책을 더 추가하기 위해 하단 "정책 추가"를 클릭합니다.

[그림 7-6-14] 정책 생성 - 서비스 선택

정책에 더 많은 서비스들이 필요할 경우, 하단 "권한 추가"로 계속 추가할 수 있습니다. 서비스에서 "SES"를 검색합니다. 다음 "SES"를 선택하고, 하단 "작업 선택"을 클릭합니다.

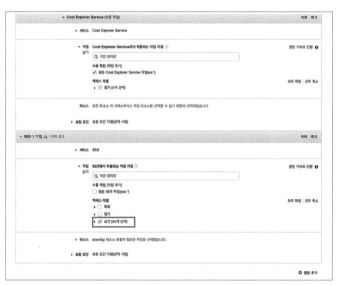

[그림 7-6-15] 정책 생성 - 서비스 역할 선택

이메일을 작성하는 것은 "쓰기" 권한에 해당됩니다. "쓰기" 체크 박스를 클릭합니다.

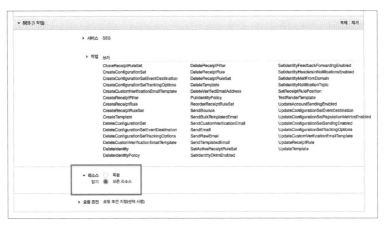

[그림 7-6-16] 정책 생성 - 리소스 선택

하단 리소스 영역을 클릭한 후 "모든 리소스"를 선택합니다. 다음 "정책 검토"를 클릭합니다.

[그림 7-6-17] 정책 생성 - 검토

정책 이름에 "policy_for_lambda_to_billing_email"을 입력하고, 설명에 "Policy For lambda to Billing Email" 혹은 정책 이름과 동일하게 입력한 후 하단 "정책 생성"을 클릭합니다.

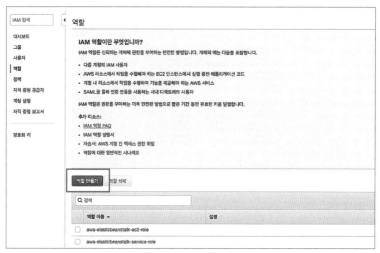

[그림 7-6-18] 정책 생성 - 성공

다음으로 정책에 연결할 역할을 만들어보겠습니다. 좌측 "역할"을 선택하고, "역할 만들기"를 클릭합니다.

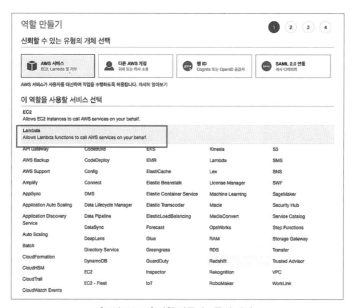

[그림 7-6-19] 역할 만들기 - 주체 선택

"이 역할에 사용할 서비스 선택" 항목에서 "Lambda"를 클릭합니다.

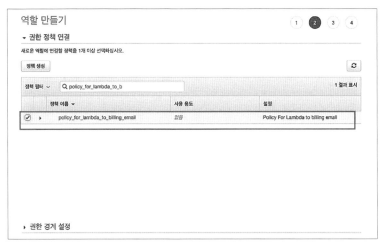

[그림 7-6-20] 역할 만들기 - 정책 선택

이전에 만든 "policy_for_lambda_to_billing_email"를 선택합니다. 다음 "다음: 태그"를 클릭한
후 태그 입력은 "다음: 검토"를 클릭합니다.

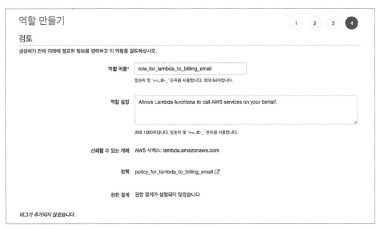

[그림 7-6-21] 역할 만들기 - 검토

역할 이름에 'role_for_lambda_to_billing_email'을 입력하고, 역할 설명에는 원하는 설명 혹은
'Allow Lambda Functions to call AWS Services on your behalf'를 입력합니다. 이상이 없다면
하단 "역할 만들기"를 선택합니다.

[그림 7-6-22] 역할 만들기 - 성공

이제 역할이 만들어졌으니, 다시 람다 함수로 돌아가겠습니다.

7.6.4 3단계: SES 람다 함수 생성

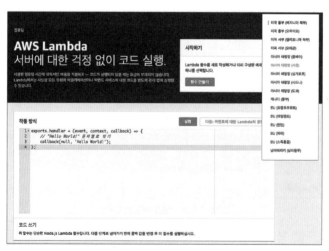

[그림 7-6-23] 람다 함수 대시보드

SES 설정에서 버지니아 리전을 선택했다면, 현재도 그대로 설정되어 있을 것입니다. 다른 리전으로 선택해도 무방하지만, 되도록 한 곳에 함수들을 관리하기 위해 리전을 클릭한 후 '서울 리전'으로 변경하겠습니다. 그 다음 "함수 만들기"를 클릭합니다.

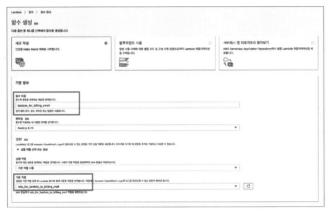

[그림 7-6-24] 함수 생성

다시 람다 함수 작성으로 가서, 함수 이름은 람다 이메일 청구라는 의미의 'lambda_for_billing_email'을 입력합니다. 그 다음 역할을 "기존 역할 사용"을 선택한 후 이전에 우리가 만든 역할 "role_for_lambda_to_billing_email"을 선택합니다. 이후 하단 "함수 생성"을 클릭합니다.

[그림 7-6-25] 함수 대시보드

방금 역할에서 필요한 권한을 할당했기 때문에 "Designer" 패널의 함수 우측에 현재 람다 함수가 사용할 수 있는 서비스 "AWS Cost Explorer Service"와 "Amazone SES"가 보입니다. 이 2

가지 서비스를 이용해 코드를 작성해보겠습니다. 화면을 조금 내려 함수 코드 편집기에 코드를 입력(복사)합니다.

7.6.5 4단계: SES 코드 작성

[그림 7-6-26] 함수 코드 편집

```
/* AWS SDK를 가져옵니다.*/
var AWS = require('aws-sdk');
/* 이메일 서비스를 이용하기 위해 SDK의 지역을 버지니아로 설정합니다. */
AWS.config.update({region: 'us-east-1'});


/* Event는 우리가 위에서 입력한 JSON 데이터를 가지고 있습니다.*/
/* 함수가 끝날 때 오류가 없다면 callback(null) 오류가 있다면 callback("에러 메시지")를 리턴합니다.*/
/* 일반적으로 return과 같은 역할을 합니다. */
exports.handler = function(event, context,callback){

    /* Date 객체를 생성합니다. 인자를 주지 않으면 오늘 데이터를 가져옵니다.*/
    var today = new Date();

    /* Date 객체를 문자열로 바꾸어줍니다.*/
    var todayISOString = today.toISOString();

    /* 연도, 월, 날짜를 생성자로 주어 new Date(year,month,day)를 통해 Date 객체를 만들 수 있습니다. */
```

```javascript
/* 오늘 날짜에서 -1을 주어 어제 데이터를 가져온 후 문자열로 바꾸어줍니다.*/

var yesterdayISOString = new Date(today.getFullYear(), today.getMonth(), today.getDate() - 1).toISOString();

/* 아래 문자열은 2018-12-22T21:42:27.218Z와 같이 날짜 정보와 시간 정보 그리고 타임존 정보도 같이 가져오게 됩니다. */
console.log("firstDayOfMonth:" + todayISOString);
console.log("firstDayOfNextMonth:" + yesterdayISOString);

console.log("============== slice string =================");

/* 뒤쪽의 필요 없는 텍스트를 자르고 YYYY-MM-DD 포맷으로 텍스트를 가져옵니다.*/
todayISOString = todayISOString.slice(0, 10);
yesterdayISOString = yesterdayISOString.slice(0, 10);

console.log("firstDayOfMonth:" + todayISOString);
console.log("firstDayOfNextMonth:" + yesterdayISOString);


/* 시작일을 어제로 그리고 끝나는 날을 오늘로 설정합니다.*/
/* End로 설정된 날은 포함되지 않습니다. */
/* 가격 정보 기준은 Daily로 설정합니다. */
var costParams = {
    TimePeriod: {
        Start: yesterdayISOString,
        End: todayISOString,
    },
    Granularity: 'DAILY', Metrics: ['UnblendedCost'],
};

/* AWS Cost Explorer를 통해 가격 정보를 가져옵니다. */
new AWS.CostExplorer().getCostAndUsage(costParams, function (err, costResult) {
    if (err) callback(err);

    console.log(JSON.stringify(costResult))
    /*가격 정보를 yesterdayBilling 변수로 선언합니다. */
    /* ResultsByTime은 가격 정보를 배열로 가지고 있기 때문에 가장 최근 데이터인 index 0번 데이터를 가져옵니다. */
    var yesterdayBilling = costResult.ResultsByTime[0].Total.UnblendedCost.Amount;
    console.log("billing amount" + yesterdayBilling);


    var params = {
        Destination: {
```

```
            ToAddresses: [event.sender],
        },
        Message: {
            Body: {
                Text: {
                    Data: "AWS Price: " + yesterdayBilling + "$",
                },
            },
            Subject: {
                Data: yesterdayISOString + " AWS Billing",
            },
        },
        Source: event.reciever,
    };


    new AWS.SES().sendEmail(params,function(err,result){
        if(err) callback(err);
        else(callback(null))
    })

    });

};
```

[그림 7-6-27] SES 람다 함수 코드

소스코드에 대한 간단한 설명은 "Cost Explorer" 서비스를 이용하여 현재 청구 정보를 가져온 후 SES 서비스를 이용해 이벤트 인자로 받은 이메일로 메일을 보낸다는 내용입니다.

정확히 오늘 날짜와 어제 날짜를 불러와서, 어제와 오늘 사이 발생한 요금을 가져옵니다. 끝나는 날을 오늘로 설정하면 오늘을 포함하지 않은 날의 비용을 가져오니, 정확히 어제까지 발송한 비용을 계산합니다.

[그림 7-6-28] 하단 함수 설정

이메일을 보내는 함수 이벤트의 경우 시간이 다소 소요되는 경우가 있습니다. 이를 방지하기 위해 스크롤을 조금 내려 하단 "기본 설정"에서 "제한 시간"을 10초로 설정합니다.

7.6.6 5단계: SES 이벤트 구성

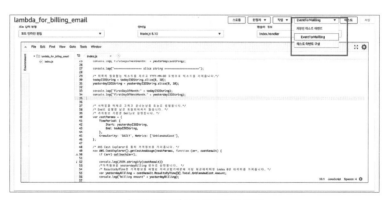

[그림 7-6-29] 테스트 이벤트 구성

우측 상단 이벤트 드롭박스에서 "테스트 이벤트 구성"을 클릭합니다.

[그림 7-6-30] 테스트 이벤트 구성

테스트 버튼을 누른 후 "sender"에는 방금 전 AWS SES를 이용하여 인증한 이메일 주소, "receiver"에는 받을 이메일 주소를 각각 입력합니다. 동일한 주소를 입력해도 상관없습니다. 람다 테스트 이름은 이메일을 테스트하는 이벤트라는 의미의 'EventForMailling'로 입력합니다. 하단 "생성" 버튼을 클릭합니다.

[그림 7-6-31] 함수 실행 성공 화면

상단 "테스트" 버튼을 클릭하면 함수 실행 결과가 나타납니다. 이제 람다 함수 이벤트를 통해 전달된 이메일을 확인해보겠습니다. 지정한 이메일을 확인해보면 AWS 이메일을 확인할 수 있습니다. 혹시 이메일이 도착하지 않았다면 스팸 메일함과 정상적으로 이메일 주소를 입력했는지 테스트 이벤트 구성을 다시 확인합니다.

다음은 클라우드 와치와 연동하여 일정 시간마다 메일이 발송되는 방법에 대해 알아보도록 하겠습니다.

7.6.7 6단계: SES 클라우드 와치 이벤트 연동

[그림 7-6-32] 람다 트리거 구성

좌측 "CloudWatch Event"를 클릭하여 트리거로 추가시킵니다. 추가하면 하단 트리거 구성이라는 메뉴가 나타납니다. 메뉴가 보이지 않으면, 좌측 추가된 "CloudWatch Events"가 선택(파란색)되어 있는지 확인하세요.

7.6.8. 7단계: SES 트리거 구성

[그림 7-6-33] 트리거 구성

화면을 조금 내리면 "트리거 구성"이라는 메뉴가 보입니다. 규칙에는 "새 규칙 생성"을 선택합니다. 규칙 이름은 일정 시간 메일을 보낸다는 내용을 명확히 해주기 위해 'Event_rate_ billing_email'로 입력하고, 규칙 설명에는 '일정 시간마다 청구된 가격 정보를 전송합니다'라고 작성합니다.

규칙 유형에는 [그림 7-6-33]과 같이 크게 2가지가 있습니다. 하나는 이벤트 패턴이고, 다른 하나는 예약 표현식입니다. 이벤트 패턴은 AWS 서비스를 통해 특정 조건이 맞을 때 발생합니다. 이를테면, 일정 비용 이상 올라갔거나 혹은 EC2에 이상이 생겼거나, 데이터베이스에 새로운 데이터가 들어왔거나 하는 등 대부분의 AWS 서비스에서 발생하는 이벤트가 가능합니다.

AWS의 예약 표현식은 크게 Rate 표현식과 cron 표현식을 지원합니다. Rate는 주로 사용 빈도에 대한 표현식을 사용할때, Cron은 지정된 시간을 표현하기 위해 사용됩니다. Rate 표현식은 예를 들어, 매 5분마다 rate 표현식으로 한다면 rate(5 munutes), 1시간마다 rate(1 hour)로 설정합니다. 다만, 한 가지 주의할 점은 1시간마다의 경우 단수이므로 'hour'를 사용하지만, 2시간마다의 경우 매 2일은 rate(2 hours), rate(2 days)로 표현합니다. 3일마다 이번 달 청구 정보를 이메일로 전달받기로 하였으니 rate(3 days)를 입력합니다. 다음 우측 상단에 새로운 트리거를 저장합니다. 다음 트리거를 활성화합니다.

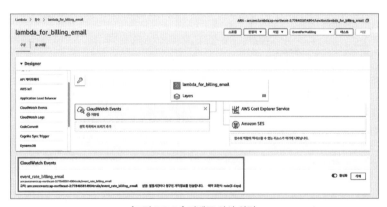

[그림 7-6-34] 이벤트 완성 화면

이벤트가 정상적으로 설정되었습니다. 이제 3일마다 해당 월 청구 정보가 등록된 이메일로 발송됩니다.

람다 함수와 역할 등 이름의 규칙

AWS에서 가이드라인으로 제시하는 이름 작성 규칙은 없기 때문에 커뮤니티마다 혹은 개발자들마다 각각 자신에게 맞는 이름 규칙을 주로 사용합니다.

일반적으로 가장 많이 사용하는 람다 이름의 경우 "엔티티"_"도메인"_"서비스"_"함수명"과 같은 구조의 스네이크 케이스를 많이 사용합니다. 스네이크 케이스는 각 문장 사이에 언더바를 통해 구분짓는 이름 규칙입니다.

예를 들어, 우리가 운영하고 있는 회사의 쇼핑몰에서 환불 요청이 있을 경우 담당자에게 알림을 보내는 람다 함수라고 하면 'Mycompany_Refund_Notification_sendManager'와 같은 형태로 이름을 만들 수 있습니다.

반대로 역할과 정책은 앞자리를 모두 대문자로 시작하는 파스칼 케이스가 많이 사용됩니다. 하지만 되도록 람다 함수 규칙과 비슷하게 유지하고 기존에 제공되는 정책들에서 눈에 띄게 하기 위해 스네이크 케이스로 결정하겠습니다. 또한 역할(role)이나 정책(policy)라는것을 명확하게 하기 위해 이름 결정에 앞서 'role_for' 혹은 'policy_for'라는 접두사를 지정했습니다. 만약 자신만의 원하는 이름이 필요하거나 혹은 사용하는 규칙이 있다면 얼마든지 원하는 형태로 작성할 수 있습니다.

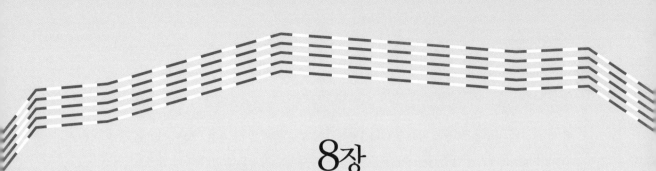

8장
마이크로서비스로
번역 웹 서비스 만들기

8.1 새로운 도전 마이크로서비스

8.1.1 마이크로서비스

마이크로서비스란 소프트웨어를 구축하기 위한 아키텍처이자, 새로운 접근 방식입니다. 마이크로서비스는 모든 요소를 하나의 애플리케이션에 구축하는 전통적인 모노리틱(Monolithic) 접근 방식 대신 애플리케이션을 상호 독립적인 최소 구성 요소로 분할하고, 모든 요소가 독립적이며 동일한 작업을 수행하기 위해 함께 작동합니다. 이러한 각각의 구성 요소 또는 프로세스가 마이크로서비스입니다. 마이크로서비스 기반 소프트웨어 개발 접근 방식은 세분화, 경량화되어 있으며 유사한 프로세스를 다수의 애플리케이션 간에 공유할 수 있다는 특징이 있습니다.

좀 더 살펴보겠습니다. 클라우드의 가장 큰 장점 중 하나로, 특정 서비스에 트래픽이 증가할 때 유연하게 확장해 대응할 수 있는 확장성을 들 수 있습니다(로드 밸런싱 사례 참조). 문제는 서비스가 한 덩어리로 구성돼 있으면 애플리케이션 전체를 늘려가는 식으로 확장해야 한다는 점입니다. 예를 들어, 홈쇼핑 전체 웹 사이트 중 추석 연휴 기간 추석 특선 이벤트 메뉴 페이지에만 트래픽이 집중될 때, 웹 사이트가 이 부분만 복제해 병렬 처리할 수 없는 구조라

213

면 웹 사이트 전체를 계속 늘려야 합니다. 결국 클라우드 자원을 더 쓰고, 이는 곧 비용 증가로 이어지는 문제가 발생합니다. 어떤 전문가들은 지금의 클라우드를 "반쪽짜리 클라우드"라고 평가하기도 합니다. 따라서 클라우드 컴퓨팅의 이점을 충분히 활용하는 애플리케이션 구축, 실행 방법을 찾아야 하는데, 여기서 이른바 '클라우드 네이티브'(Cloud Native) 애플리케이션이 등장합니다. 이를 구현하기 위해서는 모든 기능이 단일 소스로 통합된 기존 개발 방법론(모노리틱)에서 탈피해 작은 서비스(마이크로)로 전환해야 합니다. 이러한 마이크로서비스 방법론으로 개발한 애플리케이션을 효과적으로 배포 및 활용할 기술도 필요한데, 이것이 바로 컨테이너 서비스입니다. 마이크로서비스는 애플리케이션 전체를 하나로 만드는 대신 업무 영역별, 기능별 혹은 담당자별로 분할해 개발하자는 것입니다. 여기서 '분할' 한다는 것은 곧 개발을 담당하는 조직 크기가 작아진다는 것을 의미합니다. 그만큼 의사결정이 빨라지고, 업데이트하거나 보안을 강화하기도 수월해질 수 있습니다.

SW 개발 방법론 입장에서 보면, 그동안 SW 개발 방식은 오랜 기간 꾸준히 발전해왔습니다. 초창기 개발은 모놀리틱 방식이 주된 방법이었습니다. 의미 그대로 거대한 단일 소스로 만드는 것이었습니다. 그러나 이 방식은 이미 개발한 기존 애플리케이션을 수정할 때 문제가 됩니다. 기존에 만들어 놓은 소스의 재활용이 이루어지지 않았고, 처음부터 다시 만들어야 했습니다. 클라우드에서 이런 애플리케이션을 확장하려면 결국 전체 애플리케이션을 그대로 복제해 추가 운영해야 하고, 그만큼 리소스를 낭비하게 되겠죠.

이후 이런 거대 '모놀리틱'의 대안으로 등장한 것이 객체지향개발(CBD)입니다. 컴포넌트, 더 정확히 말하면 기능 단위 로직으로 분할해서 개발하는 방법으로 발전하게 된 것입니다. 그러나 CBD 역시 클라우드 환경에서 한계에 이릅니다. 로직과 데이터베이스가 따로 떨어져 있어 둘을 함께 복제해야만 작동하기 때문입니다. 데이터베이스 전체를 복제해야 하는 상황이라면 사실상 모놀리틱 방식과 차이가 없게 되는 것이죠.

이런 문제점을 극복하고자 등장한 것이 바로 마이크로서비스입니다. 이 방법론을 활용하면 모놀리틱과 CBD의 단점을 넘어 클라우드에 최적화된 '클라우드 네이티브' 애플리케이션을 만들 수 있습니다. 마이크로서비스는 CBD와 비슷해 보이지만, 큰 차이가 있습니다. 하나의 커다란 데이터베이스를 두는 것이 아니라, 마이크로서비스 컴포넌트별로 데이터베이스를 만들고 이 작은 데이터베이스와 작은 서비스가 서로 묶여 있는 구조이기 때문에 마이크로서비스는 하나 하나가 완벽하게 독자적으로 작동한다는 것입니다.

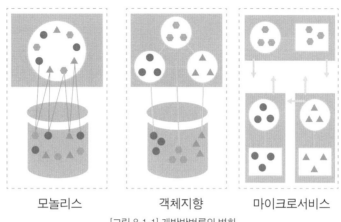

모놀리스   객체지향   마이크로서비스

[그림 8-1-1] 개발방법론의 변화

8.1.2 마이크로서비스 특징

마이크로서비스는 분산형 개발을 통해 팀의 역량과 일상적인 업무 능력을 향상시킵니다. 또한, 동시에 여러 마이크로서비스를 개발하는 것도 가능합니다. 다시 말해, 동일한 애플리케이션 개발에 더 많은 개발자들이 동시에 참여할 수 있어서 개발에 소요되는 시간을 단축할 수 있습니다.

❶ 편리한 액세스
하나의 큰 애플리케이션을 더 작은 조각으로 분할해서, 개발자들이 각 조각을 파악하고 업데이트하며 개선하기가 보다 편리해졌습니다. 이로 인해 애자일(Agile) 방식과 결합할 경우 개발 주기를 더욱 가속화할 수 있습니다.

❷ 향상된 개방성
다중 언어 지원 API를 사용해서, 개발자들은 필요한 기능에 맞는 최적의 언어와 기술을 자유롭게 선택할 수 있습니다.

❸ 간단한 배포
마이크로서비스 기반 애플리케이션은 전통적인 모놀리식 애플리케이션에 비해 더욱 모듈화되고 규모가 작아져서, 배포에 따르는 우려 사항들이 사라졌습니다. 이를 위해서는 더 많은 협업이 필요하지만 몇 배로 향상된 결과를 도출해낼 수 있습니다.

8.1.3 마이크로서비스 사례

LG전자는 인공지능 가전 'LG 씽큐'(LG ThinQ)를 출시했습니다. 모든 가전 제품에 와이파이 칩을 탑재해 통신하고 사용자 환경에 맞추어 스스로 학습하여 맞춤형 스마트케어를 제공하는 서비스입니다. 2018년에만 7,000만 대 이상의 스마트TV를 판매한 LG전자는 기기들의 클라우드 등록과 데이터 저장 그리고 기기의 상태 정보 관리를 위해 API 게이트웨이와 람다를 이용하여 동기화하고 있습니다. 이를 통해 전통적인 아키텍처에 비해 초기 구현 비용의 80%까지 절감할 수 있었습니다.

배달의민족(배민) 서비스로 유명한 우아한형제들은 데이터를 보다 안전하게 관리하기 위해 API 게이트웨이와 람다를 사용하고 있습니다. 서비스의 특성상 수백만 건의 결제와 사용자 정보를 처리하며 모바일 디바이스와 서버에서의 데이터 처리를 암호화하여 사용하고 있습니다. 암호화된 데이터를 복호화하기 위해 람다를 사용하여 서버 관리에 대한 부담을 줄일 수 있었습니다.

8.2 HTTP 서비스

네트워크 기본에서 사용자(클라이언트)와 서버의 통신에 있어, 보이지는 않지만 여러 계층과 과정을 거친다는 것을 확인했습니다. 데이터 통신이 일어날 때 데이터를 요청(Request)하는 쪽을 우리는 클라이언트, 데이터를 응답(Response)하여 보내주는 쪽을 서버라고 기본 상정합니다. 그렇다면, 데이터를 요청하는 HTTP 프로토콜의 요청 메시지와 응답 메시지는 어떤 구조로 이루어져 있을까요?

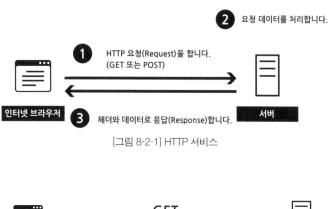

[그림 8-2-1] HTTP 서비스

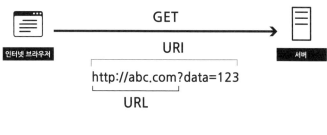

[그림 8-2-2] GET POST 방식

요청 메시지와 응답 메시지 둘 다 메시지 헤더(Message Header)와 메시지 바디(Message Body)로 이루어져 있습니다. 요청하는 메시지 헤더는 요청 방식, URI(Path), 프로토콜 버전, 헤더필드로 구성되어 있습니다. 또한 메시지 요청은 크게 2가지 방식입니다. GET과 POST입니다. 두 방식의 가장 큰 차이점은 GET은 URI에 데이터를 명시하여 보내지만, POST는 숨겨서 보낸다는 점입니다.

8.2.1 GET 방식

GET 방식은 URI를 통해 데이터를 전달하기 때문에 같은 URI를 전달하면 서버에는 항상 데이터를 같이 전달합니다.

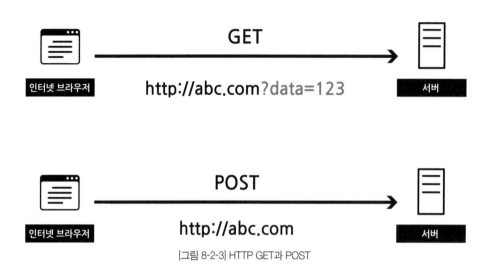

[그림 8-2-3] HTTP GET과 POST

먼저 URI의 구조를 보겠습니다. GET 방식으로 데이터를 전달할 때는 쿼리 파라미터(Query Parameter)를 통해 데이터를 전달할 수 있습니다. 쿼리 파라미터는 URI 주소에서 물음표와 샵 사이의 파라미터 값이며, 샵은 생략될 경우 주소 끝까지가 쿼리 파라미터에 해당하고 Key=Value와 같은 형태로 구분할 수 있습니다. 2개 이상의 복수의 데이터를 전달하고자 한다면 '&'로 구분합니다. 처음 접한다면, 다소 난해할 수 있지만 사실 우리가 매일 사용하는 방법 중 하나입니다.

[그림 8-2-4] 네이버에서 abcd 검색

https://search.naver.com/search.naver?sm=tab_hty.top&where=nexearch&query=abcd

네이버에서 abcd를 검색하고 URL 주소를 보면 상당히 많은 GET 데이터를 전달하고 있는 확인할 수 있습니다. 주소를 통해 검색할 때마다 GET 방식으로 sm, where, query라는 키 값과 데이터를 보내고 있고, 마지막의 query=abcd는 query라는 키 값에 내가 검색한 abcd라는 검색어를 서버로 보내주고 있다는 것을 알 수 있습니다. 네이버 검색은 GET 방식에서 Query 값을 통해 키워드를 받아 결과를 보여줍니다. 만약 검색창에서 abcd가 아닌 URL 주소에서 abcd를 'grape'로 바꾼다면 검색창에서 입력한 것과 동일하게 'grape'에 대한 결과가 나타나는 것을 확인할 수 있습니다.

8.2.3. POST 방식

[그림 8-2-5] POST 방식의 회원 가입

GET 방식에는 몇 가지 문제점이 있습니다. 만약 1,000줄이 넘는 블로그 글을 작성하고 데이터를 보내게 되면 전체 주소가 길어져 브라우저마다 URI의 길이를 제한해야 한다는 점입니다. 또한 로그인 사용자라면 GET의 쿼리 파라미터를 통해 사용자의 아이디와 비밀번호가 노출됩니다. 이를 해결하기 위해 데이터의 제한이 없고, 눈에 보이지 않는 POST 방식을 사용합니다. 이러한 POST 방식은 주로 웹상에서 입력 폼과 같이 장문의 데이터나 회원 가입처럼 사용자의 중요한 정보를 전달하는 데 많이 사용됩니다. 이때, 위와 같이 메시지 바디에 데이터를 담아 전송합니다.

8.2.4 RestfulAPI

RestfulAPI는 GET과 POST 방식을 확장한 개념입니다. GET이라는 메서드 이름에서 유추할 수 있듯이 '어떠한 데이터를 가져올때' GET을 사용하고, '서버에 어떠한 값이나 상태를 변경하기 위해' POST 방식을 사용합니다. RestfulAPI는 이러한 POST의 개념을 더 세분화하여 PUT과 DELETE라는 메서드를 추가로 사용합니다. POST가 변경을 담당하는 것에서 주로 데이터의 생성, PUT은 데이터의 수정, DELETE는 데이터의 삭제에 사용됩니다. POST, PUT, DELETE는 실질적으로는 메서드 이름을 제외하고는 작동 방식이 동일하지만, 더 명시적인 API가 도입된 메서드입니다.

METHOD	역할
POST	POST를 통해 해당 URI를 요청하면 리소스를 생성합니다.
GET	GET를 통해 해당 리소스를 조회합니다. 리소스를 조회하고 해당 도큐먼트에 대한 자세한 정보를 가져온다.
PUT	PUT를 통해 해당 리소스를 수정합니다.
DELETE	DELETE를 통해 리소스를 삭제합니다.

[표 8-2-1] HTTP 기본 METHOD와 역할

8.2.5 API

API는 Application Programing Interface의 약자로, 어떠한 응용 프로그램에서 데이터를 주고받기 위한 방법을 의미합니다. API는 특정 사이트에서 데이터를 공유할 경우 어떤 방식으로 정보를 요청해야 하는지, 어떤 데이터를 제공받을 수 있을지 등에 대한 규격과 약속이라고 이해하면 됩니다. API는 사용하는 방법과 용도에 따라 오픈 API, 비공개 API 정보로 나뉩니다. 오픈 API는 말 그대로 누구나 쉽게 접근하여 정보를 공유하기 위해 만들어진 규격입니다. 또한, 비공개 API는 권한이 있는 일부 사용자들에게만 정보를 제공하기 위해 만들어진 규격입니다.

그렇다면, API가 왜 필요할까요? 다른 사람들에게 정보를 제공하려면 별도의 규격을 만들어야 하고, 그에 대한 설명 문서도 만들어야 합니다. 꽤나 불편하겠죠? 이를테면, 구글이나 페이스북, 네이버, 카카오톡과 같은 대형 IT 기업 플랫폼에서는 대부분 간편 로그인 API 정보를 제공하고 있습니다. 간편 로그인 API의 목적은 사용자가 여러 사이트를 하나씩 가입하다 보면, 너무 많은 사이트에 가입해야 하는 단점이 있으니 누구나 사용하고 있는 대형 플랫폼의 가입

정보를 공유함으로써 간편하게 회원 가입을 할 수 있도록 돕는 것입니다.

HTTP 응답과 상태 코드

8.3.1 상태 코드 ....

지금까지는 요청하는 방법에 대해 알아봤다면, 이번에는 응답하는 법에 대해 살펴보도록 하겠습니다. HTTP 응답을 위해서는 가장 먼저 상태 코드에 대해 알아야 합니다. 앞서, 요청이 있으면 그에 따라 응답을 보내는 것이 서버의 역할이고, 이때 사용하는 방법이 HTTP 프로토콜이라 설명한 바 있습니다. 이때 '사용자가 요청한 데이터'에 대한 상태를 알려주는 것을 상태 코드라고 합니다.

404. That's an error.

The requested URL /a_cool_website was not found on this server. That's all we know.

[그림 8-3-1] 404 에러 메시지

검색을 하다 보면 가장 흔히 볼 수 있는 '404 Not Found'입니다. 404코드는 Path를 통해 서버에 요청했지만 데이터를 찾을 수 없을 때, 서버가 클라이언트에게 알려주는 상태 코드입니다. 다시 말해, '사용자가 전달한 데이터는 받았지만 요청하는 데이터는 찾을 수 없다'라는 의미를 404를 통해 알려주는것이죠. 상태 코드는 다양하지만 우리가 알아야 할 기본 상태 코드는 다음의 [표 8-3-1]과 같습니다.

상태 코드	설명
200	서버가 요청을 제대로 처리한 경우 즉, 클라이언트 요청을 정상적으로 수행함
201	클라이언트가 어떠한 리소스 생성을 요청, 해당 리소스가 성공적으로 생성되는 경우 (POST를 통한 리소스 생성 작업 시)
301	클라이언트가 요청한 리소스에 대한 URI가 변경 되었을 때 사용하는 응답 코드
400	요청이 잘못된 경우

401	권한이 없는 경우
403	서버가 요청을 거부하는 경우
404	서버에서 찾을 수 없는 경우
500	서버 내부에서 에러가 발생한 경우

[표 8-3-1] 상태 코드

HTTP 응답 형식

응답 메시지의 구조

[그림 8-3-2] HTTP 응답 구조

상태 코드에 대해 배웠으니 HTTP 응답 메시지를 살펴보도록 하죠. Status Line으로 프로토콜과 응답 코드를 보내면, Message Body를 통해 데이터를 전달합니다. 앞으로 작성할 람다 함수는 '사용자의 요청'(GET 그리고 POST)에 대해 상태 메시지(메시지 헤더)와 데이터(메시지 본문)을 전달해야 합니다. 이 부분은 실습으로 자세히 알아보겠습니다.

404 Not Found의 유래

서버 내에서 파일을 찾을 수 없다는 404 에러에 대한 유래는 상당히 재미있습니다. 상태 코드와 관련된 World Wide Web을 만든 곳은 유럽입자물리연구소(Organisation Européenne pour la Recherche Nucléaire)입니다. 당시 일하는 직원 중 한 명이 잘못된 요청에 대한 대답으로 "파일을 찾을 수 없다(Not Found)"라고 답변한 것이 그 시작이었다고 하는데, 그 직원의 방이 404호였다고 합니다.

8.4 | API 게이트웨이

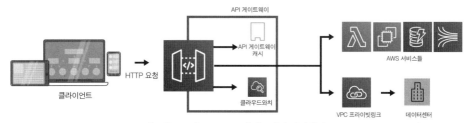

[그림 8-4-1] AWS API 게이트웨이 아키텍처

8.4.1 API 게이트웨이 아키텍처

API 게이트웨이는 HTTP 프로토콜을 이용하여 API를 개발자가 손쉽게 구축할 수 있는 완전 관리형 서비스입니다. 'API 게이트웨이'라는 단어가 의미하듯, 중간 관문과 같은 역할을 하며 외부의 컴퓨터, 모바일 IOT 디바이스를 AWS 서비스들과 이어주는 역할을 주로 담당합니다. 미리 정의된 URL(리소스 ID)로 GET 혹은 POST 요청 등이 들어올 때 람다, S3 등 AWS 주요 웹 서비스를 실행하고 결과를 상태 코드와 함께 리턴합니다. 람다에서 언급했던 함수 구조에서 입력 인자를 맡는 서비스가 API 게이트웨이이고, 이는 사용자 요청을 받으면 정의된 서비스로 데이터를 전달합니다.

뿐만 아니라, 특정 사용자만 접속해야 하는 홈페이지나 리소스가 있다면 API 게이트웨이를 활용해 정해진 사용자만 접근을 인가해주고 사용 기록을 확인하며 모니터링할 수 있습니다. API 게이트웨이는 API 서버 앞에서 모든 API 서버들의 마지막 부분을 단일화하여 묶어주는 역할을 합니다. 간단하게 모든 서비스의 요청을 받은 후 해당 서비스로 이동시켜주는 기능을 하기 때문에 외부에서 접근할 수 있도록 공개적으로 열어두고 각 서비스들은 내부 IP에서만 접근할 수 있게 프라이빗 영역을 구축하게 해두면 보안상 도움이 됩니다.

[그림 8-4-2] API 게이트웨이가 없는 아키텍처

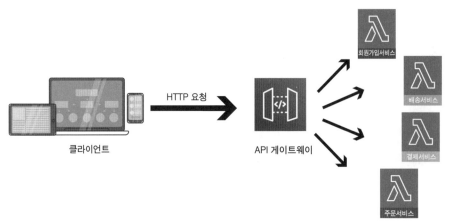

[그림 8-4-3]API 게이트웨이가 있는 아키텍처

8.4.2 API 게이트웨이와 람다

API 게이트웨이는 람다와 결합되어 마이크로서비스 아키텍처로 유용하게 사용됩니다. 가장 일반적인 마이크로서비스로는 API 게이트웨이를 통해 HTTP 통신의 헤더와 본문을 받고, 람다에서 데이터를 처리한 후 JSON으로 반환하여 다시 API 게이트웨이에서 HTTP 프로토콜에 맞게 응답 메시지를 보내줄 때 자주 사용됩니다.

8.4.3 AWS API Gateway 구축 비교

일반적으로 사용하는 JSP 프로그래밍을 예로 들어 설명하겠습니다. 톰캣 서버를 설치하고 그 안에 JSP코드를 작성하여 서버를 구축할 수 있습니다. 하지만 모놀리스 환경 구조는 톰캣이 라는 미리 정의된 서버의 인터프리터에만 설치된 소스코드를 실행할 수 있습니다.

[그림 8-4-4] 일반적인 JSP 프로그래밍의 예

반면, AWS API 게이트웨이와 람다 함수를 이용하면 원하는 어떠한 언어든 작성할 수 있습니다. 또한 마이크로서비스이기 때문에 전체 소스코드를 변경하지 않고 모듈화된 개별 소스코드만 수정하면 됩니다.

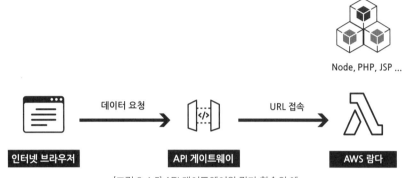

[그림 8-4-5] API 게이트웨이와 람다 함수의 예

API 게이트웨이를 사용하면, API를 다양한 언어로 작성할 수 있습니다. 이러한 아키텍처에 대한 이점은 많습니다. 예를 들어, 회사 인력 채용 시 JSP를 할 수 있는 개발자, Node가 가능한 개발자를 채용하는 것이 아니라, 회원 가입을 처리할 개발자, 쇼핑몰 결제를 처리할 개발자처럼 세분화된 직무 위주의 채용이 가능합니다. 람다 함수에서처럼 함수 간 통신 시 JSON 포맷을 이용하여 정보를 교환하기만 하면 됩니다.

8.5 API 게이트웨이와 데이터베이스(GET)

8.5.1 실습 아키텍처

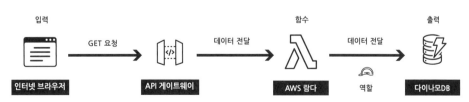

[그림 8-5-1] GET을 활용한 API 게이트웨이 아키텍처

■ 실습 요약 ■

❶ API 게이트웨이용 람다 함수 생성

    A. 람다 함수 생성(람다 함수 이름: lambda_for_apigateway_get)

    B. 람다 함수 실행 역할 생성(람다 역할 이름: role_for_apigateway_get)

❷ API 게이트웨이용 람다 이벤트 구성

❸ 람다 함수 소스코드 작성

❹ 다이나모 DB서비스 실행 권한을 위한 IAM 정책 설정

    A. 정책 생성 및 검토(정책 이름 policy_다이나모 DB_crud)

    B. 역할 생성(역할 이름 role_for_apigateway_get)

❺ 다이나모 DB 생성

❻ 람다 함수 수정

❼ API 게이트웨이 테스트 및 다이나모 DB GET 확인

이번에는 실제로 API 게이트웨이를 사용한 실습을 진행하겠습니다. GET 파라미터를 이용해 요청 값 로그를 출력해보고 확인해보겠습니다.

8.5.2 1단계: API 게이트웨이용 람다 함수 생성 ....

[그림 8-5-2] 람다 대시보드

AWS 콘솔에서 람다 함수를 선택하고, 람다 대시보드 우측 상단 "함수 관리"를 클릭합니다.

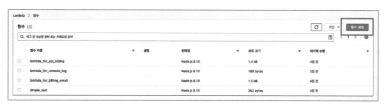

[그림 8-5-3] 람다 함수 리스트

람다 함수를 만들기 위해 "함수 생성"을 클릭합니다.

[그림 8-5-4] 람다 함수 생성

새로운 함수를 작성해보겠습니다. API 게이트웨이의 GET을 사용한다는 의미로, 함수 이름에 "lambda_for_apigateway_get"을 입력하고, 런타임은 이전과 같은 "Node.js 8.10"을 선택합니다.

[그림 8-5-5] 람다 함수 생성

이제 권한을 설정하겠습니다. "실행 역할 선택 또는 생성"을 클릭한 다음 실행 역할에서 "AWS 정책 템플릿에서 새 역할 생성"을 선택합니다. "역할 이름"에 "role_for_apigateway_get"을 입력합니다. 정책 템플릿은 기본 "Lambda@Edge" 권한만 선택합니다. 마지막으로 "함수 생성"을 클릭합니다.

8.5.3 2단계: API 게이트웨이 연결

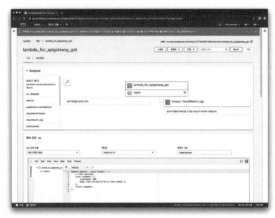

[그림 8-5-6] 람다 함수 코드 상세

람다 함수가 성공적으로 만들어졌습니다. 함수 코드 소스 에디터 부분을 자세히 살펴보겠습니다.

[그림 8-5-7] 함수 코드

람다 함수는 처음 생성하면 [그림 8-5-7]과 같이 기본 자바스크립트는 'response'라는 상수에 'statusCode:200' 그리고 'body:JSON.stringify('hello from lambda!')'라는 텍스트를 리턴합니다. 만약 API 게이트웨이를 이용한다면 'Lambda Proxy'를 거치게 되는데, 우리가 리턴한 JSON 형태의 데이터를 HTTP Response 형태의 데이터로 변환해주는 역할을 합니다.

소스코드의 의미는 'Hello from Lambda!'를 HTTP Response를 통해 응답 값으로 보내고 상태 코드를 200으로 전달한다는 의미입니다. 직접 웹 브라우저를 통해 확인해보겠습니다. 화면 스크롤을 올립니다.

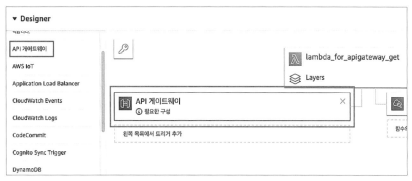

[그림 8-5-8] API 게이트웨이 추가

좌측 Designer 화면에서 API 게이트웨이를 클릭합니다. 좌측에 API 게이트웨이가 생기고 아래에 트리거 구성이 뜹니다. 만일, API 게이트웨이가 추가되었는데도 트리거 구성 메뉴가 보이지 않으면 API 게이트웨이가 파란색으로 표기되었는지를 확인합니다.

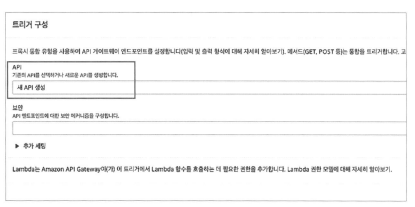

[그림 8-5-9] API 트리거 구성

API에서 "새 API 생성"을 선택합니다.

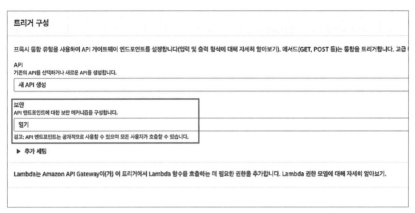

[그림 8-5-10] 트리거 구성 보안

API 보안 방식은 열기를 선택합니다. API 게이트웨이 보안 방식은 3가지로 제공됩니다.

❶ AWS IAM: IAM 계정을 생성하여 인증키를 만들어 인증하는 방법입니다. 사용량의 제한이 없고 한 번 인증받으면 계속해서 사용할 수 있습니다.

❷ 열기: 별도의 인증 없이 누구나 요청을 보낼 수 있습니다.

❸ API키로 열기: 사용 가능한 인증키를 발급받아 사용합니다. IAM 권한을 만들지 않아도 사용할 수 있고 인증키별로 사용량과 접근 가능한 API 게이트웨이를 설정할 수 있습니다.

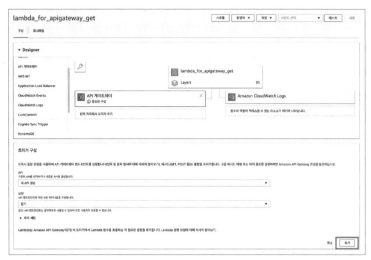

[그림 8-5-11] 트리거 구성 보안

설정을 마친 후 하단 우측 "추가"를 클릭합니다. 이제 API 기반의 새로운 트리거가 완성되었
습니다.

[그림 8-5-12] API 게이트웨이 추가 - 저장 전

다음 단계에서는 반드시 우측 상단 "저장" 버튼을 클릭하여, 지금까지 트리거를 만든 과정을
저장합니다.

[그림 8-5-13] API 게이트웨이 추가 - 성공

API 게이트웨이가 추가되면 기존에 없던 "리소스 경로"라는 항목이 생깁니다. 만일, 이 항목이 보이지 않으면 반드시 [그림 8-5-13]처럼, API 게이트웨이 박스가 선택된 것을 확인해야 합니다. API "엔드포인트"라는 항목과 URL이 나타나는데, API 엔드포인트란 HTTP 통신을 통해 람다 함수를 실행시킬 때 접속해야 하는 주소입니다. 주소를 클릭합니다.

[그림 8-5-14] GET 방식 정보 전달 결과

지금까지 람다에서 전달해준 데이터를, API 게이트웨이를 통해 HTTP 프로토콜 GET 방식의 데이터("Hello from Lambda")로 전달받았습니다. 다시 람다 함수 대시보드로 돌아가 코드를 수정해보겠습니다.

[그림 8-5-15] 함수 코드

소스코드 에디터를 찾을 수 없다면, 디자이너 화면에서 람다 함수를 클릭합니다. 함수 코드의 에디터에서 "hello from lambda" 부분을 "event.queryStringParameters"로 변경합니다. 이후 상단 "저장" 버튼을 클릭합니다. 이제 다시 API 엔드포인트 주소 접속을 위해 API 게이트웨이를 선택하고, "세부 정보"를 클릭한 후 엔드포인트로 접속합니다.

[그림 8-5-16] API 접속 결과 웹 브라우저

앞서 GET 파라미터를 지정하지 않았기 때문에 서버로 표시할 내용이 없었습니다. 따라서 [그림 8-5-16]과 같이 API 접속 결과가 null로 나타납니다.

이번에는 파라미터로 인자를 전달해보겠습니다. GET 데이터는 인자를 전달할 때 물음표와 함께 Key=Value 형태로 데이터를 전달합니다. 브라우저 주소창 끝에 '?text=hello'를 추가합니다.

[그림 8-5-17] 웹 브라우저 GET 전달

GET 파라미터 전달 결과 [그림 8-5-17]과 같이 Text라는 '키 값'과 hello라는 '인자'가 표시되는 것을 확인할 수 있습니다. 추가적인 데이터를 더 전달하고 싶다면 '&' 특수 문자로 데이터를 전달할 수 있습니다. 예를 들어, '?text=hello&msg=lambda'로 text와 msg 2개의 인자를 전달할 수 있습니다.

이제, 직접 람다 함수에서 데이터를 받아 다이나모 DB에 저장해보도록 하겠습니다.

8.5.4 3단계: 정책 생성

[그림 8-5-18] 람다 함수 실행 역할

우리가 만든 람다 함수의 역할은 클라우드 와치 로그 말고는 별다른 권한이 없습니다. 다이나모 DB 권한을 부여하기 위해 스크롤을 조금 내려 실행 역할에 있는 "role_for_apigateway_get역할을 확인"을 클릭합니다.

[그림 8-5-19] 역할 요약

역할에 대한 요약 정보가 출력됩니다. IAM 콘솔을 통해 역할에서 "role_for_apigateway"를 찾아 클릭해도 동일한 페이지가 표시됩니다. "정책 연결" 클릭합니다.

[그림 8-5-20] 정책 연결

좌측 상단 "정책 생성"을 클릭합니다.

[그림 8-5-21] 정책 생성

"서비스 선택"을 클릭합니다.

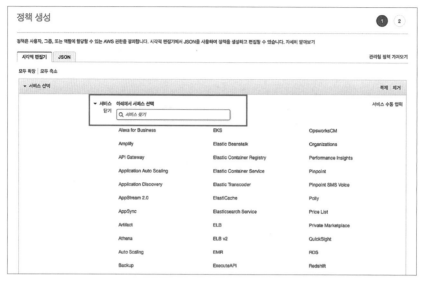

[그림 8-5-22] 정책 생성 - 서비스

다이나모 DB를 입력 후 선택합니다.

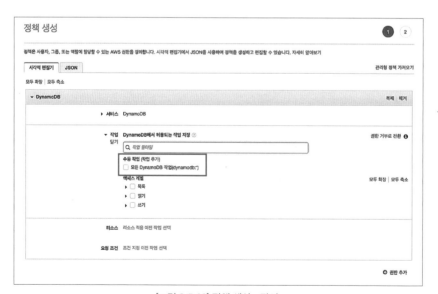

[그림 8-5-23] 정책 생성 - 작업

"수동 작업"의 "모든 DynamoDB 작업" 체크 박스를 선택합니다.

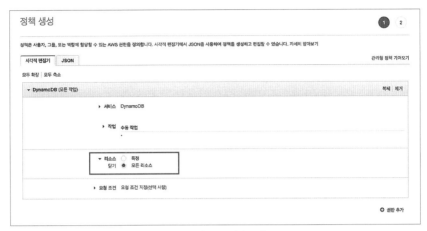

[그림 8-5-24] 정책 생성 - 리소스

리소스를 클릭한 후 모든 리소스를 선택합니다. 다음으로 하단 "정책 검토"를 클릭합니다.

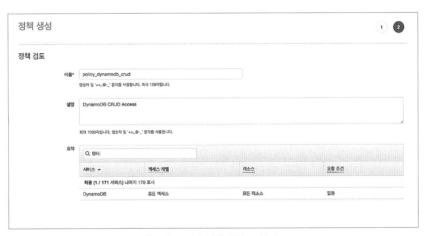

[그림 8-5-25] 정책 생성 - 리소스

정책 이름에 'policy_dynamodb_crud'를 입력하고, 설명에 'DyanmoDB CRUD ACCESS'라고 적습니다. CRUD는 데이터의 생성(Crate), 읽기(Read) 변경(Update), 삭제(Delete)를 의미합니다. 하단 "정책 생성"을 클릭합니다.

[그림 8-5-26] 정책 생성 성공

정책이 성공적으로 만들어졌습니다. 좌측 메뉴에서 역할을 클릭합니다.

[그림 8-5-27] 역할 요약

검색에서 이전에 만들었던 'role_for_apigateway_get'을 입력한 후 표시되는 역할을 선택합니다. 그러면 위 [그림 8-5-27]과 같이 역할 요약 정보가 뜹니다. "정책 연결"을 클릭합니다.

[그림 8-5-28] 정책 연결

상단 검색 필터에서 이전에 만든 정책 이름을 입력하여 검색합니다. 간단히 다이나모 DB만 입력해도 화면에 표시됩니다. 체크 박스 선택 후 하단 "정책 연결" 버튼을 클릭합니다.

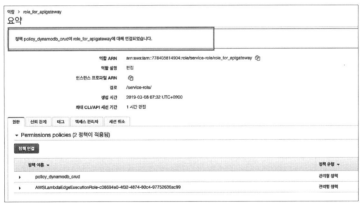

[그림 8-5-29] 정책 연결 성공

'Policy_dynamodb_crud' 역할에 'role_for_agigatweway' 정책이 성공적으로 연결되었습니다. 람다 함수가 다이나모 DB에 접근할 수 있습니다. 이제, 다이나모 DB 테이블을 만들어보겠습니다. 서비스 콘솔에서 데이터베이스의 다이나모 DB로 이동합니다.

8.5.5 4단계: 다이나모 DB 생성

[그림 8-5-30] 다이나모 DB 대시보드

"테이블 만들기"를 클릭합니다.

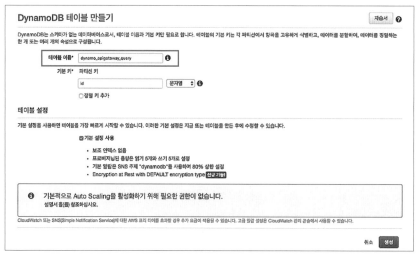

[그림 8-5-31] 테이블 만들기

테이블 이름에는 "dynamo_apigateway_query"를 입력하고, 기본키에는 아이디를 입력합니다. 테이블 설정은 "기본 설정 사용"으로 하고, 하단 "생성"을 클릭합니다.

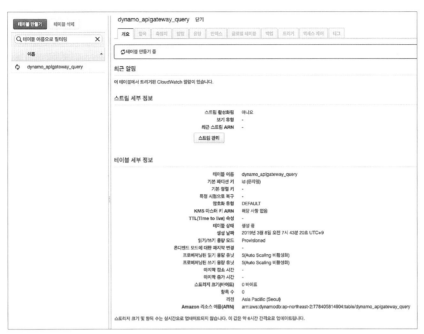

[그림 8-5-32] 테이블 대시보드

테이블을 처음 생성하면 2~3분쯤 기다려야 합니다.

[그림 8-5-33] 테이블 대시보드

메뉴 탭에서 항목을 선택합니다. 아직 테이블에 데이터를 추가하지 않았기 때문에 아무것도 나타나지 않습니다. 다시 람다 함수로 돌아가, 생성했던 'Lambda_for_apigatway_get'을 클릭합니다.

8.5.6 5단계: 람다 함수 수정

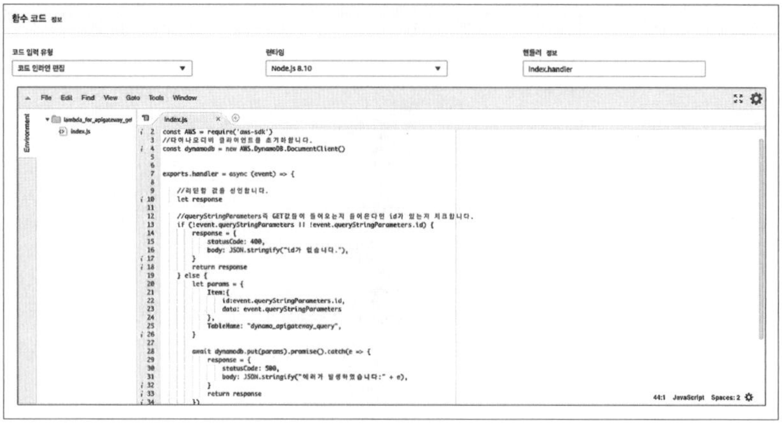

[그림 8-5-34] 람다 함수 코드

```javascript
//aws-sdk를 불러옵니다.
const AWS = require('aws-sdk')
//다이나모디비 클라이언트를 초기화합니다.
const dynamodb = new AWS.DynamoDB.DocumentClient()


exports.handler = async (event) => {

    //리턴할 값을 선언합니다.
    let response

    //queryStringParameters즉 GET값들이 들어오는지 들어온다면 id가 있는지 체크합니다.
    if (!event.queryStringParameters || !event.queryStringParameters.id) {
        response = {
            statusCode: 400,
            body: JSON.stringify("id가 없습니다."),
        }
        return response
    } else {
        let params = {
            Item:{
                id:event.queryStringParameters.id,
                data: event.queryStringParameters
            },
```

```
            TableName: "dynamo_apigateway_query",
        }
    await dynamodb.put(params).promise().catch(e => {
        response = {
            statusCode: 500,
            body: JSON.stringify("에러가 발생하였습니다:" + e),
        }
        return response
    })

    response = {
        statusCode: 200,
        body: JSON.stringify("데이터가 성공적으로 저장되었습니다.."),
    }
    return response

    }
}
```

[그림 8-5-35] 소스코드

함수 코드에 [그림 8-5-35]와 같이 소스코드를 입력(복사)합니다. 그림의 소스코드는 'queryS-tringParameter'를 인자로 받아 다이나모 DB에 저장하고 GET 데이터나 ID 값이 없다면 400, 저장하는데 문제가 있다면 500, 성공적으로 데이터를 넣었다면 200코드를 반환하는 소스코드입니다. 상단 "저장"을 클릭한 후 API 게이트웨이의 엔드포인트로 접속합니다.

8.5.7 6단계: API 게이트웨이 테스트 및 다이나모 DB GET 확인

[그림 8-5-36] 브라우저

API 게이트웨이의 엔드포인트 URL로 접근하면 [그림 8-5-36]과 같이 "id가 없습니다"라는 텍스트를 확인할 수 있습니다. URI 끝에 '?id=72'와 같은 GET 데이터를 입력해보겠습니다.

당신이 지금 알아야 할 AWS

[그림 8-5-37] 브라우저

데이터가 성공적으로 입력된 결과를 확인할 수 있습니다. ID 키 값만이 아니라, 다양한 파라미터를 통해 다이나모 DB에 데이터를 전달할 수 있습니다. 이제 데이터가 정상적으로 입력되었는지 확인해보겠습니다. AWS 콘솔의 "DynamoDB"로 이동합니다.

[그림 8-5-38] 다이나모 DB 대시보드

다이나모 DB 대시보드에서 좌측 테이블을 클릭합니다.

[그림 8-5-39] 테이블 목록

좌측 테이블을 클릭한 후 출력되는 테이블을 클릭합니다.

244

[그림 8-5-40] 테이블 항목

테이블 상세 화면 중 "항목"을 클릭하면, 우리가 입력한 데이터들이 정상적으로 삽입된 것을 볼 수 있습니다.

지금까지 브라우저를 통해 API 게이트웨이로 GET 데이터를 전달하고 람다 함수에서 데이터를 받아 다이나모 DB에 저장해봤습니다.

다음은 POST 방식을 사용한 실습입니다.

8.6 마이크로서비스 기반 번역 웹 서비스(POST)

8.6.1 실습 아키텍처

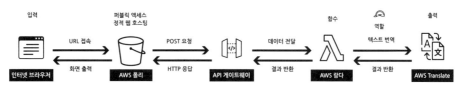

[그림 8-6-1] POST를 활용한 API 게이트웨이 아키텍처

■ 실습 요약 ■
 ❶ 번역 API 게이트웨이용 람다 함수 생성
   A. 람다 함수 생성(람다 함수 이름: lambda_for_translate_service)
   B. 람다 함수 실행 역할 생성(람다 역할 이름: role_for_translate_service)
 ❷ 람다 함수 소스코드 작성
 ❸ 람다 함수 역할 수정
   A. 정책 생성 및 검토(정책 이름 role_for_translate_service)
   B. 기존 관리형 정책 선택(TranslateFullAccess)
 ❹ 람다 API 게이트웨이 설정
 ❺ index.html 파일 수정 및 S3 버킷 생성
 ❻ S3 버킷에 수정파일 업로드
 ❼ 번역 서비스 정적 웹 사이트 설정 및 테스트

S3 웹 사이트 구축 실습 내용을 응용해서 S3에 단순 블로그가 아닌 AWS 인공지능 기술을 활용한 번역 웹 서비스를 구축해보겠습니다. 새로운 내용보다는 앞에서 학습한 내용을 종합하는 실습이니, 이해가 되지 않는 부분은 앞으로 되돌아가 살펴보는 것도 도움이 됩니다.

8.6.2 Amazon Translate

Amazon Translate는 합리적인 가격으로 고품질의 언어 번역을 빠르게 제공하는 신경망 기계 번역 서비스입니다. 인공신경망 기계 번역은 언어 번역 자동화의 한 형태로, 딥 러닝 모델을 사용하여 기존 통계 및 규칙 기반 번역 알고리즘보다 더욱 정확하고 자연스러운 번역을 제공합니다. Amazon Translate를 사용하면 해외 사용자를 위해 웹 사이트 및 애플리케이션과 같은 콘텐츠를 현지화하고 대량의 텍스트를 편리하고 효율적으로 번역할 수 있습니다.

8.6.3 Amazon Translate 주요 기능

Amazon Translate에서는 21개 언어(한국어, 아랍어, 중국어(간체), 중국어(번체), 체코어, 덴마크어, 네덜란드어, 영어, 핀란드어, 프랑스어, 독일어, 히브리어, 인도네시아어, 이탈리아어, 일본어, 폴란드어, 포르투갈어, 러시아어, 스페인어, 스웨덴어, 터키어) 간의 번역을 지원합니다. 이 서비스는 이러한 언어 간에 417개의 번역 조합을 지원합니다. 또한 딥 러닝 기법을 사용하여 기존 통계 및 규칙 기반 번역 모델보다 더욱 정확하고 자연스러운 번역을 제공합니다. 인공신경망 기계 번역 시스템은 소스 문장의 전체 컨텍스트와 지금까지 생성한 번역을 고려하여 좀 더 정확하고 유창한 번역을 생성하는 인공신경망 네트워크를 기반으로 합니다. 이에 비해, 기존 구문 기반 기계 번역에서는 번역된 단어의 앞뒤 몇 단어 컨텍스트 내에서만 번역합니다.

8.6.4 Amazon Translate 활용 범위

❶ 소셜 미디어 콘텐츠의 다국어 감성 분석 지원
❷ 사용자 생성 콘텐츠에 대한 온디맨드 번역 제공
❸ 커뮤니케이션 애플리케이션에 실시간 번역 추가

8.6.5 1단계: API 게이트웨이용 람다 함수 생성

[그림 8-6-2] 람다 대시보드

AWS 콘솔에서 람다 함수를 선택하고, 람다 대시보드 우측 상단 "함수 관리"를 선택합니다. 람다 서비스에서 우측 상단 "함수 생성"을 클릭합니다.

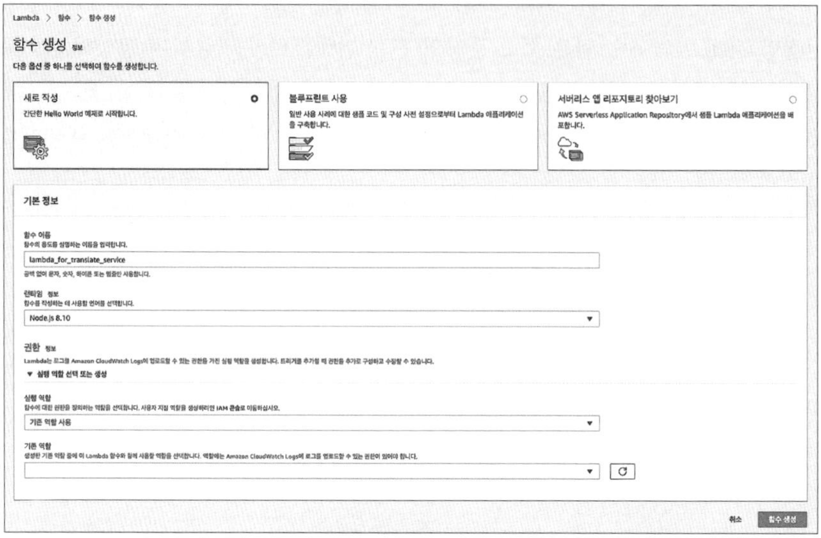

[그림 8-6-3] 함수 생성

함수 이름에 "'lambda_for_translate_service"를 입력합니다. 런타임은 "node 8.10", 권한은 "AWS 정책 템플릿에서 새 역할 생성"을 클릭합니다. 다음 역할 이름은 "role_for_translate_service"를 선택합니다. 템플릿 권한은 이전과 같이 "기본 Lmabda@Edge"를 선택합니다. 실제로는 Translate 권한이 필요하기 때문에 이후 우리가 만든 역할에 정책을 추가하도록 하겠습니다. 선택 후 우측 하단 "함수 생성"을 클릭합니다.

8.6.6 2단계: 람다 함수 소스코드 작성

[그림 8-6-4] 함수 화면

먼저, 소스코드를 작성해보겠습니다.

```
/* AWS SDK를 가져옵니다.*/
var AWS = require('aws-sdk');

AWS.config.update({region: 'us-east-1'});

var translate = new AWS.Translate();
exports.handler = function(event, context,callback){

console.log(JSON.stringify(event.body));

const response = JSON.parse(event.body)

  //event.body로 POST로 받은 데이터를 받습니다.
  try{
    const translateParams = {
    SourceLanguageCode: 'ko',
    TargetLanguageCode: 'en',
    Text: response.text
  }

  //translate SDK를 불러옵니다.
  translate.translateText(translateParams, function (err, data) {
    if (err) callback(err)
    callback(null,{
        statusCode:200,
        headers: {
        "Access-Control-Allow-Origin" : "*", //S3에서 요청을 할 수 있도록 허용해줍니다.
        "Access-Control-Allow-Credentials" : true
        },
        body:data.TranslatedText
    })
  })
  }catch(e){
    callback(null,{
      statusCode:200,
      body:JSON.stringify(e)
    })
  }

};
```

[그림 8-6-5] 소스코드

위 예제 소스는 우리가 POST 형식으로 전달한 데이터를 Translate 서비스를 통해 번역한 후 리턴한 소스코드입니다. 함수 코드에 "소스"를 복사하여 붙여넣은 후 상단 "저장" 버튼을 클릭합니다.

8.6.7 3단계: 람다 함수 역할 수정

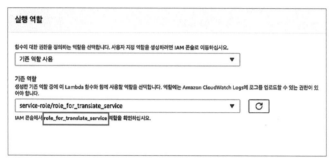

[그림 8-6-6] 함수 상세 화면

실행 역할에서 "role_for_translate_service 역할을 확인"을 클릭합니다.

[그림 8-6-7] 역할 요약

이전과 동일하게 정책을 추가하겠습니다. "정책 연결"을 클릭합니다.

[그림 8-6-8] 권한 추가

권한을 생성하는 것이 아니라, 기존의 AWS에서 제공하는 관리형 정책을 이용하겠습니다. 필터에 'translate'를 입력하면 출력되는 정책 중 "TranslateFullAccess"를 선택한 다음, 하단 "정책 연결"을 클릭합니다.

[그림 8-6-9] 권한 추가 - 요약

이제 새롭게 Translate 접근 권한이 생겼습니다. 다시 람다 함수로 돌아가보겠습니다.

8.6.8 4단계: 람다 함수 API 게이트웨이 설정

[그림 8-6-10] 람다 함수 상세

화면을 새로고침하니 이전과 다르게 오른쪽에 'Amazon Translate' 서비스가 생겼습니다. 좌측 API 게이트웨이를 선택합니다.

[그림 8-6-11] 람다 함수 API 게이트웨이 추가

API는 "새 API 생성", 보안은 "열기"로 설정합니다. 다음 하단 "추가"를 클릭합니다. 마지막으로 상단 "저장"을 클릭합니다.

[그림 8-6-12] 람다 함수 API 게이트웨이 추가

성공적으로 API 게이트웨이가 추가되었습니다. 리소스 경로 좌측 화살표를 클릭합니다.

[그림 8-6-13] API 게이트웨이 상세 정보

홈페이지를 통해 서비스를 만들면, 데이터를 요청할 주소가 필요합니다. 이와 같은 기능을 하는 API 엔드포인트를 잘 기록합니다.

8.6.9 5단계: 파일 수정 및 버킷 생성

```html
<!DOCTYPE html>
<html>
<head>
    <meta charset="utf-8">
    <title>번역 웹 사이트</title>
    <link rel="stylesheet" href="https://stackpath.bootstrapcdn.com/bootstrap/4.2.1/css/bootstrap.min.css">
</head>
<body>

<div class="container">
    <div class="row">
        <div class="col align-self-center">
            <h5 id="resultText"></h5>
            <form action="javascript:void(0)">
                <div class="form-group">
                    <label>텍스트를 입력해주세요.</label>
                    <textarea class="form-control" id="textInput" rows="3"></textarea>
                </div>
                <button onclick="sendReqeust()" class="btn btn-primary">Submit</button>
            </form>
        </div>
    </div>
</div>

</body>
<script type="text/javascript">
    var inputSelector = document.querySelector('#textInput');
    var resultText = document.querySelector('#resultText');

    function sendReqeust() {
        resultText.innerHTML = "로딩 중...";
        fetch("https://0pmjclpe95.execute-api.ap-northeast-2.amazonaws.com/default/lambda_for_translate_service", {
            method: "POST",
            body: JSON.stringify({
              text:inputSelector.value
            })
        }).then(function (response) {
          return response.text().then(function(text) {
                resultText.innerHTML = text;
          });
        })
    }
</script>
</html>
```

[그림 8-6-14] 서비스 요청 소스

예제 파일 중 'index.html' 파일을 열어 32번째 라인 URL 주소를 방금 전 엔드포인트 URL로 수정합니다.

[그림 8-6-15] S3 대시보드

앞에서 S3를 통해 블로그를 만들어보았습니다. S3를 통해 홈페이지를 호스팅하기 때문에 대시보드에서 AWS 콘솔에서 S3로 이동합니다. S3에서 "버킷 만들기"를 클릭합니다.

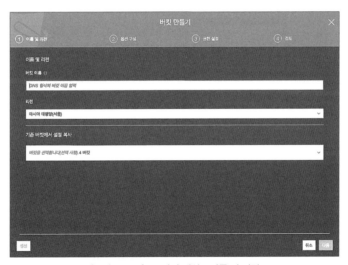

[그림 8-6-16] S3 버킷 생성 - 이름 및 리전

원하는 버킷 이름을 입력한 후 하단 "다음"을 클릭합니다. 옵션 구성은 별다른 설정을 하지 않고 "다음"을 클릭합니다. 보안 설정에서 보안 관련된 체크 박스를 상단 이미지처럼 해제한 후 하단 "다음"을 클릭합니다. 검토 후 문제가 없다면 하단 "버킷 만들기"를 클릭합니다.

8.6.10 6단계: S3 버킷 수정 파일 업로드

[그림 8-6-17] S3 대시보드

방금 생성한 버킷을 클릭합니다.

[그림 8-6-18] 버킷 요약

"index.html"을 선택하여 상단 "업로드" 혹은 파일을 드래그하여 옮겨넣습니다.

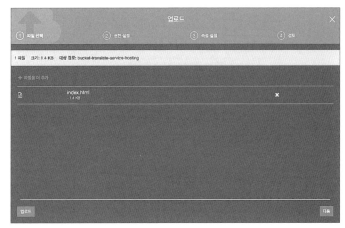

[그림 8-6-19] 업로드 - 파일 선택

파일을 선택한 후 하단 "다음"을 클릭합니다. 퍼블릭 권한 관리를 설정하고 "다음"을 클릭합니다. 속성은 스탠다드 저장소를 기본 값으로 한 뒤, 하단 "다음"을 클릭합니다. 검토 후 문제가 없다면 하단 "업로드"를 클릭합니다.

8.6.11 7단계: 번역 서비스 정적 웹 사이트 설정 및 테스트

[그림 8-6-20] 업로드 - 속성

업로드 후 속성 탭을 클릭합니다. 다음 "정적 웹 사이트 호스팅"을 클릭하고, "이 버킷을 사용하여 웹 사이트를 호스팅합니다"를 선택합니다.

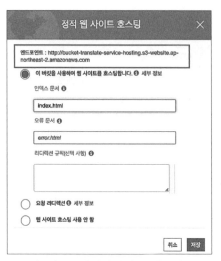

[그림 8-6-21] 정적 웹 사이트 호스팅

인덱스 문서에 업로드한 "index.html"로 입력하고, 하단 "저장"을 클릭합니다. 다시 "정적 웹 사이트 호스팅"을 클릭하고 상단 엔드포인트 주소로 접속합니다.

[그림 8-6-22] 번역 서비스 홈페이지

방금 전 우리가 업로드한 Index.html 파일을 볼 수 있습니다. 한글로 '안녕하세요'나 다른 텍스트를 작성한 후 하단 "Submit" 버튼을 클릭합니다.

[그림 8-6-23] 번역 서비스 홈페이지 - 결과

번역이 되어 텍스트가 출력됩니다. 이외에도 여러분이 원하는 텍스트를 입력해보세요.

지금까지 실습을 정리하면, S3로 호스팅한 웹 사이트에서 POST 방식으로 API 게이트웨이를 통해 람다로 전달해보았습니다. 람다 함수에서 AWS Translate 서비스를 통해 번역 후 다시 사용자에게 번역된 텍스트를 응답해보았습니다.

9장
완전 관리형 빈스톡 예약 서비스

9.1 가벼운 서비스 빈스톡

9.1.1 빈스톡

동화 ≪잭과 콩나무≫(Jack and the beanstalk)를 기억하시나요? 잭이 우연히 만난 노인에게서 구한 콩을 집 앞에 심었는데 하룻밤 사이에 콩나무가 하늘까지 성장한다는 내용을 기억하시리라 생각합니다. 여기서 빈스톡은 콩나무 줄기를 뜻합니다. AWS 빈스톡(Elastic Beanstalk)도 이 동화의 콩나무처럼 스스로 자라나는 서비스를 의미합니다.

온프레미스 혹은 EC2를 이용한 개발, 배포는 상세한 관리 방법과 다양성을 제공하는 반면, 초기 서비스 구축 시 사용자가 어려움을 느낄 수도 있습니다. EC2를 이용한 배포는 호스트부터 HTTP 서버 세팅까지 다양한 설정과 다소 번거로운 작업을 직접 해야 하죠. 이 때문

[그림 9-1-1] 동화 ≪잭과 콩나무≫

에 개발자 입장에서는 간단하지만, 그럼에도 많은 시간과 노력이 들게 됩니다. 반면, 빈스톡은 도커 컨테이너를 기반으로 애플리케이션을 쉽게 배포할 수 있고 운영 및 관리를 지원하는 AWS 서비스입니다. 빈스톡은 별도의 서비스 사용료는 없고, 사용한 AWS 리소스만큼 비용이 과금됩니다. 또한 알아서 EC2 인스턴스 유형을 변경하고, 오토 스케일링으로 EC2 인스턴스를 늘리고, ELB 로드 밸런싱을 통해 부하를 분산하며 애플리케이션 배포까지 자동으로 해주며 개발자의 번거로움을 줄여줍니다.

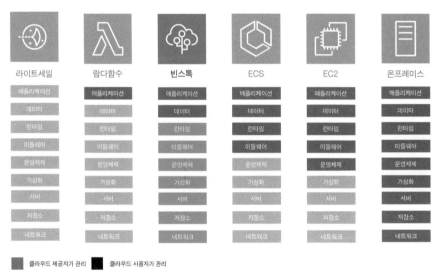

[그림 9-1-2] 빈스톡 아키텍처

한 마디로, 빈스톡은 프로비저닝(Provisioning)의 결정체입니다. 아무리 데브옵스가 대세인 시대이지만, 개발자가 서버 구성부터 운영체제 설치, 컨테이너 설치, 로그 설정, 모니터링, 보안 구성까지 모두 하기에는 부담스러운 것이 현실입니다. 빈스톡은 아래와 같은 모든 번거로운 일들을 클릭 몇 번 또는 명령어 몇 줄로 구성하는 것이 가능합니다.

❶ 인스턴스(EC2) 및 OS 설치,
❷ 웹 애플리케이션 소프트웨어 구성,
❸ 오토 스케일링 구성,
❹ 로드 밸런서 구성,
❺ 업데이트 배포 및 버전 관리,
❻ 모니터링 관리 설정

특히 빈스톡은 전문 IT 관리 인력을 고정적으로 운영할 수 없는 조직 또는 스타트업과 같은 작은 조직에서 유용합니다. 대기업에서도 IT 부서의 지원을 기다리지 않고 빠르게 프로토타입을 구현하는 데도 적합합니다.

9.1.2 빈스톡 구성

빈스톡은 애플리케이션(Application) 영역과 환경(Environment)으로 구성되어 있습니다. 빈스톡은 애플리케이션을 만들고 하위에 환경을 구성할 수 있습니다. 또 하나의 애플리케이션에 2개 이상의 환경을 구성할 수 있습니다.

❶ 애플리케이션
  A. 인스턴스의 논리적인 집합, 하위 애플리케이션 버전의 관리이며, 애플리케이션의 재배포와 이전 버전으로 복원 가능
  B. 윈도우 폴더 개념과 유사

❷ 환경
  EC 인스턴스, 로드 밸런서, 오토스케일링 그룹, 보안 그룹의 집합체

❸ 애플리케이션 내에서 환경은 서로 교환이 가능

9.1.3 빈스톡의 특징

❶ 빠르고 간편한 시작
빈스톡은 서비스를 위한 복잡한 인프라를 직접 구성하지 않도록 돕습니다. 애플리케이션 코드를 업로드하기만 하면 자동으로 프로비저닝, 오토 스케일링, 로드 밸런싱, 모니터링과 관련된 인프라가 자동으로 생성됩니다.

❷ 개발자의 생산성
서비스 인프라에 대한 관리와 패치 부분을 빈스톡에서 자동으로 관리하기 때문에 개발자는 애플리케이션 개발에 집중할 수 있습니다.

❸ 적절한 규모 유지

빈스톡은 모니터링을 통해 자동으로 로드 밸런싱, 오토 스케일링하여 항상 적절한 규모에 대해 자동으로 대응할 수 있는 유연성을 보장합니다.

❹ 완벽한 리소스 제어

빈스톡에서 리소스 변경은 아주 간단히 처리할 수 있기 때문에 필요에 따라 원하는 리소스를 쉽게 관리할 수 있다.

9.1.4 설정 복잡도 비교

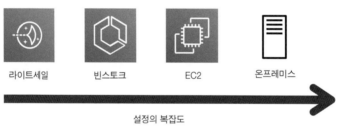

[그림 9-1-3] 컴퓨팅 설정의 복잡도

서비스마다 설정에 따른 약간의 차이가 있지만, 최소한의 설정과 목적에 맞게 정리하면 [그림 9-1-3]과 같이 설정의 복잡도 측면에서 정리해볼 수 있습니다. 라이트세일 기반 서비스 구축 시, 실제 코드 한 줄 없이 클릭 몇 번만으로 실행시킬 수 있었습니다. 또, 람다에서는 최소한의 실행을 위한 소스코드를 일부 작성해보았습니다. 이번 빈스톡에서는 우리가 직접 소스코드를 압축하여 zip 파일 형태로 데이터를 업로드해주어야 실행시킬 수 있습니다.

전통적인 온프레미스 서버 구성 복잡도를 100% 정도로 하면, EC2는 50~60% 그리고 빈스톡으로 개발할 경우 10~20% 정도의 노력만으로 서버를 구축할 수 있습니다. 물론 라이트세일은 이보다 더욱 간단한 5% 정도로, 버튼 몇 번 클릭하는 수고 정도로 가능했습니다.

9.1.5 빈스톡 고객

❶ 삼성전자

전 세계에 안정적인 프린팅 앱 센터를 제공하기 위해 AWS를 사용하고 있는 삼성전자 솔루션 사업부는 삼성 클라우드 프린팅 글로벌 서비스를 위해 AWS 버지니아 리전 AWS 빈스톡을 사용하여 서비스를 배포했습니다. 이를 통해 다양한 프린팅 앱의 대량 다운로드 및 트래픽 초과 이슈를 해결할 수 있었습니다.

❷ BMW

BMW에서는 BMW 7 시리즈 차량에서 발생하는 다양한 센서 정보를 수집하고, 지도 정보를 업데이트하는 CARASSO(car-as-a-sensor)를 위해 빈스톡 서비스를 사용하고 있습니다. CARASSO 서비스를 S3, SQS, RDS, 빈스톡을 이용하여 불과 수개월 만에 구축할 수 있었고, 요구에 맞게 스케일링 업다운을 할 수 있었습니다.

9.2 완전 관리형 AWS SNS

9.2.1 AWS SNS: 완전 관리형 게시 · 구독 메시징

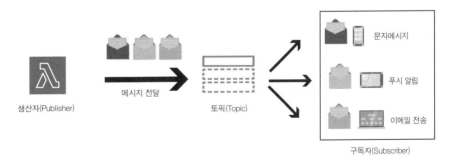

[그림 9-2-1] AWS SNS 서비스

Amazon SNS는 마이크로서비스, 분산 시스템, 서버리스 애플리케이션을 쉽게 분리할 수 있게 하는 안전하며, 높은 가용성의 완전 관리형 게시 · 구독 메시징 서비스입니다.

- SNS의 구성 요소

❶ 생산자(Publisher): 메시지를 보내기 위한 데이터 생산자에 해당하며, 플랫폼을 고려하지 않고 데이터를 발행합니다.

❷ 토픽(Topic): 구독자로부터 받은 데이터를 설정된 구독자들에게 데이터로 다시 보냅니다.

❸ 구독자(Subscriber): FCM, 이메일 등 다양한 방법으로 메시지를 전달합니다.

9.3 빈스톡 기반 초대장 이메일 받기 서비스

9.3.1 실습 아키텍처

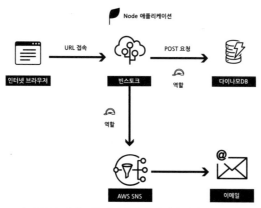

[그림 9-3-1] 빈스톡 기반 초대장 이메일 받기 아키텍처

▣ 실습 요약 ▣

❶ 빈스톡 소스코드 업로드

❷ 빈스톡 기반 웹 애플리케이션 확인

❸ 빈스톡 서비스 실행 권한을 위한 IAM 정책 설정

A. 정책 생성 및 검토(정책 이름 policy_for_lambda_to_billing_email)

B. 역할 생성(역할 이름 Aws-elasticbeanstalk-ec2-role)

C. 권한 연결

④ 빈스톡 기반 데이터 확인

⑤ 다이나모 DB 데이터 확인

⑥ SNS 구독 설정

⑦ 빈스톡 안전한 종료(선택)

9.3.2 1단계: AWS 콘솔 접속 및 빈스톡 소스코드 업로드

[그림 9-3-2] 빈스톡 대시보드

AWS 콘솔 컴퓨팅 "Elastic Beanstalk"을 선택합니다. 빈스톡 대시보드에서 "시작하기" 버튼을 클릭합니다.

[그림 9-3-3] 웹 앱 생성 - 애플리케이션

웹 앱 생성 단계에서 애플리케이션 이름을 입력합니다. 이번 예제는 'Node.js' 기반의 소스코드를 사용하므로, 플랫폼은 Node.js를 선택합니다. 다음 AWS에서 제공하는 샘플 코드를 내려받겠습니다.

주소창에 https://github.com/aws-samples/eb-node-express-sample/releases/download/
v1.1/eb-node-express-sample-v1.1.zip 입력하여 압축파일 형식의 소스코드를 다운받거나
제공한 압축 파일을 선택합니다.

[그림 9-3-4] 코드 업로드

다운받은 파일을 "코드 업로드" 버튼을 클릭한 후 Zip 파일 그대로 업로드합니다.

[그림 9-3-5] 애플리케이션 생성 - 코드 업로드 이후

모든 설정을 마쳤으면 "애플리케이션 생성" 버튼을 클릭합니다. 지금 업로드한 소스코드는
필요한 예제 소스를 포함하고 있습니다. 이후 실습에 이용될 다이나모 DB와 SNS를 애플리케
이션의 모든 생성 과정을 함께 만듭니다.

[그림 9-3-6] 애플리케이션 생성

5~10분이 지나면 'Node.js'를 기반으로 구성된 웹 애플리케이션이 자동 생성됩니다.

9.3.3 2단계: 빈스톡 기반 웹 애플리케이션 확인

[그림 9-3-7] 빈스톡 대시보드

애플리케이션 생성이 완료된 후 [그림 9-3-7]과 같이 빈스톡 대시보드 화면이 출력됩니다. 빈스톡 과정에서 생성된 애플리케이션은 다이나모 DB와 SNS를 사용하기 때문에 IAM 역할을 수정하겠습니다.

9.3.4 3단계: 빈스톡 IAM 정책 설정

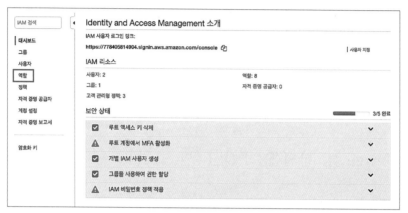

[그림 9-3-8] IAM 대시보드

IAM 대시보드로 이동한 후 좌측 "정책"을 클릭합니다.

[그림 9-3-9] 역할 생성

상단 "정책 생성"을 클릭합니다.

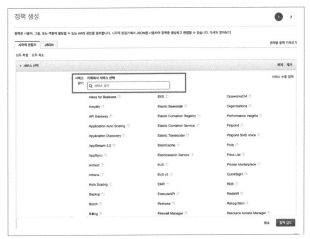

[그림 9-3-10] 정책 생성

이번 실습은 다이나모 DB 권한과 SNS 권한이 필요합니다. 먼저 "서비스 선택"을 누른 후 다이나모 DB를 선택합니다. 작업에서는 "모든 다이나모 DB 작업"을 선택한 다음, 리소스는 "모든 리소스"를 선택합니다.

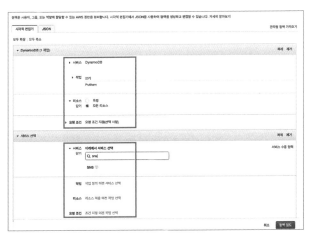

[그림 9-3-11] SNS 서비스 정책

SNS 권한은 하단 "권한 추가" 버튼을 클릭한 후 "서비스 선택"에서 'SNS'를 입력합니다. 작업에서 "모든 SNS 작업"을 클릭한 후 리소스는 "모든 리소스"를 선택합니다. 마지막으로 하단 "정책 검토"를 클릭합니다.

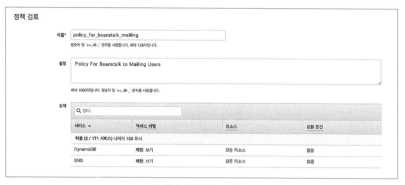

[그림 9-3-12] 정책 검토

정책 이름에 빈스톡 메일링 서비스 정책은 'policy_for_beanstalk_mailing' 설명은 'Policy For Beanstalk to Mailing Users'로 작성합니다. 마지막으로 하단 "정책 생성" 버튼을 클릭합니다.

[그림 9-3-13] 정책 생성 - 성공

정책이 성공적으로 생성되었습니다. 이제, 생성된 정책을 빈스톡 역할에 연결하겠습니다. 좌측 "역할"을 클릭합니다.

[그림 9-3-14] 역할 대시보드

화면을 하단으로 이동해 역할을 보면 'aws-elasticbeanstalk-service-role'과 'Aws-elasticbeanstalk-ec2-role'이 나타납니다. 이 역할들은 우리가 빈스톡을 사용하는 과정에서 생성됩니다. 두 역할의 차이점은 빈스톡 서비스가 접근할 수 있는 권한과 빈스톡에서 구동되는 EC2가 접근하는 권한이 나뉩니다. 이 부분은 익숙하지 않다면 빈스톡에서 구동되는 프로그램이 서비스에 접근할 때 EC2 역할, 로그나 관리적 측면에서 사용되는 서비스 역할이라고 이해하면 됩니다. "Aws-elasticbeanstalk-ec2-role"을 클릭합니다.

[그림 9-3-15] 역할 상세 화면

역할에 방금 만든 정책을 연결해보겠습니다. "정책 연결"을 클릭합니다.

[그림 9-3-16] 정책 연결 화면

정책 필터 검색창에 정책을 검색해보겠습니다. "policy_for_beanstalk_mailing"을 입력하여
선택한 후 하단 "정책 연결"을 클릭합니다. 정책 연결이 성공했다면, 다시 AWS 콘솔 컴퓨팅의
'Beanstalk'으로 이동합니다.

9.3.5 4단계: 빈스톡 데이터 확인

[그림 9-3-17] 빈스톡 대시보드

빈스톡 대시보드에서 이전에 만든 빈스톡 애플리케이션을 선택한 후 우측 상단 URL 주소를
클릭합니다. 실패했다면 "We're Embrassing~"이라는 메시지와 함께 파란 메시지가, 성공했다
면 초록색 메시지 창이 뜹니다.

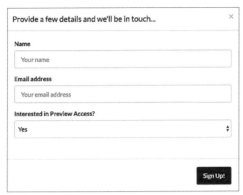

[그림 9-3-18] 빈스톡 입력 폼

입력 폼 웹 사이트에서 "Sign up today"를 클릭하면 [그림 9-3-18]과 같은 입력 폼을 볼 수 있습니다. 사용자 이름과 이메일을 입력한 후 "Sign up"을 클릭합니다.

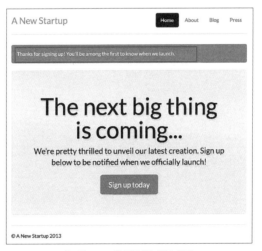

[그림 9-3-19] 입력 폼 성공 화면

메시지와 함께 정상적으로 입력되었다는 내용을 확인할 수 있습니다.

이제, 다이나모 DB와 SNS 서비스로 이동하여 실제로 다이나모 DB에 데이터가 입력되었는지 확인해보고, SNS 서비스와 전송받을 이메일 주소를 입력해보도록 하겠습니다.

9.3.6 5단계: 다이나모 DB 데이터 확인

[그림 9-3-20] 다이나모 DB 테이블

AWS 콘솔에서 데이터베이스의 "다이나모 DB"를 클릭합니다. 좌측 "테이블"을 클릭하면 'awseb'로 시작하는 테이블을 확인할 수 있습니다.

[그림 9-3-21] 테이블 개요

우측 테이블 개요 화면에서 "항목" 탭을 클릭합니다.

[그림 9-3-22] 다이나모 DB 테이블 항목

항목에서 이전에 입력한 이메일 주소와 이름을 확인할 수 있습니다. 이제, SNS 서비스로 이동하여 이메일 주소로 데이터를 받아보도록 하겠습니다.

9.3.7 6단계: SNS 구독 설정

[그림 9-3-23] SNS 대시보드

AWS콘솔 애플리케이션 통합에 있는 "Simple Notification Services"를 선택합니다. SNS는 사용자에게 알림(Notification)을 주는 서비스입니다. SNS 대시보드 좌측 메뉴 중 "주제"를 클릭합니다.

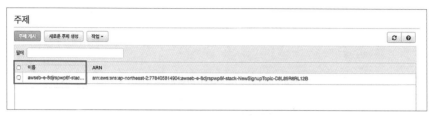

[그림 9-3-24] SNS 주제목록

'awseb-'로 시작하는 주제를 볼 수 있습니다. 다이나모 DB와 같이 빈스톡 생성 과정에서 함께 만들어진 SNS 주제입니다. 업로드한 빈스톡 애플리케이션은 사용자로부터 데이터를 받아 다이나모 DB에 저장한 후, 다시 SNS 주제로 데이터를 보냅니다.

이제, SNS 주제로 들어오는 데이터를 구독하는 구독자를 생성해보겠습니다. ARN 주소를 복사합니다. 그 후 좌측 메뉴 중 "구독"을 선택하고, 상단 "구독 생성" 버튼을 클릭합니다.

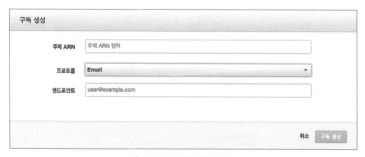

[그림 9-3-25] 구독 생성

구독 ARN에 방금 전 복사했던 '주제 ARN'을 입력합니다. 이렇게 연결하면 모든 구독자들은 주제로부터 데이터를 전송받게 됩니다. 프로토콜은 Email, 엔드포인트에는 이메일 주소를 입력합니다. 하단 "구독 생성" 버튼을 클릭합니다.

성공적으로 생성되면, 구독 확인 이메일을 수신받을 수 있습니다. 수신받은 이메일의 "Confirm Subscription"을 클릭합니다.

[그림 9-3-26] 구독 확인 성공

정상적으로 구독이 등록되었습니다. 폼을 통해 새로운 데이터가 입력되면 관리자 이메일로
도 내용이 전송됩니다.

[그림 9-3-27] 폼 화면

이전과 비슷하게 이메일 주소와 이름을 입력합니다. 다음으로 성공 화면을 확인했다면 이메
일도 확인합니다. 이제 새로운 이메일을 입력할 때마다 위와 같이 이메일을 받게 됩니다.

9.3.8 7단계: 안전한 종료(선택)

[그림 9-3-28] 빈스톡 대시보드

빈스톡 애플리케이션을 사용하지 않는다면, 종료하는 것이 보안 관리 측면에서 좋습니다. 빈
스톡 대시보드 상단 우측 "작업"을 선택한 후 "작업 종료"를 클릭합니다. 확인을 위한 환경 이
름은 처음 생성했던 'demo_beanstalk_node'를 입력하여 삭제합니다.

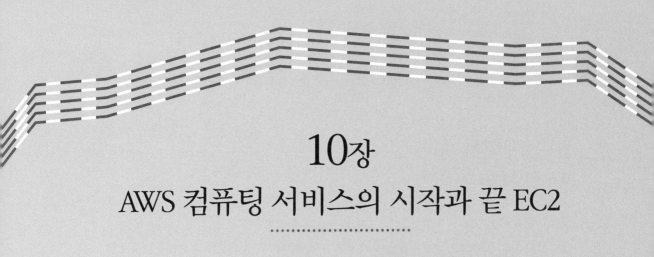

10장
AWS 컴퓨팅 서비스의 시작과 끝 EC2

10.1 클라우드 가상화 기술의 시작, EC2

10.1.1 EC2의 탄생

지난 2006년 IT 역사를 뒤흔들 새로운 시도가 시작되었습니다. 1995년 설립된 인터넷 전자 상거래 업체인 아마존이 자회사인 아마존 웹 서비스, AWS를 설립하고 처음으로 서버 인프라를 빌려주는 EC2 서비스를 선보였습니다. EC2는 AWS 역사와 함께 시작된 서비스로, 'Elastic Computer Cloud'(Amazon EC2)의 약자로 C가 2번 반복되어 EC2라 불리게 되었습니다. 기본적으로 가상 컴퓨터 인스턴스를 제공하는 서비스죠.

가상 서버(컴퓨터)는 인스턴스라고 하는 독립된 컴퓨터들을 임대받는 것이고, 각각의 인스턴스는 컴퓨터 1대라고 이해하면 됩니다. 지금은 가상 서버 환경이 일반화되고 있지만, 2006년 EC2가 처음 나올 때만 해도 며칠에서 많게는 몇 주가 소요되는 서버 증설 작업을 단 몇 분만에 완료하면서 IT 산업에 큰 변화를 불러왔습니다. EC2의 탄생으로, 초기 비용이 많이 발생하는 온디멘드 환경에 비해서 사전의 대규모 지출 없이 가격 종량제를 통해 다양한 종류의 가상 컴퓨터를 이용할 수 있게 되었습니다.

10.1.2 EC2의 특징

❶ 유연한 가상 컴퓨팅

EC2를 사용하면 몇 시간이나 며칠이 아니라, 단 몇 분 내에 용량을 늘리거나 줄일 수 있습니다. 한 개, 수백 개 또는 수천 개의 서버 인스턴스를 동시에 지정할 수 있는 것이죠. 또한 Amazon EC2 Auto Scaling을 통해 EC2 플릿의 가용성을 유지하고, 필요에 따라 집합을 자동으로 확장 및 축소하여 성능을 극대화하여 비용을 최소화할 수 있습니다. 여러 서비스의 크기를 조정하려면 AWS Auto Scaling을 사용하면 됩니다.

❷ 클라우드 호스팅 서비스

사용자는 여러 인스턴스 유형, 운영체제 및 소프트웨어 패키지를 선택할 수 있습니다. EC2를 사용하면 선택한 운영체제 및 애플리케이션에 가장 적합한 메모리 구성, CPU, 인스턴스 스토리지, 부팅 파티션 크기를 선택할 수 있습니다. 이를테면, 다양한 Linux 배포와 Microsoft Windows Server를 운영체제로 선택할 수 있습니다.

❸ 통합성

EC2는 S3(저장 장치), RDS(데이터베이스) 및 Amazon VPC 등 서비스 구축에 필수적인 대부분의 AWS 서비스와 통합되어 있기 때문에 컴퓨팅, 쿼리 처리 및 광범위한 애플리케이션 간 클라우드 스토리지에 대해 완전하고도 안전한 솔루션을 제공합니다.

❹ 우수한 보안

AWS에서 가장 우선순위가 높은 것이 클라우드 보안입니다. AWS 고객은 보안에 가장 민감한 조직의 요구 사항에 부합하도록 구축된 데이터 센터 및 네트워크 아키텍처의 혜택을 누릴 수 있습니다. Amazon EC2는 Amazon VPC와 함께 작동하여 사용자 컴퓨팅 리소스에 보안성 및 강력한 네트워킹 기능을 제공합니다.

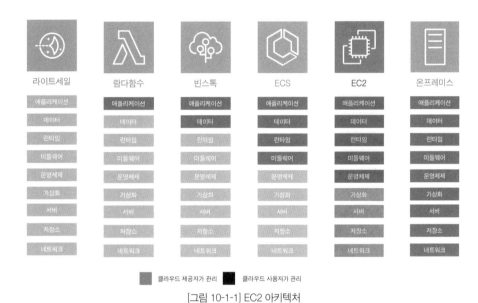

[그림 10-1-1] EC2 아키텍처

10.1.3 EC2 주요 구성

❶ 인스턴스

하나의 가상 서버 AMI에서 다양한 인스턴스 유형을 실행할 수 있습니다. 인스턴스 유형에 따라 인스턴스에 사용되는 호스트 컴퓨터의 하드웨어가 결정됩니다. 각 인스턴스 유형은 서로 다른 컴퓨팅 및 메모리 기능을 제공합니다. 인스턴스에서 실행하려는 애플리케이션 또는 소프트웨어에 필요한 메모리 양과 컴퓨팅 파워를 기준으로 AWS 인스턴스 유형을 선택할 수 있습니다.

❷ EBS

EBS(Elastic Block Store)는 일반 PC에서 하드디스크라고 생각하면 됩니다. EC2 인스턴스에 사용할 블록 스토리지 볼륨을 제공하며 EBS 볼륨은 가용 영역 내에 자동으로 복제되어 구성 요소 장애로부터 보호해주고, 고가용성 및 내구성을 제공합니다. EBS 볼륨은 워크로드 실행에 필요한 지연 시간이 짧고 일관된 성능을 제공하고 단 몇 분 내에 사용량을 많게 또는 적게 확장할 수 있으며, 프로비저닝한 부분에 대해서만 저렴한 비용을 지불하는 특징이 있습니다.

❸ AMI

AMI, 즉 아마존 머신 이미지(Amazon Machine Image)는 소프트웨어 구성이 기재된 템플릿입니다(예: 운영체제, 애플리케이션 서버, 애플리케이션). AMI에서 인스턴스를 바로 시작할 수 있는데, 이 인스턴스는 AMI의 사본으로, 클라우드에서 실행되는 가상 서버입니다.

10.1.4 EC2 라이프사이클

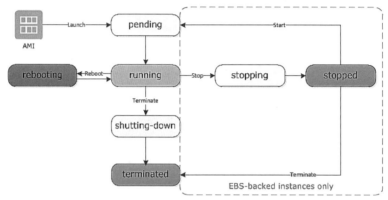

[그림 10-1-2] EC2 상태 변화

상태	인스턴스 설명	사용 요금
pending	인스턴스가 running 상태로 될 준비를 하고 있습니다. 인스턴스가 처음 시작되거나 pending 상태일 때 다시 시작되면 stopped 상태가 됩니다.	미청구
running	인스턴스를 실행하고 사용할 준비가 되었습니다.	청구
stopping	인스턴스가 중지 또는 중지-최대 절전 모드로 전환할 준비를 하고 있습니다.	중지 준비 중인 경우 미청구 최대 절전 모드로 전환 준비 중인 경우 청구
stopped	인스턴스가 종료되고 사용이 불가합니다. 언제든지 인스턴스를 다시 시작할 수 있습니다.	미청구
shutting-down	인스턴스가 종료할 준비를 하고 있습니다.	미청구
terminated	인스턴스를 영구적으로 삭제하며 재시작할 수 없습니다.	미청구

[표 10-1-1] EC2 인스턴스 상태 설명

10.2 EC2 서비스 요금

10.2.1 온디맨드 요금제

고정 금액으로 EC2의 컴퓨팅 파워를 시간당 또는 초당 비용으로 지불하게 됩니다. 동일한 컴퓨팅 성능의 EC2라도 지역이 다르면 요금이 다를 수 있습니다. 온디멘드 요금제는 상대적으로 비용이 비싸기 때문에 개발용이나 테스트를 위한 인스턴스 그리고 단기간 혹은 예정되어 있지 않는 작업 등에 사용할 때 적합합니다.

❶ 선결제 금액이나 장기 약정 없이 저렴하고 유연하게 Amazon EC2를 사용하기 원하는 사용자

❷ 단기에 갑작스럽거나 예측할 수 없는 워크로드가 있으며, 중단되어서는 안 되는 애플리케이션

❸ Amazon EC2에서 처음으로 개발 또는 시험 중인 애플리케이션

10.2.2 예약 인스턴스

예약 인스턴스는 계약 기간에 따라 최대 75%까지 저렴한 비용으로 사용할 수 있는 요금제입니다. 핸드폰 요금제와 비교하면 2년 약정 혹은 3년 약정과 같이 일정 기간 동안 계약을 하는 요금제입니다. 통상적으로 1년 혹은 3년 약정 기간을 적용하며, 비용을 선불로 결제할 수 있고 선불로 결제하는 금액이 많을수록 할인 폭이 커집니다. 예약 인스턴스가 적합한 경우는 다음과 같습니다.

❶ 수요가 꾸준한 애플리케이션

❷ 예약 용량이 필요할 수 있는 애플리케이션

❸ 총 컴퓨팅 비용 절감을 위해 1년 또는 3년 동안 EC2를 사용하기로 약정할 수 있는 고객

10.2.3 전용 호스팅

전용 호스팅은 고객 전용의 물리적 EC2 가상 서버입니다. 전용 호스팅을 사용하면 Windows

Server, SQL Server, Linux Enterprise Server를 비롯한 기존 서버 한정 소프트웨어 라이선스를 사용할 수 있어서 비용 절감뿐 아니라, 규정 준수 요구 사항도 충족할 수 있습니다.

❶ 온디맨드로 구매 가능(시간당).
❷ 온디맨드 요금과 비교하여 최대 70% 할인된 예약 인스턴스로 구매 가능.

10.2.4 스팟 인스턴스

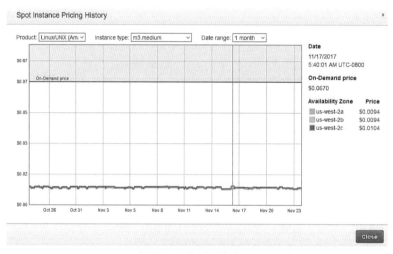

[그림 10-2-1] 스팟 인스턴스

스팟 인스턴스는 입찰 가격을 정해놓고 가장 비싼 요금을 입찰한 사람에게 컴퓨팅 파워를 제공하는 요금제입니다. 홈페이지 모바일 애플리케이션을 서비스하는 경우 서버가 24시간 항상 운영되어야 하지만 머신 러닝이나 데이터 분석처럼 새벽이든 낮이든 상관없이 컴퓨팅 파워가 많이 요구되는 작업에 적합합니다. 일반적으로 온디맨드 요금의 15~20% 정도에서 입찰가가 결정되며, 입찰받아 사용하더라도 나보다 더 높은 요금제를 입찰한 사람이 생기면 더 이상 인스턴스를 이용할 수 없습니다. 스팟 인스턴스가 적합한 경우는 다음과 같습니다.

❶ 시작 및 종료 시간이 자유로운 애플리케이션
❷ 컴퓨팅 가격이 매우 저렴 해야만 수익이 나는 애플리케이션
❸ 대량의 서버 용량 추가로 긴급히 컴퓨팅 파워가 필요한 사용자

10.3 EC2 인스턴스 타입

AWS에는 가상 서버 유형에 따라 다양한 인스턴스 타입이 있습니다. 각각 f1, g3, t3와 같은 이름을 가집니다. 각 이름이 뜻하는 의미를 보면 [그림 10-3-1]과 같습니다. 'h'는 인스턴스의 유형을 의미하여 유형마다 어떤 인스턴스는 그래픽 처리 성능이 뛰어나거나 혹은 CPU 처리 능력이 뛰어남을 의미합니다. 그리고 끝에 숫자는 버전을 의미합니다. 예를 들어, T1 인스턴스와 T2 인스턴스가 있다면 두 인스턴스 중 T2 인스턴스가 조금 더 뒤에 출시된 버전임을 알 수 있습니다.

[그림 10-3-1] EC 인스턴스

EC2는 각 사용 사례에 맞게 최적화된 다양한 인스턴스 유형을 제공합니다. 인스턴스 유형은 CPU, 메모리, 스토리지 및 네트워킹 용량의 다양한 조합으로 구성되며, 애플리케이션에 따라 적합한 리소스 조합을 선택할 수 있는 유연성을 제공합니다. 각 인스턴스 유형은 하나 이상의 인스턴스 크기를 포함하고 있어서 목표로 하는 워크로드 요구 사항까지 리소스를 확장할 수 있습니다.

메모리최적화 - X/R   범용 - M   마이크로 - T   컴퓨팅 최적화 - C   스토리지 - I/D   가속화컴퓨팅

[그림 10-3-2] EC2의 다양한 인스턴스 타입

10.3.1 범용(M)

컴퓨팅 메모리 및 네트워크의 리소스를 균형 있게 적용하여 중소형 DB 혹은 기타 일반적인 애플리케이션에 적합합니다.

10.3.2 마이크로(T)

인스턴스 크기별 기본 수준의 CPU 성능을 제공하며 범용(M)에 비해 성능은 떨어지지만 가격이 저렴합니다. 소규모 웹이나 마이크로서비스 혹은 개발 환경에 적합합니다.

10.3.3 컴퓨팅 최적화(C)

가장 높은 수준의 컴퓨팅 파워를 제공하며 고성능의 프론트엔드나 웹서버 혹은 게임 등의 처리에 적합합니다.

10.3.4 스토리지 최적화(I, D)

I 유형은 SSD 기반의 초고속 랜덤 I/O 성능을 제공하며 NoSQL, Database에 적합하며, H 유형은 HDD 기반의 높은 디스크 처리량을 제공합니다.

10.3.5 메모리 최적화(X, R)

X 유형은 인메모리 기반의 DB나 메모리 기반의 빅데이터 처리에 최적화되어 있고, R 유형은 메모리를 집중적으로 사용하는 인스턴스에 적합합니다.

10.3.6 가속화된 컴퓨팅(G, P, F)

GPU 및 FPGA를 이용한 높은 컴퓨팅 애플리케이션을 제공하며 3D 작업이나 머신러닝 채굴 등에 이용될 수 있습니다. 일반적인 용도를 위한 인스턴스로 T2가 저렴하고 작은 규모의 컴퓨팅 파워에 적합한 반면, M5는 많은 양의 컴퓨팅 파워가 필요한 작업이나 일반적인 서비스 운영에 적합합니다.

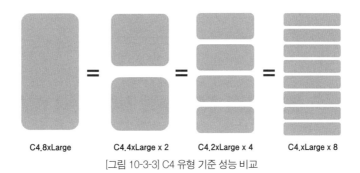

| C4.8xLarge | C4.4xLarge x 2 | C4.2xLarge x 4 | C4.xLarge x 8 |

[그림 10-3-3] C4 유형 기준 성능 비교

nano < micro < small < medium < large < xlarge < 2xlarge nano에서 오른쪽으로 갈수록 성능이 좋은 인스턴스이며, xlarge부터는 앞자리 숫자가 높을수록 성능이 더 좋은 인스턴스입니다.

10.4 EC2 기반 커뮤니티 사이트

10.4.1 실습 아키텍처

커뮤니티 사이트

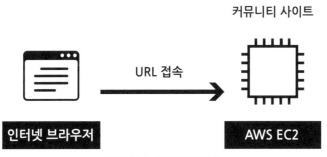

인터넷 브라우저 → URL 접속 → AWS EC2

[그림 10-4-1] 실습 아키텍처

■ 실습 요약 ■
❶ 서버를 구동할 EC2 인스턴스를 생성합니다.
❷ 원격 접속을 통해 필요한 소스코드를 다운로드합니다.
❸ 그누보드 설치 과정을 웹 브라우저에서 설정합니다.

10.4.2 1단계: AWS 콘솔 EC2 ....

EC2

[그림 10-4-2] EC2 구성 절차

[그림 10-4-3] EC2 대시보드

AWS 콘솔 컴퓨팅에서 EC2로 이동합니다. 처음 EC2 대시보드를 보면 상당히 많은 메뉴를 볼 수 있습니다. 앞서 실습한 라이트세일과 빈스톡 역시 EC2를 이용하여 인스턴스를 생성했지만, 만드는 과정은 꽤나 간단했습니다. 반면 EC2는 가상화 서버 구성을 위해 좀 더 복잡한 과정이 필요합니다.

이렇게 좀 더 어려운 이유는 기존 서비스와 달리 [그림 10-4-3]에서처럼, 클라우드 제공자가 관리하는 4가지 부분을 EC2 생성과 함께 모두 설정해야 합니다. 먼저, "인스턴스 시작"을 클릭합니다.

10.4.3 2단계: EC2 AMI 이미지 생성 ···

EC2

[그림 10-4-4] EC2 가상화

[그림 10-4-5] 단계1: AMI 선택

AMI는 운영체제, 애플리케이션 서버, 애플리케이션 등 소프트웨어 구성이 모두 미리 만들어진 템플릿입니다. EC2 첫 단계는 라이트세일의 플랫폼 및 블루프린트를 선택하는 단계와 유사합니다. 좌측 메뉴에서 "빠른 시작"은 일반적으로 가장 많이 사용하는 이미지들이며, 하단 "나의 AMI"은 직접 구성한 서버 이미지를 사용할 수 있습니다. AWS 마켓플레이스에서는 AWS 파트너사들이 만든 이미지를 사용할 수 있습니다.

[그림 10-4-6] 비트나미 패키지 설정

EC2 인스턴스에 웹 서버를 설치하기 위해서는 런타임을 포함한 다양한 설치 패키지들이 필요합니다. 라이트세일에서 사용했고 이번에도 웹서버 구축을 위해 미리 패키지들이 설치되어 있는 비트나미 이미지를 이용하겠습니다. 검색창에 'Bitnami LAMP'를 검색합니다. LAMP란 Linux, Apache, Mysql, Php의 약자로, PHP 웹 서버를 위한 런타임과 미들웨어, 데이터베이스 등을 일컫습니다. Bitnami LAMP는 소프트웨어 패키지들이 미리 설치되어 있는 라이브러리를 제공합니다.

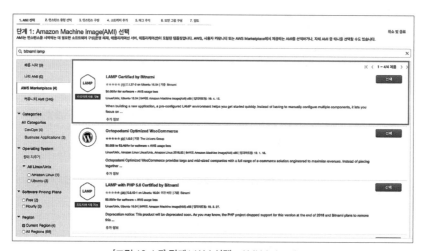

[그림 10-4-7] 단계1 IAM 선택 - AMI Marketplace

"LAMP Certified by Bitnami"를 선택합니다. 하단 라벨처럼 무료 티어 범위 내에서 사용 가능합니다.

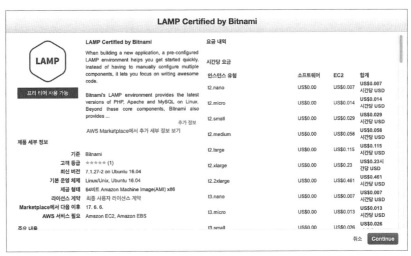

[그림 10-4-8] IAM 선택 - Bitnami 배포판 정보

비용에 대한 설명이 나오지만 비트나미 배포판 과금은 포함되어 있지 않은 EC2 인스턴스 요금입니다. 무료 티어 범위 내에서 사용 가능하니 하단 "Continue"를 클릭합니다.

10.4.4 3단계: EC2 인스턴스 유형 선택

EC2

[그림 10-4-9] EC2 가상 서버(인스턴스)

[그림 10-4-10] 인스턴스 유형 선택

운영체제와 이미지 즉 플랫폼을 선택했으면 다음으로는 EC2 하드웨어의 사양을 선택해야 합니다. 무료 티어 범위 내에서 사용할 수 있는"t2.micro"를 선택합니다. T2는 많은 컴퓨팅을 필요로 하지 않는 일반적인 목적에 적합합니다. 하단 "다음: 인스턴스 세부 정보 구성"을 클릭합니다.

10.4.5 4단계: EC2 인스턴스 세부 정보 구성

[그림 10-4-11] EC2 세부 구성

인스턴스 구성에서 이미 네트워크와 서브넷 등이 자동으로 설정되어 있습니다. 네트워크와 서브넷에 관한 내용은 앞으로 다시 한 번 다루겠습니다.

❶ 인스턴스 개수

사용할 EC2의 인스턴스 개수를 설정합니다. 오른쪽 오토 스케일링(Auto Scalling 그룹 시작)에서 현재 실행 중인 EC2의 CPU 사용량, 메모리 사용량 혹은 사용자가 설정한 임계치를 넘어갈 경우 EC2의 개수를 추가해주는 작업을 설정해줄 수 있습니다.

❷ 네트워크/서브넷

아마존의 프라이빗 네트워크 서비스인 VPC에 대한 설정입니다. 네트워크에 보안 그룹 혹은 서브넷 등을 통해 보안 규칙을 부여할 수 있습니다.

❷ IAM 역할

EC2 서비스가 DynamoDB나 SNS 같은 여타 다른 AWS 서비스를 이용한다면 앞서 배웠듯이, 적절한 역할을 만들어준 후 선택해야 합니다. 이번 예제에서는 EC2 이외에 다른 서비스는 사용하지 않기 때문에 없음으로 설정되어 있습니다.

다음은 스토리지 설정에 대해 확인해보겠습니다. "다음: 스토리지 추가" 버튼을 클릭합니다.

10.4.6 5단계: EC2 스토리지 추가

[그림 10-4-12] EC2 스토리지

[그림 10-4-13] 스토리지 선택

스토리지는 일반적인 SSD 혹은 HDD처럼 보조 저장 장치를 설정하는 옵션입니다. 볼륨 유형은 3가지로 나뉩니다. 일반적인 SSD 성능의 범용 SSD, 기존 SSD보다 더 빠르게 처리할 수 있는 IOPS SSD, 저렴하지만 처리 시간이 느린 마그네틱 디스크 HDD입니다. 기본 설정하고 "다음: 태그 추가"를 클릭합니다.

10.4.7 6단계: EC2 태그 추가

다른 AWS 서비스 리소스들과 마찬가지로 태그 값을 정할 수 있습니다. 별도 설정은 하지 않고 "보안 그룹 구성" 탭을 클릭하여, 보안 그룹 설정으로 넘어갑니다.

[그림 10-4-14] 태그 추가

10.4.8 7단계: EC2 보안 그룹 구성

EC2

[그림 10-4-15] EC2 네트워크 보안 그룹 구성

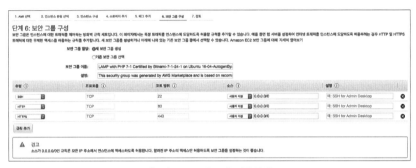

[그림 10-4-16] 보안 그룹 구성

EC2 마켓플레이스에서 비트나미를 선택했기 때문에 미리 설정되어 있는 값을 확인할 수 있습니다. 보안 그룹 유형을 보면 3개의 그룹이 있습니다.

먼저, SSH는 원격에서 서버를 위한 설정입니다. 인터넷 접속을 위해서는 모든 사용자에게 포트가 개방되어야 하지만 SSH 원격 접속은 관리자에게만 필요하기 때문에 되도록 최소한의 권한만 지정하는 것이 좋습니다. 현재 사용 중인 컴퓨터에서 원격 접속을 한다면 "내 IP" 메뉴를 선택하여 현재 아이피에서만 접속할 수 있도록 합니다. 그렇지 않은 경우 해당 컴퓨터의 IP 주소를 입력해주세요. 예를 들어, IP가 1.1.1.1이라면 1.1.1.1/32를 입력합니다. 이미 학습한 바와 같이 끝의 자릿수는 고정되는 값을 의미합니다. 32가 최대 값이기 때문에 32로 입력한다면 1.1.1.1 사용자만 접근할 수 있습니다.

다음으로, 웹 사이트가 웹 브라우저로 접속하기 위해서는 'HTTP://' 혹은 'HTTPS://'로 시작합니다. HTTP/HTTPS 프로토콜을 이용하여 접속한다는 의미입니다. HTTP는 기본 값으로 80번 포트를 HTTPS는 443번 포트를 이용하므로 웹 브라우저 허용을 위해 두 포트는 모든 범위를 뜻하는 0.0.0.0/0로 설정되어 있습니다. "검토 및 시작"을 클릭합니다.

10.4.9 8단계: EC2 인스턴스 시작 검토 ....

[그림 10-4-17] 인스턴스 시작 검토

이제 EC2의 모든 설정이 끝났습니다. 이전과 비교하여 설정이 복잡한 이유는 EC2가 범용 컴퓨팅 서비스를 위한 목적으로 만들어졌기 때문입니다. 범용성을 위해 여러 영역에서 일반적으로 사용할 수 있어야 하고, 사용 목적이나 환경에 따라 다양한 설정을 할 수 있어야 하기 때문입니다. EC2 서비스가 생긴 이후로 계속해서 더 많은 서비스와 기능들이 생겨나고 있습니다. 하지만 사용이 복잡해지면서 간단한 웹서버나 소스코드를 구동하길 원하는 사용자들의 요구로, 이를 반영하여 빈스톡과 라이트세일 같은 새로운 AWS 서비스가 출시되었습니다. "시작하기"를 클릭합니다.

[그림 10-4-18] 키 페어 생성

다음으로 키 페어 생성이 필요합니다. 키 페어란 AWS EC2에 원격으로 접속하기 위한 열쇠와 같은 파일입니다. 비밀번호가 아닌 다운받는 키 페어 파일이 비밀번호와 같은 기능을 하게 되며 이를 통해 안전하게 EC2 인스턴스로 접속할 수 있습니다. 따라서 다운로드한 비밀키는 분실되지 않도록 철저하게 보관해야 합니다. 지금까지 키 페어를 생성한 적이 없으니 "새 키 페어 생성"을 선택하고 영문자로 고유한 이름을 입력한 후 키 페어 다운로드를 클릭하여 내려받은 키 페어 파일을 안전한 곳에 보관합니다.

이제 모든 준비가 끝났습니다. "인스턴스" 시작을 클릭하여 EC2 가상 머신을 생성합니다.

[그림 10-4-19] 인스턴스 시작 개시

약 2~3분여간 인스턴스가 개시될때까지 기다립니다.

[그림 10-4-20] 인스턴스 시작 성공

이제 성공적으로 AWS 클라우드에 가상 서버인 인스턴스가 생성되었습니다. "인스턴스 보기"를 클릭하면 EC2 대시보드로 이동하여 EC2 인스턴스 상태를 확인할 수 있습니다.

지금까지 여러 단계를 통해 생성한 가상 서버인 EC2를 설정하기 위해서는 관리자가 원격 접속을 통해 운영 및 관리를 해야 합니다. 먼저 원격 접속 방법에 대해 알아보겠습니다.

10.4.10 인스턴스 원격 접속 환경 설정

EC2 인스턴스가 가동되었기 때문에 인스턴스에 원격으로 접속해보겠습니다. EC2 인스턴스를 원격으로 조정하기 위해서는 개인 PC에 터미널 애뮬레이터(클라이언트 프로그램)를 설치해야 합니다.

❶ 윈도우

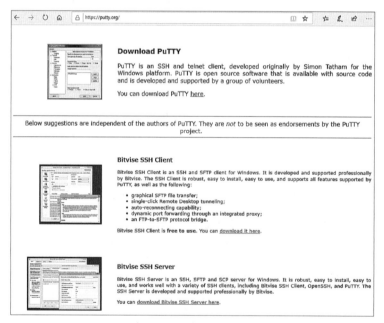

[그림 10-4-21] PuTTY 접속

윈도우는 리눅스나 OSX와 달리 유닉스 계열의 운영체제가 아니기 때문에 별도의 클라이언트 프로그램을 설치해야 합니다. 여기서는 PuTTY라는 SSH 프로토콜 접속 프로그램을 다운로드해 사용하겠습니다. 먼저 http://putty.org로 접속합니다. 다음 You can download PuTTY 에서 "here"를 클릭합니다.

[그림 10-4-22] PuTTY 다운로드

32비트 혹은 64비트 운영체제에 맞추어 PuTTY를 다운로드합니다. 바탕화면의 내 컴퓨터를 마우스 오른쪽으로 클릭한 후 속성을 선택하여 시스템의 "시스템 종류"에서 확인할 수 있습니다. 내려받은 파일을 설치합니다.

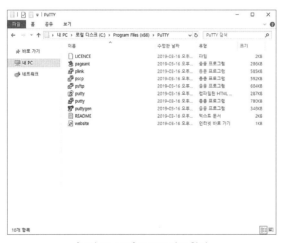

[그림 10-4-23] PuTTY 경로 확인

기본 경로에 설치했다면 C:\Program Files\Putty 혹은 C:\Program Files(x86)\Putty에 설치됩니다. 기본 경로를 수정했다면 수정된 경로의 PuTTY 폴더를 확인할 수 있습니다. AWS

에서 사용하는 암호 파일 형식은 PEM 파일이지만, PuTTY에서는 RSA 포맷을 사용하기 때문에 PuTTYGen을 사용하여 AWS에서 내려받은 PEM 파일을 RSA 포맷으로 변경해야 합니다.

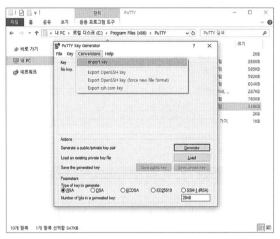

[그림 10-4-24] Putty AWS 보안키 설정

"PuTTYGen"을 더블클릭한 후 상단 "Conversions → import key"를 클릭하고 AWS에서 받은 pem 파일을 선택합니다.

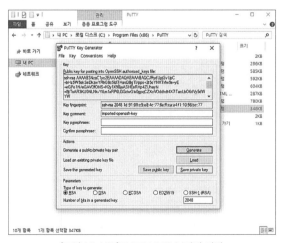

[그림 10-4-25] PuTTY AWS 보안키 저장

하단 기본 값인 RSA가 선택된 상태에서 "Save private key"를 클릭하여 로컬에 저장합니다.

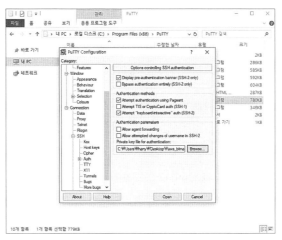

[그림 10-4-26] PuTTY 실행

다음 PuTTY 폴더의 Putty.exe를 실행합니다. 좌측 Category에서 "Connection → SSH → Auth"를 클릭한 후 하단 "Public key file for authentification"에서 "Browser……"를 클릭합니다. 저장해두었던 RSA 포맷의 "Private Key"를 선택합니다.

[그림 10-4-27] PuTTY 설정

다음으로 좌측 Category에서 "Session"을 클릭합니다. [그림 10-4-27]의 Port는 22로 고정되지만, Host Name(어디서)은 AWS 계정마다 다른 값을 갖습니다.

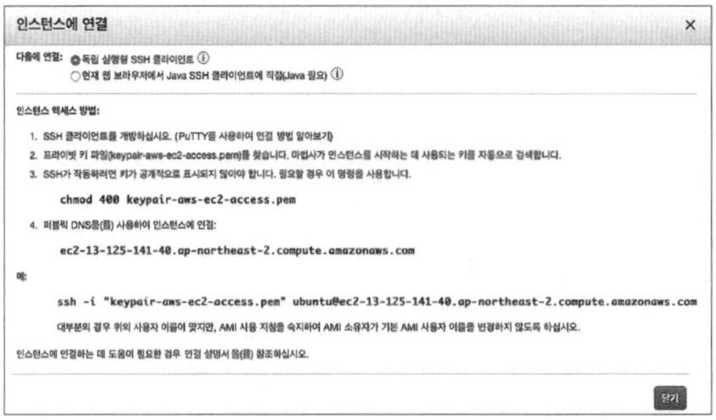

[그림 10-4-28] PuTTY EC2 연결

호스트 네임은 EC2 연결 정보에서 보았던 인스턴스 연결 내용의 하단 부분을 복사하여 입력합니다. 일반적으로 ssh -i "키파일 이름" 접속 주소와 같은 형태이며, ubuntu 혹은 ec2-user로 시작하는 부분부터 끝까지 복사해 Host Name에 붙여넣습니다.

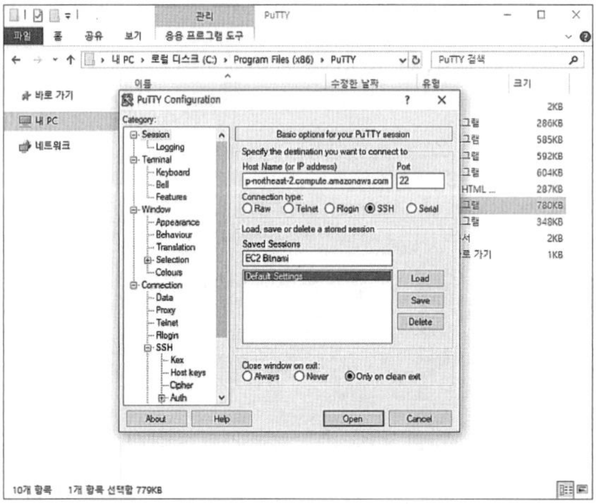

[그림 10-4-29] PuTTY 설정 저장

하단 "OPEN"을 눌러 바로 연결할 수 있지만, 이렇게 하면 매번 PuTTY.exe 파일을 실행할 때마다 Auth에서 Private Key를 설정하고 Host Name을 입력해야 합니다. 좀 더 편리하게 이용하려면 현재 설정 값을 저장(save)합니다. "Saved Sessions" 하단 저장할 이름을 입력한 후 오른쪽 "Load"를 클릭합니다. 설정 값을 다시 가져오고 싶다면 저장된 이름을 클릭한 후 우측 "Load"를 클릭합니다. 설정을 마쳤다면 하단 "Open"을 클릭합니다.

[그림 10-4-30] EC2 원격 접속

EC2 인스턴스에 정상적으로 원격 접속된 것을 확인할 수 있습니다.

[그림 10-4-31] EC2 원격 접속

❷ OSX

OSX는 윈도우에 비해 설정이 간결합니다. 서로 동일한 유닉스 기반이기 때문에 내장 터미널
을 통해 접속할 수 있습니다.

[그림 10-4-32] OSX 런치패드

터미널을 클릭합니다.

다음으로 이전에 보았던 "ssh -I "파일 경로" ec2~" 형식의 명령어를 그대로 붙여 넣으면 됩니
다. 이때 한 가지 주의할 점은 파일 경로 전체를 입력해주어야 하는데, 다운로드 폴더라면 /
Users/유저명/Downloads/파일명.pem 혹은 ~/Downloads/파일명.Pem, 바탕화면이라면 /
Users/유저명/Desktop/파일명.pem 혹은 ~/ Desktop /파일명.Pem과 같은 형식으로 수정합
니다.

리눅스 간단 명령어

• cat 명령어

catch를 뜻합니다. 파일의 텍스트 정보를 출력합니다. 텍스트로 된 파일을 확인할 때
사용합니다.

• chmod 명령어

Uo+rwx에서 U는 user 그리고 O는 others, 즉 파일 소유자를 제외한 다른 사람을 의미
합니다. 그리고 rwx는 각각 read(읽기), write(쓰기), excute(실행하기)를 의미하며 유
저와 소유자가 아닌 다른 사람들에게 읽거나 쓰기 혹은 실행할 수 있는 권한을 부여합
니다. 이외에 +가 아닌 -를 입력하게 되면 반대로 권한을 해제시킵니다.

10.4.10 9단계: 인스턴스 접속

[그림 10-4-33] EC2 인스턴스 대시보드

이전 빈스톡을 삭제하지 않았기 때문에 하단에 EC2가 하나 더 보입니다. 상단 EC2가 현재 생성된 EC2로 아직 태그 값을 설정하지 않아서 이름이 빈 값으로 나타납니다. 이름을 변경해보겠습니다.

[그림 10-4-34] EC2 인스턴스 대시보드 - 이름 수정

EC2 이름 부분을 클릭한 후 "ec2-gnuboard5"로 이름을 변경합니다. 비트나미 패키지를 통해 주요 프로그램들을 설치했지만, 필요한 커뮤니티 사이트 소스 파일은 원격 접속하여 직접 다운로드해야 합니다. 좌측 "인스턴스" 버튼을 클릭합니다. 원격 접속을 위해 방금 생성한 ec2의 체크 박스를 체크한 후 연결 버튼을 클릭합니다. 만일 상태 검사가 '초기화' 단계라면 '검사 통과' 상태가 될 때까지 기다립니다.

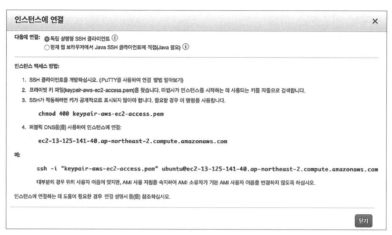

[그림 10-4-35] EC2 연결 정보

다음에 나오는 DNS 인스턴스 주소 정보를 기록합니다. 이제 해당 URL로 접속해보겠습니다.

[그림 10-4-36] PuTTY 원격 접속

맨 처음 접속 시 접속 여부에 "yes"를 입력합니다. PuTTY 클라이언트 프로그램 혹은 터미널을 통해 비트나미에 접속하면 현재 배포판에 대한 설명이 나옵니다. 라이트세일에서 했던 것처럼, 우선 설치된 소프트웨어들을 제어하기 위해서는 비밀번호를 알아야 합니다.

현재 접속된 커서 옆에 "bitnami@ip-아이피주소:~$"와 같은 형태로 보이지 않으면, 명령어 "cd ~"를 입력합니다. CD는 change directory를 의미하고 물결 무늬는 홈디렉토리를 의미합니다.

10.4.11 10단계: 원격 서버 구성 및 설정

```
● ● ●                    1. bitnami@ip-172-31-20-251: ~ (ssh)
harry   ~/Downloads
> ssh -i "./keypair-aws-ec2-access.pem" ubuntu@ec2-13-125-141-40.ap-northeast-2.compute.amazonaws.com
Welcome to Ubuntu 16.04.5 LTS (GNU/Linux 4.4.0-1072-aws x86_64)

        ___    ___   __
       | _ )  (_ _) (_   )
       | _ \   | |   / /__
       |___/  |___| |____|

 *** Welcome to the Bitnami LAMP 7.1.24-1 ***
 *** Documentation:  https://docs.bitnami.com/aws/infrastructure/lamp/ ***
 ***                 https://docs.bitnami.com/aws/ ***
 *** Bitnami Forums: https://community.bitnami.com/ ***
bitnami@ip-172-31-20-251:~$ cat bitnami_credentials
Welcome to the Bitnami LAMP Stack

*******************************************************************************
The default password is 'kysgb4hC55QR'.
*******************************************************************************

You can also use this password to access the databases and any other component the stack includes.

Please refer to https://docs.bitnami.com/ for more details.

bitnami@ip-172-31-20-251:~$ cd htdocs
```

[그림 10-4-37] 원격 접속 설정

다음으로 "cat bitnami_credentials"를 입력합니다. 화면에 나타나는 Password(비밀번호)를 따로 잘 보관합니다.

이제, 그누보드를 설치해보겠습니다. 그누보드는 에스아이알소프트에서 무료로 배포하는 커뮤니티 홈페이지 제작 플랫폼으로, 회원 관리 · 게시판 · 설문조사 · 접속자 현황 등 커뮤니티에 필요한 기본적인 기능을 제공하며 누구나 자유롭게 수정 및 변형할 수 있고 상업적 용도로 사용할 수 있습니다.

10.4.12 11단계: 그누보드 소스코드 다운로드

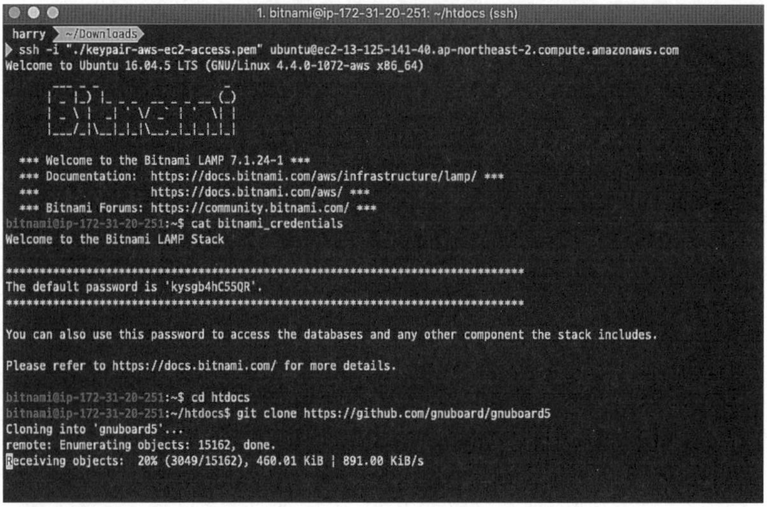

[그림 10-4-38] 배포판 설치

cd htdocs 명령어를 통해 htdocs 폴더로 이동합니다. htdocs 폴더는 비트나미 배포판에서 웹
서버의 최상위 디렉토리로, 웹서버를 처리하는 폴더입니다. 다음으로 git clone https://github.
com/gnuboard/gnuboard5 명령어를 입력합니다. Git Clone이란 Git 저장소로부터 소스코드를
다운로드하는 커맨드입니다. 다운로드가 완료되었다면 Mysql로 접속해보겠습니다.

10.4.13 12단계: 데이터베이스 생성

```
1. bitnami@ip-172-31-20-251: ~ (ssh)
bitnami@ip-172-31-20-251:~$ mysql -uroot -p
Enter password:
Welcome to the MySQL monitor.  Commands end with ; or \g.
Your MySQL connection id is 11
Server version: 5.7.24 MySQL Community Server (GPL)

Copyright (c) 2000, 2018, Oracle and/or its affiliates. All rights reserved.

Oracle is a registered trademark of Oracle Corporation and/or its
affiliates. Other names may be trademarks of their respective
owners.

No entry for terminal type "xterm-256color";
using dumb terminal settings.
Type 'help;' or '\h' for help. Type '\c' to clear the current input statement.

mysql> create database gnuboard5;
Query OK, 1 row affected (0.01 sec)

mysql>
```

[그림 10-4-39] 그누보드 데이터베이스 생성

그누보드를 설치하기 위해서는 데이터베이스가 필수적입니다. 다른 서비스를 이용하지 않고, 함께 설치된 Mysql를 이용하겠습니다. 명령어 'Mysql → mysql'만 입력합니다. 위 뜻은 현재 pc에 설치된 mysql 데이터베이스를 root user로 접속하고 패스워드를 입력한다는 의미입니다. 다음으로 패스워드를 물어보면 조금전 Cat 명령어를 이용해 확인한 패스워드를 입력합니다.

다음으로 그누보드에서 나오는 데이터를 저장할 데이터베이스 영역을 만들어보겠습니다. 'create database gnuboard5;'를 입력합니다. 이 명령어의 의미는 MYSQL에 gnuboard5라는 이름의 데이터베이스 저장소를 생성한다는 뜻입니다. 다음으로 exit 명령어를 이용하여 나옵니다.

10.4.14 13단계: 그누보드 설정

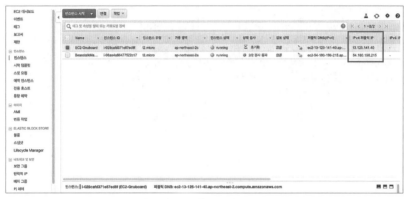

[그림 10-4-40] EC2 대시보드

EC2 대시보드에 표시되는 퍼블릭 IP에 /gnuboard5 덧붙여 웹 브라우저에 입력해주세요. 예를 들어 IP 주소가 172.31.22.23이라면, 172.31.22.23/gnuboard5로 접속합니다.

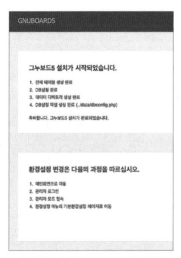

[그림 10-4-41] 그누보드 설치 화면

그누보드를 설치하기 위해서는 data 폴더가 필요합니다. data 폴더는 그누보드를 통해 업로드한 이미지나 자료들의 데이터를 보관하는 폴더입니다. 설명에 맞게 폴더를 만들어보겠습니다.

[그림 10-4-42] data 폴더 생성

cd를 통해 /gnuboards5 디렉토리로 이동해야 합니다(cd ~/htdocs/gnuboard5). 그누보드 설치를 위해서 필요한 mkdir data 명령어와 chmod uo+rwx data 명령어를 입력합니다. mkdir data 명령어 중 mkdir는 make directory의 약자로 data라는 폴더를 만들게 되며, chmod ro+rwx은 data 폴더를 수정할 수 있는 권한을 주는 명령어입니다.

[그림 10-4-43] 라이선스 약관

라이선스 약관을 살펴본 후 문제가 없다면 동의한 후 "다음"을 클릭합니다.

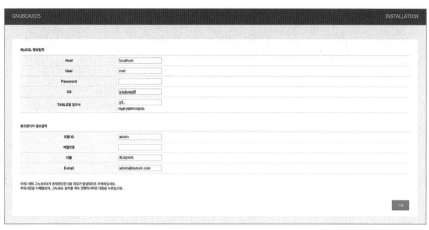

[그림 10-4-44] 그누보드 설정

다음으로는 데이터베이스 접속을 준비하겠습니다. 우선 MySQL 정보입력에 아래와 같이 입력합니다.

Host: localhost
User: root
DB: gnuboard5

데이터베이스의 경우 User는 root를 입력하고, 패스워드는 방금 전 사용했던 비트나미 비밀번호를 패스워드로 입력합니다. 다음으로 DB는 조금 전 'create database gnuboard5'를 이용하여 gnuboard5 데이터베이스를 만들었으니 동일하게 입력합니다.

최고 관리자 정보 입력은 여러분이 사이트 관리에 사용할 회원 ID 그리고 비밀번호와 이름 이메일을 입력합니다. 향후 게시판을 잘 유지 관리하기 위해서는 잘 기억해두어야 합니다.

[그림 10-4-45] 그누보드 설치 완료

모든 과정이 끝났다면 새로운 그누보드로 이동 버튼을 클릭하여 그누보드로 이동합니다.

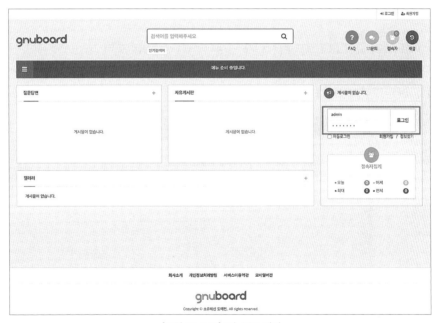

[그림 10-4-46] 그누보드 메인

이전 설정에서 입력했던 관리자 아이디와 비밀번호를 입력한 후 로그인합니다.

[그림 10-4-47] 그누보드 로그인 화면

[그림 10-4-47]과 같이 그누보드 사이트가 완성되었습니다. 지금부터 그누보드 페이지를 통해 사용자 누구나 해당 주소로 접속하여 회원 가입을 하거나 게시판에 글을 쓸 수 있습니다. "관리자" 버튼을 클릭합니다.

[그림 10-4-48] 관리자 화면

게시판 관리나 회원 관리 등을 통해 사용자를 생성하거나 게시판을 만들 수 있습니다. 그누보드 사용법에 대해 자세히 알아보고 싶다면 https://sir.kr/manual/g5을 통해 환경 설정, 회원 관리, 게시판 관리 등 다양한 내용을 확인할 수 있습니다.

10.4.15 14단계: 안전한 종료(선택)

지금까지 진행한 실습은 프리티어 범위 내에서 무료로 사용이 가능하지만, 앞으로 사용하지 않는다면 되도록 인스턴스 상태를 종료로 선택합니다. EC2 인스턴스는 EC2 라이프사이클에서 설명했듯이 running 또는 stopping(최대 절전 모드로 전환 준비 중인 경우)인 상태에서는 비용이 청구되기 때문에 인스턴스를 종료하는 것이 안전합니다.

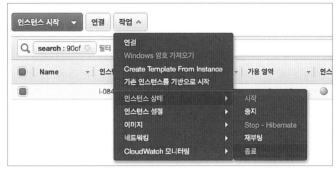

[그림 10-4-49] EC2 인스턴스 삭제

[그림 10-4-50] EC2 인스턴스 삭제 - 계속

인스턴스의 체크 박스에 체크한 후 "작업 〉 인스턴스 상태 〉 종료"를 클릭합니다.

317

[그림 10-4-51] EC2 인스턴스 종료

인스턴스 종료 시 백업 데이터에 대한 경고가 나오는데, "예, 종료" 버튼을 클릭합니다. 비트나미 LAMP 스택을 통해 생성했기 때문에 EC2 인스턴스가 삭제된 이후 IP와 볼륨이 자동으로 함께 삭제됩니다.

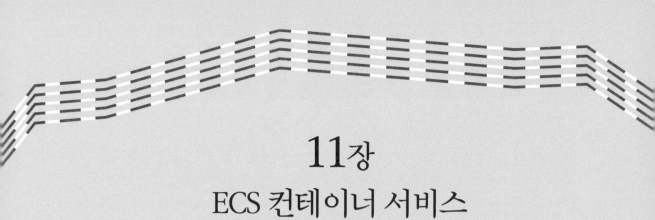

11장
ECS 컨테이너 서비스

가상화 기술의 미래

11.1.1 컨테이너 기술

1950년대까지 화물 운송에는 큰 문제점이 있었습니다. 실제 물건을 운송하는 비용보다 항구에서 선적 비용이 몇 배로 더 많이 들었습니다. 이때 컨테이너가 등장하게 되면서 모든 것을 규격화시킬 수 있었습니다. 이후 톤당 5.83달러까지 하던 운송비가 0.158달러까지 줄어들게 되었습니다.

[그림 11-1-1] 컨테이너 기반 규격화 서비스

IT 서비스 구축도 마찬가지입니다. 개발자의 오랜 골칫거리가 하나 있습니다. 새로 만든 애플리케이션을 실제 작업한 노트북에서 테스트 환경으로, 다시 운영 환경으로 옮길 때마다 온갖 이상한 오류와 맞닥뜨리는 것입니다. 환경마다 네트워크 기술과 보안 정책, 스토리지가 제각각이기 때문에 발생하는 문제입니다. 그래서 '소프트웨어를 한 컴퓨팅 환경에서 다른 컴퓨팅 환경으로 이동하면서도 안정적으로 실행하는 방법이 없을까?'라는 고민이 커졌고, 그 답이 바로 규격화 철학인 컨테이너입니다. 시작 개념은 애플리케이션과 그 실행에 필요한 라이브러리, 바이너리, 구성 파일 등을 패키지로 하나로 묶어 배포하는 것입니다. 이렇게 하면 개발 PC-테스트 환경-실제 운영 환경으로 바뀌어도 실행에 필요한 파일을 함께 묶음으로써 오류를 최소화할 수 있습니다.

컨테이너 기술은 운영체제를 제외하고 애플리케이션 실행에 필요한 모든 파일을 하나로 묶는다는 점에서 운영체제 위에서 구현된 가상화, 즉 운영체제 레벨 가상화(operating-system-level virtualization)라고 부르기도 합니다. 반면 기존 물리적 가상화는 '하드웨어 레벨 가상화'라고 불리기도 합니다. 서버에 하이퍼바이저를 설치한 후 그 위에 가상 운영체제와 애플리케이션을 패키징한 '가상 머신(VM)'을 만들어 실행하는 방식입니다. 오늘날 가상 서버에 보편적으로 적용되는 이 기술은 '서버 가상화'라고도 부릅니다.

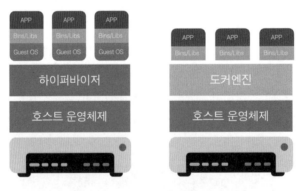

[그림 11-1-2] 가상 머신과 컨테이너 기술 비교

이미 널리 쓰이는 서버 가상화 기술이 있는데 왜 컨테이너가 인기를 끄는 것일까요? 그 이유는 바로 크기와 속도 때문입니다. 컨테이너에는 운영체제가 포함되지 않아 크기가 수십 MB로 작습니다. 반면, 서버 가상화에는 운영체제가 포함되기 때문에 보통 수 GB에 달하죠. 결국, 컨테이너는 서버 1대에서 실행할 수 있는 개수가 서버 가상화보다 최대 10배 이상 많고, 운영체제 부팅이 필요 없어 불과 수초 만에 서비스를 시작할 수 있습니다. 안정적이면서 확장성이 좋은 인프라에 대한 수요가 높기 때문에 전문가들은 컨테이너 기술이 더 확장할 것으로 예상합니다.

컨테이너는 특히 많은 사람들이 동시에 사용하는 클라우드 서비스에 안성맞춤입니다. 실제로 포털 사이트의 커뮤니티나 메일 서비스에는 이미 이 기술이 사용되고 있습니다. 온 프레미스 외에 프라이빗/퍼블릭 클라우드 등 인프라가 복잡해지는 것도 이 기술이 각광받는 또다른 이유입니다. 물론 컨테이너 기술이 개발과 관리에 모든 문제를 해결하지는 않습니다. 컨테이너들이 메인 운영체제를 공유하는 구조여서 서버 가상화보다 운영체제와 연결성이 많습니다. 따라서 만약 컨테이너가 보안에 노출되면 메인 운영체제가 해킹 당할 가능성도 그만큼 높습니다. 리눅스 외에 다른 운영체제를 쓰기 힘들다는 것도 단점으로 꼽힙니다. 오늘날 컨테이너와 서버 가상화 기술이 서로 약점을 보완하면서 공존하는 과정에 있습니다.

11.1.2 컨테이너 기술의 특징

● 새로운 기술 환경 설정의 효율화

IT관련 서적들의 대부분은 환경 설정과 설치법부터 시작합니다. 어떤 언어를 배운다고 해도 최소한 먼저 런타임 환경을 설치해야 합니다. 도커는 이런 환경 설치에 대한 문제를 해결해줍니다. 도커 파일을 받아 구동하기만 됩니다.

● 클라우드 환경에서 도커

클라우드 환경에서 도커를 사용하는 것은 가상화를 가상화하는 기술입니다. EC2 인스턴스를 사용하는 것은 거대한 컴퓨터의 자원을 가상화된 EC2 인스턴스를 통해 할당받아 사용하게 되고, 도커를 이용한다면 가상화에 가상화를 사용하는 것입니다. 하지만 도커 컨테이너 기술은 호스트의 성능 그대로를 사용할 수 있고 개발 환경에 대한 설정이 필요 없기 때문에 반복적인 설치 작업을 하지 않아도 되게 돕습니다.

11.1.3 도커

도커는 2013년 3월에 발표된 오픈소스 가상화 플랫폼입니다. 가상화에 관심이 있다면 한 번쯤 들어본 VMWare, VirtualBox, Xen 등과 비슷한 기능을 하지만, 다른 가상화 플랫폼들에 비하여 월등히 빠른 속도를 가지는 가상화 기술입니다. 그렇다면 왜 도커가 월등히 빠른 속도를 가질 수 있을까요?

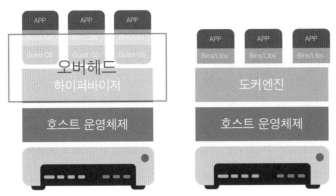

[그림 11-1-3] 도커 가상화

도커는 각각의 개별 가상화된 컴퓨터들이 독자적인 운영체제를 가지는 것이 아니라, 하나의 운영체제를 공유합니다. 프로세스를 격리하는 방법으로 논리적인 가상화를 구성하고 도커 엔진이 구글에서 대용량 처리와 네트워크를 위해 만든 Go 언어를 기반으로 한 것이기 때문에 호스트 컴퓨터로 서비스하는 것에 비해 99%까지로 성능을 끌어올릴 수 있습니다. EC2에서는 각각의 가상 컴퓨터를 인스턴스라고도 하지만, 도커에서는 각각의 가상화된 컴퓨터를 컨테이너라고 부릅니다.

11.2 AWS 컨테이너 서비스

11.2.1 ECS

도커와 같은 컨테이너 가상화 도구를 처음 사용했을 때 컨테이너 기술의 매력과 배포의 어려움을 동시에 느끼게 될 겁니다. 만약 운영 중인 도커 컨테이너나 인스턴스가 몇 개 정도라면 오케스트레이션 도구까지는 필요 없겠지만, 수십 개에서 수백 개가 필요하다면 어디에 어떤 컨테이너가 실행되고 있고 어떤 문제점이 있는지 모니터링하고 관리할 수 있는 도구가 필요합니다. 이를 컨테이너 오케스트레이션(Container Orchestration)이라고 합니다. 대표적으로 도커에서 만든 스웜(Swarm), 구글의 노하우가 담긴 쿠버네티스(Kubernetes), 하시코프의 노마드(Nomad), AWS에서 제공하는 ECS 등 다양한 오케스트레이션 도구들이 있습니다. 모두 각자의 장단점을 가지고 있습니다.

AWS ECS(Elastic Container Service)는 AWS 컴퓨팅 서비스를 제공하는 오케스트레이션 서비스로, AWS 환경에 최적화되어 있습니다. AWS 클라우드 환경에서 사용하는 것을 전제로 하기 때문에 도커의 모든 기능을 사용하기에는 일부 제약이 있으며, 세세한 컨트롤이 어렵습니다. 반면, 구글에서 만든 쿠버네티스는 오픈소스로 개발되었기 때문에 사용자가 원하는 대로 변형하고 수정할 수 있습니다. 하지만 ECS는 서비스 스케일링, 태스크 기반 IAM 지원, 애플리케이션 로드 밸런서 지원, 서비스 디스커버리, AWS 배치 릴리즈, 파게이트(Fargate) 지원 등 AWS에 맞춤화된 기능 등을 추가하며 최근 활용도가 더욱 높아지고 있습니다.

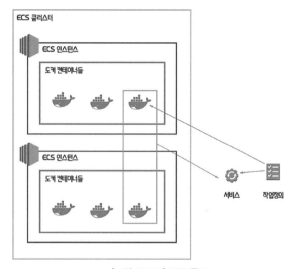

[그림 11-2-1] ECS 구조

11.2.2 ECS 구성 요소

ECS 서비스를 사용하기 전에 몇 가지 구성 기술들을 이해할 필요가 있습니다. ECS는 크게 5개 컴포넌트들로 구성되어 있습니다.

❶ 클러스터(Cluster)
❷ 작업(Task)
❸ 작업정의(Task definition)
❹ 서비스(Service)
❺ 컨테이너 인스턴스(Container Instance)

● 클러스터

ECS의 가장 기본적인 단위는 클러스터입니다. 클러스터는 도커 컨테이너를 실행할 수 있는 가상의 공간으로 이해하면 됩니다. 클러스터는 프로젝트나 컨테이너의 성격에 따라서 나눠질 수 있습니다. 이를테면, '프로젝트 Lion'의 컨테이너들은 Lion 클러스터에서만 실행되고, '프로젝트 Cat'의 컨테이너들은 Cat 클러스터에서 실행되는 식입니다. ECS 클러스터는 기본적으로 EC2와 같은 컴퓨팅 자원을 기본적으로 포함하지 않는 논리적인 단위입니다. 따라서 컴퓨팅 자원이 없는 빈 클러스터를 만드는 것도 가능합니다. 그리고 EC2에 ecs-client라는 서비스를 실행해서 특정 클러스터에 연결할 수 있습니다. 이렇게 클러스터에 연결된 EC2 인스턴스를 컨테이너 인스턴스라고 부릅니다. ecs-client는 컨테이너 인스턴스의 자원을 모니터링 및 관리하고, 클러스터로 요청된 컨테이너들을 적절하게 실행하는 역할을 합니다.

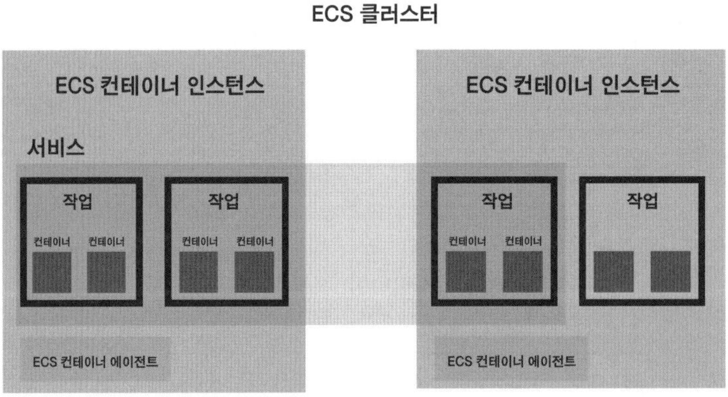

ECS 클러스터

ECS 컨테이너 인스턴스		ECS 컨테이너 인스턴스	
서비스			

작업	작업	작업	작업
컨테이너 컨테이너	컨테이너 컨테이너	컨테이너 컨테이너	

ECS 컨테이너 에이전트   ECS 컨테이너 에이전트

[그림 11-2-2] ECS 클러스터와 클러스터 인스턴스

● 작업

ECS에서 컨테이너를 실행하는 최소 단위는 작업입니다. 클러스터 상에서 동작하는 1개 혹은 1개 이상의 컨테이너들을 지칭합니다. 만약 노드 서버를 위한 도커 컨테이너와 데이터베이스를 위한 도커 컨테이너가 필요하다면 각각 개별 작업으로 정의할 수도, 하나의 작업으로 정의할 수도 있습니다. 같은 하나의 작업으로 묶여 있다면 서로 네트워크 통신을 할 수 있습니다.

● 작업 정의

도커 컨테이너를 실행하기 위해 정의한 도면과 같습니다. 컨테이너의 이미지, CPU/메모리 리소스 할당 설정, 포트 매핑, 볼륨 설정 같은 것들이 포함되며, 기존 도커 명령에서 가능했던 대부분 옵션이 설정 가능합니다. 작업 정의를 바탕으로 작업, 즉 도커 컨테이너들을 실행할 수 있습니다.

● 서비스

작업을 하나의 오케스트레이션 단위로 묶은 것을 서비스라고 합니다. 작업은 일반적으로 작업 개수로 정의하지만, 서비스는 로드 밸런서와 오토 스케일링을 연결하여 애플리케이션 단위로 조절할 수 있습니다.

● 컨테이너 인스턴스

ECS는 컨테이너 배포를 EC2 인스턴스 기반에 올리도록 설계되어 있습니다. 작업 정의대로의 작업(컨테이너를 동작시킬 컴퓨터)을 지칭합니다. 하지만 파게이트 서비스는 컨테이너 인스턴스를 사용자가 직접 설정하거나 만들어줄 필요 없이 AWS에서 관리해주기 때문에 컨테이너 인스턴스를 필요로 하지 않습니다.

11.2.3 파게이트

AWS 파게이트(Fargate)는 AWS에서 2017년에 발표한 서비스입니다. 파게이트는 AWS의 매니지드 컨테이너 오케스트레이션 서비스인 ECS와 EKS를 기반으로 작동하는 서비스입니다. 특징은 도커 컨테이너를 EC2 인스턴스 없이 독립적으로 실행할 수 있게 합니다. 또한 EC2보다 컴퓨팅 성능을 더 세세하게 선택할 수 있으며, 태스크 단위에서 IAM 롤이나 네트워크 인터페이스를 부여하는 것도 가능합니다. 반면, 람다 서비스보다는 저렴하지만 EC2보다는 비용이 비싸기 때문에 AWS 람다와 EC2 기반의 ECS 컨테이너의 중간에 위치한 서비스라고 할 수 있습니다.

[그림 11-2-3] AWS 컨테이너 서비스

컨테이너 오케이스트레이션은 개발자 입장에서 애플리케이션 배포에 새로운 시대를 열었습니다. 오늘날 AWS ECS, 쿠베르네티스, 도커 스웜, 아파치 메소스와 같은 오케스트레이션을 통한 컨테이너 애플리케이션 배포는 빠르게 자리를 잡아가고 있습니다. AWS에서 오케스트레이션 툴을 사용한다면 AWS의 EC2와 같은 컴퓨팅 자원을 묶어서 클러스터로 관리할 것입니다. 이러한 컴퓨팅 자원을 관리하는 작업은 클러스터를 운영하는 데 있어서 가장 까다로운 작업 중 하나입니다. 파게이트가 비록 AWS 람다를 대체하기 위한 서비스는 아니지만 파게이트를 사용하면 AWS 람다와 같이 컴퓨팅 자원에 대한 추가적인 관리 없이 애플리케이션 실행이 가능해집니다. 또한 컨테이너를 기반으로 하기 때문에 람다에서 지원하는 언어들보다 훨씬 더 다양한 환경을 그대로 이식하는 것이 가능합니다. EC2 인스턴스보다 vCPU와 RAM을 세세하게 설정할 수 있으며, 컨테이너에 IAM 롤을 지정하거나 ENI를 설정할 수도 있습니다. 현재는 서울 리전에서도 파게이트 서비스를 사용할 수 있습니다. 다만, ECS를 기반으로만 사용할 수 있습니다. 따라서 파게이트를 사용하기 앞서 ECS의 기본적인 개념과 사용법을 설명했습니다.

11.3 AWS VPC

11.3.1 가상 사설망이란?

가상 사설망(VPN: Virtual Private Network)은 크기가 큰 하나의 네트워크망을 작고 독립적인 단위로 나누고 액세스를 분리하여 구축하는 형태의 네트워크를 말합니다. 영어로 'Virtual', 즉 가상인 이유는 실제 물리적으로 떨어져 있는 네트워크는 아니지만 논리적으로 마치 분리되어 있는 것처럼 작동하기 때문에 '가상' 사설망이라고 부릅니다. 예를 들어, 서버 아키텍쳐의 변화가 있을 때마다 실제 물리적인 서버나 컴퓨터 전용선들을 바꾸는 것은 현실적으로 불가능합니다. 서브넷을 적용하기 전에는 사무실A와 사무실B가 하나의 네트워크 상에서 실행되지만, 사설망을 적용해 네트워크A, 네트워크B로 나누어 서로 떨어진 네트워크처럼 실행하며 네트워크A와 네트워크B가 서로 통신을 할 수 없도록 변경할 수 있습니다.

[그림 11-3-1] 서브넷 적용 구조

11.3.2 CIDR 표기법

AWS는 IP 주소를 CIDR(Classless Inter-Domain Routing) 표기법으로 나타냅니다. 예전에는 IP 주소의 범위를 나눌때 '클래스'라는 단위를 사용했습니다. 하지만 CIDR은 앞글자가 'Classless', 즉 클래스를 사용하지 않는 표기법으로 IP 주소의 범위를 표현할 때 그림과 같은 형식을 사용합니다.

172.31.0.0/16

1010 1100 0001 1111 0000 0000 0000 0000

[그림 11-3-2] CIDR 표기

IP 주소는 V4 방식과 V6 방식으로 나눌 수 있습니다. 일반적으로 사용하는 V4 주소 체계는 32비트 값으로 표현됩니다. 끝에 슬래시로 표기한 16 값은 앞자리 16비트까지의 값은 고정이고, 나머지 16비트는 변경이 가능하다는 의미입니다. 비트 수가 높아질수록 변경 가능한 자리는 줄어들기 때문에 더 낮은 IP 대역을 갖습니다.

11.3.3 사설 IP와 RFC1918

사설 IP란 네트워크 내부에서 사용하는 IP 주소를 말합니다. 예를 들어, 집주소가 AA시 BB동 111-222라고 할 때, 이것은 모든 사람들이 나를 찾을 수 있는 고유한 주소입니다. 하지만 안방, 화장실, 거실 등은 옆집 A의 집에도 있을 수 있고 앞집 B의 집에도 있는 명칭입니다. 우리 집에서 누군가 '안방에서 리모컨 좀 가져다 줘'라고 하면 당연히 남의 집이 아닌 우리 집에서 리모컨을 찾습니다. 이 경우 집주소가 공인 IP 그리고 안방이 사설 IP에 해당합니다. 공인 IP와 사설 IP 사이 충돌을 피하기 위해 RFC1918이라는 표준을 사용하게 되며, 다음과 같은 IP 범위를 갖습니다.

❶ 10.0.0.0 ~ 10.255.255.255(10/8 prefix)
❷ 172.16.0.0 ~ 172.31.255.255(182.16/12 prefix)
❸ 192.168.0.0 ~ 192.168.255.255(192.168/16 prefix)

특히 무선공유기를 사용한다면 192.168.*.*과 같은 아이피 대역을 많이 보게됩니다. 이 대역의 네트워크에 연결을 요청하면 외부에서 데이터를 찾는 것이 아니라, 내부 네트워크에서 데이터를 찾게 됩니다.

11.3.4 AWS VPC란?

VPC(Virtual Private Cloud)는 이름에서도 짐작할 수 있듯이 Network가 아닌 Cloud, 즉 클라우드 내에 있는 리소스들을 가상 사설망(VPN)처럼 사용할 수 있는 서비스입니다. VPC를 이용하면 사용자만의 네트워크를 구성하고 마치 가상의 데이터 센터를 사용하는 것과 같이 구축할 수 있습니다.

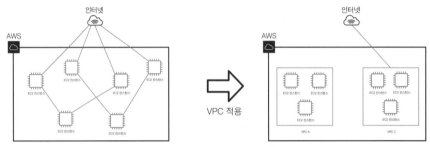

[그림 11-3-3] VPC 적용 전후 비교

VPC를 사용하지 않는다면 좌측 인스턴스의 네트워크가 개별적으로 작동하지만 VPC를 적용하면 개별 네트워크 단위로 실행되면서 각 VPC내에서 보안에 대한 설정이나 규칙을 부여할 수 있다는 장점이 있습니다.

11.3.5 VPC의 구성 요소

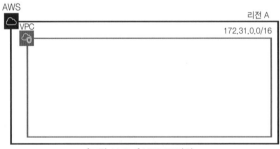

[그림 11-3-4] VPC IP 범위

VPC를 생성하면, 리전에 고유하게 IP 대역을 정할 수 있습니다. 이때 IP 대역은 사설 네트워크를 구축하기 때문에 RFC1918 패턴을 따릅니다. [그림 11-3-4]와 같이 큰 네트워크 사설망 단위를 정의하였다면 이제 작은 단위로 쪼갤 수 있는데, 이 작은 단위를 서브넷이라고 부릅니다.

11.3.6 서브넷

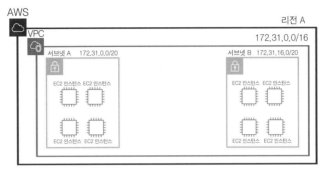

[그림 11-3-4] 서브넷

서브넷도 VPC와 마찬가지로 IP 범위를 갖습니다. IP 범위는 VPC에 포함되는 IP 주소이기 때문에 오른쪽 마스크 값이 더 커지게 됩니다. VPC에는 EC2 인스턴스, RDS 등 AWS 서비스를 사용할 수 있으며 1개의 서브넷은 1개의 가용 영역을 갖습니다.

11.3.7 라우팅 테이블과 라우터

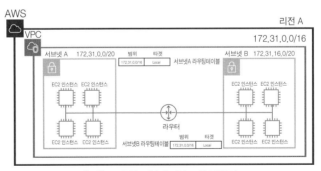

[그림 11-3-5] 서브넷 마스크와 라우터

서브넷에는 라우팅 테이블이 존재하고 서브넷을 이어주는 라우터가 있습니다. 라우팅 테이블은 컴퓨터 네트워크에서 목적지 주소를 목적지에 도달하기 위한 네트워크 노선으로 변환시키는 목적으로 사용되는 하나의 정보이자 이정표입니다. 각각 172.31.0.0/16 범위의 네트워크는 로컬에 있다는 것을 라우팅 테이블로 정의합니다.

11.3.8 인터넷 게이트웨이

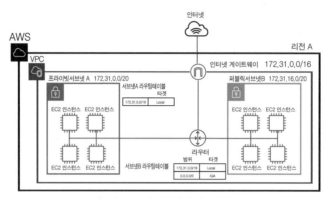

[그림 11-3-6] 인터넷 게이트웨이

인터넷 게이트웨이는 VPC와 인터넷을 연결해주는 관문입니다. 비록 라우터와 인터넷 게이트 웨이는 연결되어 있지만 라우팅 테이블에 인터넷 게이트웨이를 알려주어야 인터넷 게이트웨 이와 통신할 수 있습니다. [그림 11-3-6]과 같이 모두 이어져 있지만 라우팅 테이블이 감지하 못한다면 같은 네트워크로 작동하지 않습니다. 이때 모든 IP 주소를 뜻하는 0.0.0.0/0의 타겟을 IGA(인터넷 게이트웨이)로 설정하면 맨처음 172.31.0.0/16과 매칭되는지 확인한 후, 매칭되지 않으면 아래 0.0.0.0/0으로 트래픽을 전달하게 됩니다. [그림 11-3-6]처럼 인터넷과 연결되지 않은 서브넷은 '프라이빗 서브넷', 인터넷과 연결된 서브넷은 '퍼블릭 서브넷'이라고 합니다.

11.3.9 보안 그룹

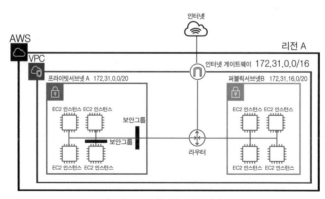

[그림 11-3-7] 보안 그룹 설정

보안 그룹은 보안 관리를 위한 방화벽과 같은 역할을 합니다. CIDR이나 AWS ARN 그리고 포트 번호를 이용하여 어느 곳에서 들어오는 데이터나 어떤 데이터를 허용할지 정의할 수 있으며, 서브넷 단위로도 적용 가능하지만 인스턴스와 같은 리소스 단위로도 사용할 수 있습니다.

11.4 엘라스틱 로드 밸런싱(ELB)

11.4.1 엘라스틱 로드 밸런싱(Elastic Load Balancing)이란? ....

로드 밸런싱(Elastic Load Balancing)은 EC2 인스턴스에서 운영 중인 애플리케이션, 마이크로서비스 또는 컨테이너로 트래픽을 분산 처리해주는 서비스입니다. 아래 [그림 11-4-1]과 함께 엘라스틱 로드 밸런싱이 어떻게 작동하는지 살펴보겠습니다.

[그림 11-4-1] 로드 밸런서가 없는 경우

[그림 11-4-1]과 같이 로드 밸런서가 없는 구조를 가지고 서비스를 한다면, 상당히 많은 문제를 갖게 됩니다. 우선 사용자가 특정 서비스에 집중되면 스케일-아웃(서버를 증가하는) 방식의 확장밖에 할 수 없고, 펌웨어를 업데이트하거나 서버의 애플리케이션을 배포할 때 모든 서비스가 중지하게 됩니다. 따라서 정상적으로 서비스 운영하기는 어려운 구조입니다.

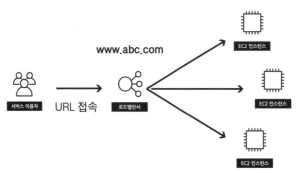

[그림 11-4-2] 로드 밸런서가 있는 경우

반면, 로드 밸런서가 있는 구조는 이용자들이 요청한 응답 백엔드에 각각 인스턴스들에 트래픽을 분산 처리하게 됩니다. 만약 5대의 서버에 20%씩 트래픽을 분산하고 있는 경우라면, 1대의 서버가 에러나 펌웨어 업데이트 등으로 서버가 동작할 수 없을 때 로드 밸런서는 해당 인스턴스가 정상화 될때까지 나머지 정상적인 인스턴스 4대에 25%씩의 트래픽을 분산하게 됩니다. 반대로, 서비스 이용자의 트래픽이 증가하여 인스턴스를 2배 늘려야 한다면 로드 밸런서는 스케일-업을 통해 처리량을 높이거나 스케일-아웃을 통해 인스턴스를 늘릴 수 있습니다. 만약 인스턴스를 2배로 스케일-아웃하도록 설정했다면, 5대의 인스턴스에서 20%씩 처리하던 것을 10대가 각각 10%씩 처리할 수 있게 됩니다.

11.4.2 클래식 ELB와 애플리케이션 ELB

레이어 4(네트워크)	레이어 7(애플리케이션)
TCP와 SSL 지원	HTTP와 HTTPS 지원
클라이언트와 서버가 연결 중계	연결은 로드 밸런서에서 종료되고 로드 밸런서와 서버 별도 연결
헤더 변경 없음	헤더 변경 가능
프록시 프로토콜 요청에 대해 소스 및 목적지 IP 주소, 포트 추가	X 포워드 포 헤더를 통해 클라이언트 IP 전달

[표 11-4-1] ELB 비교

로드 밸런서는 크게 OSI 7네트워크 계층에서 작동하는 레이어4 로드 밸런서와 레이어 7에서 작동하는 ELB가 있습니다. OSI 7계층을 다룰 때 네트워크 레이어는 물리적인 부분만 담당하는 레이어라고 배웠습니다. 레이어 4는 요청된 데이터를 받아 그대로 목적지 인스턴스로 보내는 기능만을 담당합니다. 반대로 레이어 7의 ALB는 데이터를 목적지에 맞게 맵핑하거나 헤더 데이터를 변경할 수 있습니다.

● 클래식 ELB

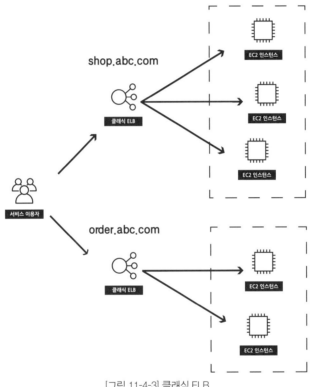

[그림 11-4-3] 클래식 ELB

클래식 ELB와 애플리케이션 ELB를 나누는 가장 큰 차이점이 있습니다. 클래식 ELB는 하나의 애플리케이션에 하나의 로드 밸런서가 필요합니다. 만약 회원 관리 모듈을 처리하는 EC2 인스턴스와 결제 모듈을 처리하는 EC2 인스턴스가 있다면 하나의 엔드포인트에서 운영할 수는 없기 때문에 각각의 엔드포인트를 따로 만들고 각각의 로드 밸런서를 적용해야 합니다.

● 애플리케이션 ELB

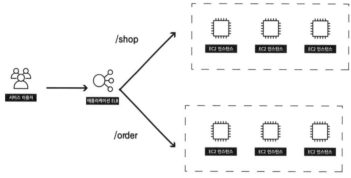

[그림 11-4-4] 애플리케이션 ELB

애플리케이션 ELB는 그림과 같이 동일한 엔드포인트로 들어오는 데이터를 URI 패스에 따라 분기하여, 다른 인스턴스 그룹별로 처리할 수 있습니다. 또한 하나의 인스턴스에 하나의 애플리케이션과 연결되었던 클래식 로드 밸런서와 달리 포트를 이용하여 하나의 인스턴스에 있는 다양한 앱들과 연결할 수 있습니다. 이처럼 EC2 인스턴스에 1개 이상의 애플리케이션을 운영할 수 있기 때문에 EC2 인스턴스의 리소스를 최대화하고 비용을 절감할 수 있습니다.

11.4.3 상태 확인

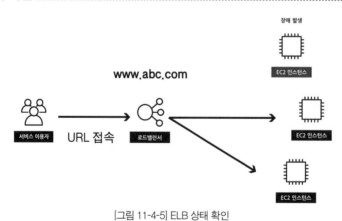

[그림 11-4-5] ELB 상태 확인

상태 확인은 서비스 요청을 비정상 또는 장애 인스턴스들로 전달되는 것을 차단합니다. HTTP와 HTTPS 프로토콜을 사용하여 빈도, 실패 임계치, 성공시 응답 코드 등을 설정하여 설정된 임계치를 기준으로 인스턴스가 정상인지 여부를 체크합니다. 만약 특정 서비스가 비정상적인 상태임을 확인한다면 해당 서비스 트래픽을 차단하고 나머지 서비스로 트래픽을 분산합니다.

11.5 ECS 컨테이너 서비스 구축

11.5.1 실습 아키텍처

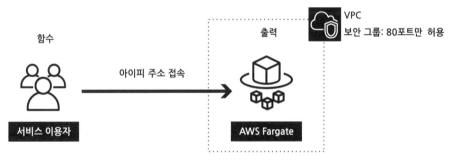

[그림 11-5-1] ECS 실습 아키텍처

■ 실습 요약 ■
- ❶ ECS 작업 정의 만들기
  - A. 작업 정의 이름 TD-sample-web
  - B. 컨테이너 구성(컨테이너 이름containersampleapp)
- ❷ 클러스터 생성(클러스터 이름cluster-sample)
- ❸ 작업 실행 및 테스트
  - A. 작업 정의 TD-sample-web
  - B. 보안 설정 이름 SG-sample-web

VPC와 ELB를 이용하여 확장 가능한 웹 애플리케이션을 실습해보겠습니다.

11.5.2 1단계: ECS 작업 정의 만들기

[그림 11-5-2] ECS 대시보드

AWS 콘솔 컴퓨팅 서비스에서 ECS를 클릭합니다. ECS 좌측에는 3가지 메뉴가 있습니다. AWS ECS 서비스 그리고 쿠버네틱스를 위한 서비스인 EKS, 프라이빗 컨테이너 이미지를 위한 ECR입니다. 먼저 "작업 정의"를 클릭합니다(최초 실습 화면을 유지하기 위해 리전 선택에 유의하세요).

[그림 11-5-3] 새 작업 정의 생성

도커 머신은 클러스터 상에서 작동합니다. 작업 정의는 클러스터 상에서 작동되는 도커 인스턴스에 대한 정의로, 어떤 이미지를 사용할 것인지 어느 포트를 이용할지 등을 정의합니다. "새 작업 정의 생성"을 클릭합니다.

[그림 11-5-4] FARGATE 선택

ECS는 크게 EC2상에서 작동하는 방식과 호스트에 대한 관리 없이 실행되는 파게이트가 있습니다. 좌측 "FARGATE"를 선택합니다.

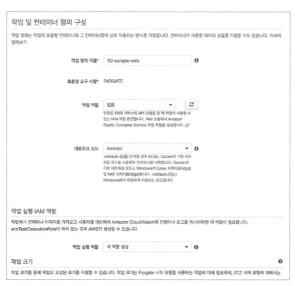

[그림 11-5-5] 작업 정의 및 컨테이너 구성

작업 정의 이름은 "TD-sample-web"을 선택합니다. 다른 AWS 서비스를 이용하지 않기 때문에 작업 역할은 "없음", 네트워크 모드는 "awsvpc"로 선택합니다. 네트워크 모드는 호스트 PC와 컨테이너 간 네트워크 설정을 해줄 수 있지만 파게이트는 호스트 PC가 없기 때문에 VPC와 직접 연결되는 AWSVPC만 사용할 수 있습니다.

그림 11-5-6] 작업 정의 및 컨테이너 구성 - 역할 생성

실행 역할은 "새 역할 생성", 작업 메모리는 "0.5GB", 작업 CPU는 "0.25vCPU"를 선택합니다. 작업 역할은 도커 인스턴스 애플리케이션을 위한 역할이며 작업 실행 역할은 도커 인스턴스를 게시하고 로그를 기록하기 위한 역할입니다.

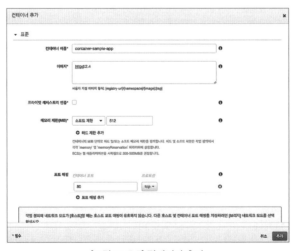

[그림 11-5-7] 컨테이너 추가

"컨테이너 추가"를 선택하고 컨테이너 이름에 'containersampleapp' 이미지에 'httpd:2.4'를 입

력합니다. 메모리 제한은 "소프트 제한"을 선택하고 "512MB"를 입력합니다. HTTP 프로토콜을 이용한 웹서버이기 때문에 포트 매핑은 80으로 선택하고, 하단에서 환경으로 화면을 이동합니다.

도커 허브

깃허브와 유사하지만 컨테이너를 공유하는 저장소입니다. 퍼블릭 저장소를 통해 업로드하면 이렇게 누구나 도커 이미지 파일과 설정을 공유할 수 있습니다. 반대로 실제 운영 중인 서버나 노출되면 안되는 정보를 위해 프라이빗 저장소 서비스도 제공하며, 이 경우 프라이빗 저장소의 개수에 따라 유료 플랜을 선택해야 합니다. 이와 유사하게 AWS에는 프라이빗 컨테이너 이미지의 손쉬운 저장, 관리 및 배포 용도로 제공하는 ECR(Elastic Container Registry)서비스도 있습니다.

메모리 제한

메모리 제한에는 크게 2가지 종류가 있습니다. 소프트 제한과 하드 제한입니다. 소프트 제한은 컴퓨터에서 미리 그만큼의 용량을 인스턴스를 위해 확보해두고 다른 인스턴스들이 사용하지 못하도록 합니다. 반면 하드 제한은 해당 용량에 도달하게 되면 인스턴스를 강제로 종료하게 됩니다.

포트 매핑

컨테이너와 VPC를 연결할 때 열어줄 포트를 선택합니다.

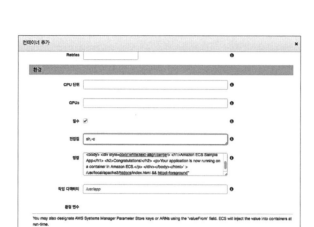

[그림 11-5-8] 컨테이너 추가 - 계속

환경에서 진입점에 sh,-c 명령에는 제공한 예제 파일을 복사하여 붙여넣습니다. 이 스크립트는 따로 개발한 웹서버가 없기 때문에 테스트를 위해 제공하는 내용입니다. 다음 하단 "추가" 버튼을 클릭합니다.

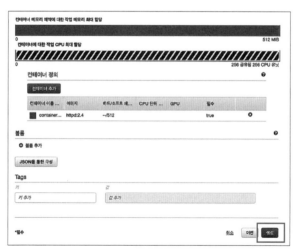

[그림 11-5-9] 컨테이너 추가 - 계속

설정을 다 마쳤다면 하단 "생성"을 클릭합니다.

[그림 11-5-10] 작업 정의 확인

작업 정의가 만들어졌다면 하단 "작업 정의 보기"를 클릭합니다.

11.5.3 2단계: 클러스터 생성

[그림 11-5-11] 클러스터 생성

지금까지 작업 정의를 통해 새로운 컨테이너를 어떻게 실행할지에 대한 청사진에 해당하는 작업 정의를 만들었습니다.

다음으로 도커 컨테이너들을 실행할 수 있는 공간인 클러스터를 만들어보겠습니다. 좌측 "클러스터"를 클릭한 후 "클러스터 생성"을 클릭합니다. 클러스터 템플릿에서는 "네트워크 전용 AWS Fargate 제공"을 선택합니다.

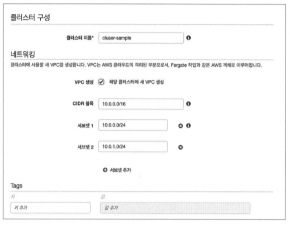

[그림 11-5-12] 클러스터 구성

클러스터 이름에 'cluster-sample'을 입력합니다. "해당 클러스터에 VPC 생성"을 클릭하면 새로운 메뉴와 함께 CIDI 블록과 서브넷을 구성할 수 있습니다. 앞으로 클러스터 내에서 만드는 모든 컨테이너들은 이 VPC 설정을 따르게 됩니다. 기본 설정을 따르고 하단 "생성" 버튼을 클릭합니다.

[그림 11-5-13] 클러스터 확인

클러스터 생성되는 과정에서 VPC와 서브넷만 설정했지만 인터넷 게이트웨이와 라우팅 테이블이 함께 정의됩니다. 각 서브넷은 기본적으로 인터넷과 연결되어 있는 퍼블릭 서브넷으로 구성됩니다. 클러스터 리소스 VPC이름을 잘 기록합니다. "클러스터 보기"를 클릭합니다.

[그림 11-5-14] 클러스트 확인

클러스터 메뉴를 보겠습니다. 서비스와 작업은 동일하게 컨테이너를 실행하지만 서비스는 컨테이너를 로드 밸런서 단위로 묶어 분산 처리와 오토 스케일링을 할 수 있습니다. 반면, 작업은 정의된 컨테이너만 실행됩니다. 하단 영역 중 "작업"을 선택합니다.

11.5.4 3단계: 작업 실행 및 테스트

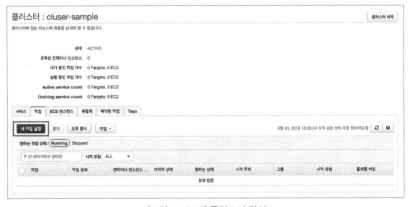

[그림 11-5-15] 클러스터 작업

작업 탭에서 "새 작업 실행"을 클릭합니다.

[그림 11-5-16] 작업 실행

시작 유형에 Fargate 작업 정의는 생성한 "TD-sample-web"을 선택합니다. 작업 개수는 1개 그리고 VPC는 시작 과정에서 생성한 VPC가 미리 선택되어 있습니다. 서브넷에서 나타나는 2개의 서브넷을 모두 선택합니다.

[그림 11-5-17] 보안 그룹 구성

보안 그룹에서 "편집"을 클릭합니다.

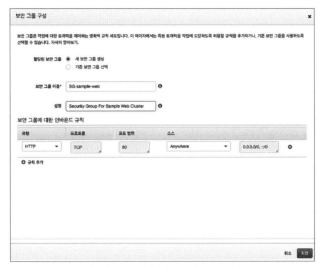

[그림 11-5-18] 보안 그룹 구성 - 계속

"새 보안 그룹 생성"이 선택된 상태에서 보안 그룹 이름에 "SG-sample-web"을 입력합니다. 설명에는 그림과 같이 설정하거나 적절한 이름을 선택합니다. 인바운드 규칙에 HTTP가 Anywhere로 나타나는지 확인 후 하단 "저장"을 클릭합니다.

[그림 11-5-19] 보안 그룹 구성 - 계속

자동 할당 퍼블릭 IP가 "ENABLED"가 선택되어 있으면 Fargate에 직접 IP가 할당되는 형태로 작동합니다. 모두 설정하였으면 "작업 실행"을 클릭합니다.

[그림 11-5-20] 클러스트 작업 생성 확인

출력되는 작업명을 선택하고 우측 "업데이트"를 클릭합니다.

[그림 11-5-21] 클러스트 작업 생성 확인

잠시 프로비저닝 시간이 끝난 후 작업 상태가 RUNNING으로 표시되면, 서버가 정상적으로 실행된 것입니다. 해당 작업을 선택하면 그림과 같이 클러스터 세부 정보를 확인할 수 있습니다. Public IP로 나타나는 IP를 복사하여 새로운 웹 브라우저 주소창에 붙여넣습니다.

지금까지 작업 정의를 이용하여 클러스터에 도커 컨테이너를 실행시키고, 직접 컨테이너에 IP를 할당하여 웹 브라우저로 접속해보았습니다.

[그림 11-5-22] 컨테이너 기반 서비스 구축

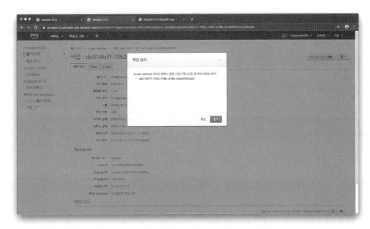

[그림 11-5-23] 생성된 컨테이너 작업 중지

ECS로 구축한 도커 컨테이너 서비스가 잘 실행된다면, 작업 상세 화면 우측 상단 "중지"를 클릭하여 컨테이너를 중지합니다.

11.6 ECS 확장 가능한 컨테이너 서비스 구축

11.6.1 실습 아키텍처

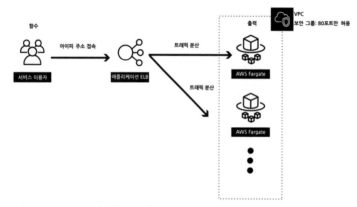

[그림 11-6-1] ECS 로드 밸런싱 아키텍처

■ 실습 요약 ■

❶ EC2 로드 밸런서 생성

   A. 로드 밸런서 생성(이름LB-sample-web)

   B. 로드 밸런서 보안 그룹 선택(SG-sample-web)

   C. 대상 그룹(TG-sample-app) 선택

❷ 클러스터 서비스 생성 (서비스 이름 cluster-sample)

❸ 로드 밸런서 접속 확인

❹ 로드 밸런서 확장(서비스 업데이트)

❺ 안전한 삭제

   A. ECS 클러스터 삭제

   B. EC2 로드 밸런서 및 대상 그룹 삭제

11.6.2 1단계: EC2 로드 밸런서 생성

특정 서비스가 집중되는 시점에 트래픽 분산을 위해 로드 밸런싱이 필요하다고 앞서 언급했습니다. 하지만 하나의 도메인에는 IP 1개만 연결할 수 있기 때문에 추가 서버가 더 필요할 경우 문제가 발생합니다.

이번 실습에서는 IP 하나로 들어오는 트래픽을 여러 컨테이너로 분산하기 위해서 로드 밸런서를 적용해보겠습니다. AWS 콘솔에서 EC2로 이동합니다.

[그림 11-6-2] EC2 대시보드

좌측 EC2 메뉴에서 "로드 밸런서"를 클릭합니다.

[그림 11-6-3] EC2 로드 밸런서 생성

상단 "로드 밸런서 생성"을 클릭합니다.

[그림 11-6-4] 로드 밸런서 유형 선택

로드 밸런서 유형에서 "Application Load Balancer"를 선택하여 생성을 클릭합니다.

[그림 11-6-5] 로드 밸런서 구성 - 1단계

이름에 "LB-sample-web"을 입력하고 체계는 "인터넷 연결"을 선택합니다. 다음 리스너에 HTTP 프로토콜로 80번 포트 가용 영역에는 앞서 만든 VPC로 설정합니다. 기본 설정으로 10.0.0.0/16 대역으로 선택했다면 쉽게 이해할 수 있습니다.

[그림 11-6-6] 로드 밸런서 구성 - 1단계(계속)

가용 영역은 2개 모두 체크하여 복수의 가용 영역에서 작동하도록 설정합니다. 하단 "다음: 보안 설정 구성"을 클릭합니다.

[그림 11-6-7] 보안 설정 - 2단계

하단 "다음: 보안 그룹 구성"을 클릭합니다.

[그림 11-6-8] 보안 그룹 구성 - 3단계

보안 그룹에는 기존 보안 그룹을 선택하고 이전에 만들었던 "SG-sample-web"을 선택합니다. 설정을 마쳤다면 하단 "다음: 라우팅 구성"을 클릭합니다.

[그림 11-6-9] 라우팅 구성 - 4단계

대상 그룹에는 "새 대상 그룹"을 선택하고 "TG-sample-app"을 입력합니다. 대상 유형은 Fargate이기 때문에 IP를 선택하고 "다음: 대상 등록"을 클릭합니다.

[그림 11-6-10] 대상 등록 - 5단계

ELB에 Fargate를 사용할 경우 별도의 대상 등록은 하지 않아도 되기 때문에 하단 "다음: 검토"를 클릭합니다.

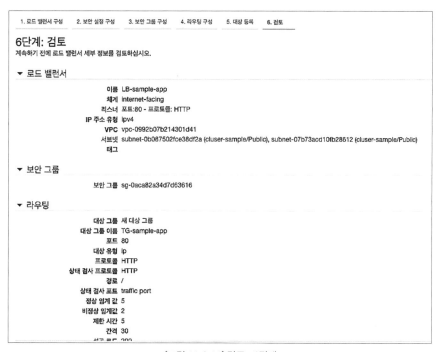

[그림 11-6-11] 검토 - 6단계

로드 밸런서 검토 과정에서 특별한 문제가 없다면 하단 "생성"을 클릭합니다.

당신이 지금 알아야 할 AWS

[그림 11-6-12] 로드 밸런서 생성 확인

정상적으로 생성되었다면 ECS 클러스터로 돌아가, 이전에 생성한 클러스터를 클릭합니다.

11.6.3 2단계: 클러스터 서비스 생성

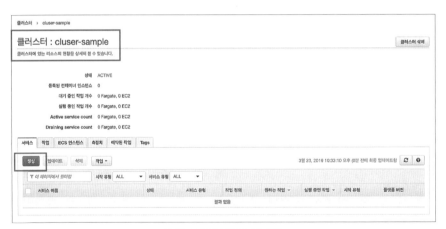

[그림 11-6-13] 클러스터 생성

클러스터 중앙에 "cluster-sample"을 클릭하여 클러스터의 서비스 탭에 "생성"을 클릭합니다.

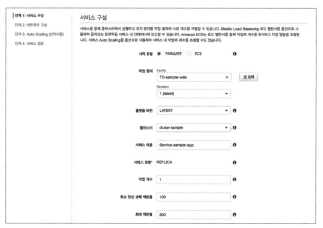

[그림 11-6-14] 서비스 구성 - 1단계

서비스 유형에 Fargate를 선택하고 서비스 이름은 "cluster-sample", 작업 개수는 1개를 입력하고 하단으로 이동합니다.

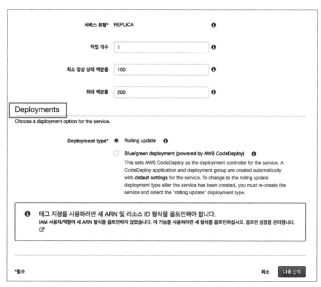

[그림 11-6-15] 서비스 구성 - 1단계

'Deployments 옵션'이란 도커 설정에 변화가 있을때 컨테이너들을 한 번에 변경할지 점진적으로 변경할지를 선택하는 옵션으로, 이를 기본 값으로 하고 "다음 단계"를 클릭합니다.

355

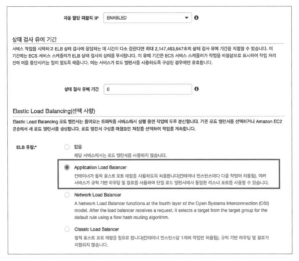

[그림 11-6-16] 네트워크 구성- 2단계 Elastic Load Balancing(선택 사항)

[그림 11-6-16]과 같이 로드 밸런서를 선택하는 중간에 Elastic Load Balancing(선택 사항)이 나타납니다. ELB 유형은 "Application Load Balancer"를 선택합니다. 다시 화면 최상단으로 이동합니다.

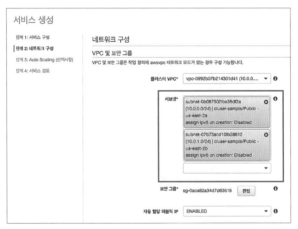

[그림 11-6-17] 네트워크 구성- VPC 및 보안 그룹

VPC가 동일한 VPC로 설정했는지 확인한 후 앞서 생성한 서브넷을 2개 추가합니다. 다음 보안 그룹을 편집합니다.

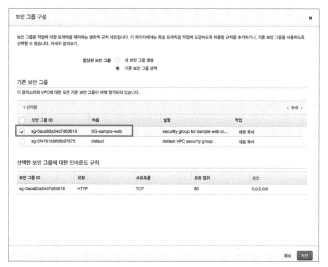

[그림 11-6-18] 네트워크 구성- 보안 그룹

"기존 보안 그룹 선택"을 클릭하여 이전에 생성한 "SG-sample-web"을 선택한 다음 하단 "저장"을 클릭합니다.

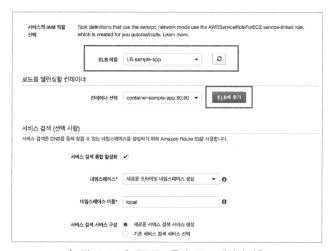

[그림 11-6-19] 네트워크 구성 - 로드 밸런싱 적용

ELB 이름에 앞서 생성한 "LB-sample-app"을 선택한 후 "ELB 추가"를 클릭하여 우리가 정의한 컨테이너를 로드 밸런싱에 적용합니다.

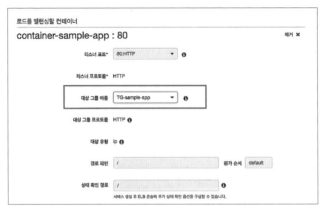

[그림 11-6-20] 네트워크 구성 - 컨테이너 설정

대상 그룹 이름에 "TG-sample-app"을 선택합니다. 이 과정을 통해 트래픽이 집중될 경우 TG-sample-app에 있는 containersampleapp 컨테이너가 오토 스케일링 기능을 할수 있도록 설정하였습니다. 화면을 하단으로 이동합니다.

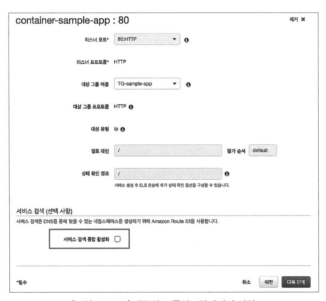

[그림 11-6-21] 네트워크 구성 - 컨테이너 설정

서비스 검색(선택 사항)에서 "서비스 검색 통합 활성화" 체크 박스를 해제합니다. 만약 구매한 도메인이 있거나 여러 VPC를 사용한다면 이 설정을 통해 보다 자세하게 정의할 수 있습니

다. 하단 "다음 단계"를 클릭합니다.

[그림 11-6-22] Auto Scaling (선택 사항) 3단계

"원하는 서비스 개수를 조정하지 마십시오"를 선택 후 "다음 단계"를 클릭합니다.

[그림 11-6-23] 서비스 검토 - 4단계

서비스 생성을 위한 최종 구성 내용입니다. 검토 후 이상이 없다면 "서비스 생성"을 클릭합니다.

[그림 11-6-24] ECS 설정 완료

ECS 서비스 상태 - 1 가운데 1을 완료했습니다. "서비스 보기"를 클릭합니다.

[그림 11-6-25] ECS 클러스터 생성 확인

"작업" 탭을 클릭하고 킨테이너가 준비될 때까지 기다립니다.

11.6.4 3단계: 로드 밸런서 접속 확인

[그림 11-6-26] ECS 클러스터 확인

잠시 후 정의한 컨테이너가 실행됩니다. 이제 로드 밸런서를 통해 서비스에 접속할 수 있는지 확인하기 위해 콘솔에서 EC2로 이동한 후 좌측 "로드 밸런서"를 클릭합니다.

[그림 11-6-27] EC2 로드 밸런서 확인

로드 밸런서를 클릭하면 그림과 같이 DNS 이름 항목의 URL이 나타납니다. 해당 URL을 복사 후 주소창에 붙여넣습니다.

[그림 11-6-28] EC2 로드 밸런서 동작 확인

DNS 주소를 통해 정상적으로 생성한 컨테이너에 트래픽이 전달되고 있음을 확인할 수 있습니다.

11.6.5 4단계: 로드 밸런서 서비스 업데이트(선택 사항) ....

[그림 11-6-29] ECS 클러스터

이번 실습을 통해 ECS 로드 밸런싱을 통한 컨테이너 서비스 구축이 얼마나 자유롭게 확장될 수 있는지 확인해보겠습니다.

AWS ECS 클러스터 서비스로 이동합니다. 상단 "업데이트"를 클릭합니다(다수 인스턴스 생성으로 금액이 500원~1,000원가량 부과될 수 있습니다).

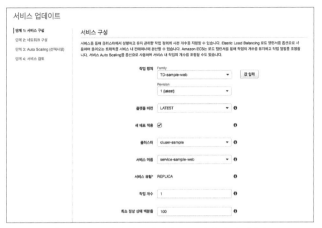

[그림 11-6-30] 서비스 업데이트 - 1단계 서비스 구성

"새 배포 적용"에 체크합니다. 앞서 1개만 사용했지만, 서비스 집중을 가정하고 작업 개수를 5개로 변경해보겠습니다. 단계2 네트워크 구성은 그대로 설정하고 다음 단계로 넘어갑니다.

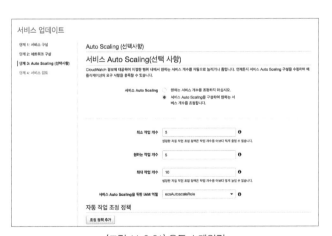

[그림 11-6-31] 오토 스케일링

서비스 Auto Scaling을 선택하여 최소 작업 개수 5, 원하는 작업 개수 5, 최대 작업 개수를 10으로 선택합니다. 하단 자동 작업 조정 정책을 이용하면 CPU의 사용률 등에 따라 다양한 옵션을 적용할 수 있습니다. 화면을 하단으로 내려 "다음"을 클릭한 후 검토에 이상이 없다면 "서비스 업데이트"를 클릭합니다.

[그림 11-6-32] 클러스터 선택

"서비스 보기"를 클릭하여 ECS 대시보드에서 대상 서비스를 확인하고 작업 탭을 선택하면 5개의 새로운 컨테이너가 실행됩니다. 처음에는 6개의 컨테이너가 나타지만 새로 만들어진 컨테이너가 정상적으로 상태 응답에 반응하면 기존에 만들었던 컨테이너가 종료되고, 생성한 5개만 남게 됩니다. 다시 "업데이트"를 클릭합니다.

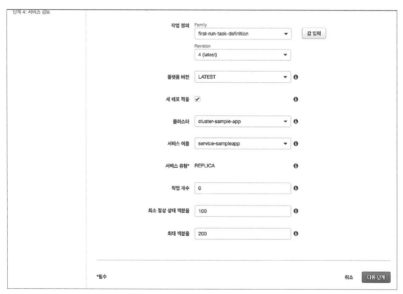

[그림 11-6-33] 작업 정의

"새 배포 적용"에 체크하고 작업 개수를 0으로 선택 후 "다음 단계"로 넘어갑니다.

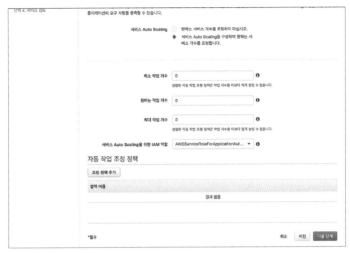

[그림 11-6-34] 보안 설정

네크워크 구성은 기본 설정 그대로 하고 다음 단계로 넘어갑니다. 최소 작업, 최대 작업을 0으로 선택하고, "다음 단계"를 클릭합니다.

[그림 11-6-35] ECS 서비스 상태 확인

서비스 업데이트가 완료된 후 잠시 기다리면 컨테이너가 개수가 0개로 변경됩니다. 이처럼 수동으로 서비스를 업데이트할 수도 있지만 자동 조정 정책으로 정의된 상황에 맞게 서비스의 집중 여부에 따라 컨테이너를 자유롭게 조정할 수 있습니다.

11.6.6 5단계: 안전한 삭제(선택)

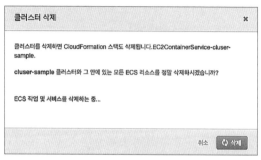

[그림 11-6-36] 클러스터 삭제

ECS 대시보드 클러스터 우측 상단 "클러스터 삭제"를 클릭합니다. 서비스 삭제를 위한 경고 창에 "delete me"를 입력하면 모든 클러스터가 삭제됩니다.

[그림 11-6-37] EC2 로드 밸런서 삭제

AWS 콘솔에서 EC2로 이동 후 좌측 "로드 밸런서"를 클릭 후 상단 "작업"을 클릭하여 삭제합니다.

[그림 11-6-38] EC2 대상 그룹 삭제

좌측 대시보드 대상 그룹을 클릭하여 동일한 방법으로 삭제합니다.

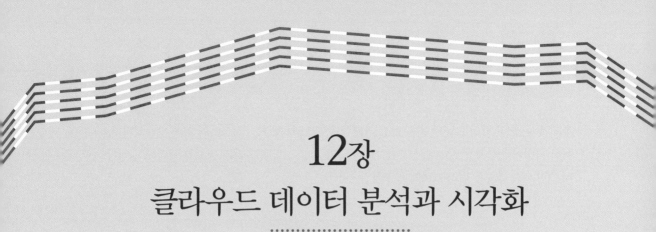

12장
클라우드 데이터 분석과 시각화

12.1.1 눈으로 데이터를 보자

1812년 나폴레옹은 47만 명의 병사를 이끌고 모스크바를 점령하기 위해 진군했습니다. 결과는 고작 1만 명만이 살아돌아온 대재앙이었습니다. 이 비극적 행군을 전해주는 것이 [그림 12-1-1] 나폴레옹 행진 지도(Napoleon March Map)로, 역사상 가장 유명한 데이터 시각화의 하나가 되었습니다. 이 지도는 나폴레옹 군대의 출정과 복귀를 세부적으로 보여줍니다. 선의 폭이 군인의 총 수를 나타내고, 색상은 방향(회색: 모스크바로의 출정/검은색: 복귀)을 나타냅니다. 중앙 하단에는 간단한 온도 그래프가 있어 급격히 떨어지는 추운 겨울의 기온을 보여줍니다. 이 그림은 효율적이고, 자세하며, 그 여정이 얼마나 끔찍한 참사였는지 다양한 형식으로 표현하고 있습니다. 이 도표는 매우 영향력 있고 성공적인 차트입니다. 각 데이터 요소에 대한 풍부한 세부 정보와 함께 스토리 전달이 뛰어나고 호기심을 자극하고 있습니다.

이처럼 이미 수세기 전부터 정보를 표현하는 가장 명확한 방법으로 데이터 시각화(Data Visualization)가 사용되었습니다. 데이터 시각화는 정보와 데이터를 그래프로 나타내는 것을 의미합니다. 데이터 시각화는 차트, 그래프, 맵과 같은 시각적 요소를 사용하여 데이터에서 추세 및 이상 값 그리고 패턴 등을 보고 이해할 수 있도록 해주는, 접근하기 쉬운 방법입니다. 특히 빅데이터의 세상에서 데이터 시각화 도구와 기술은 막대한 양의 정보를 분석하고 데이터 기반 의사 결정을 내리는 데에 필수적입니다.

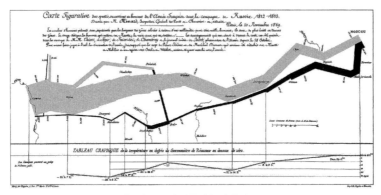

[그림12-1-1] 나폴레옹 행진 지도

4차 산업혁명 시대 우리는 수많은 데이터를 생성하고, 지금 이야기하는 클라우드 기반 데이터를 이해하고 분석하면서, 갖고 있던 문제를 해결하거나 새로운 계획을 만들기 위한 근거로 삼습니다. 그리고 이 과정에서 데이터를 시각화합니다. 그렇다면, 시각화는 구체적으로 어떤 것을 의미할까요? 데이터 시각화는 데이터 사이언스 프로세스, 즉 데이터를 분석하고 가공해 사용자가 받아보게 되는 전체 과정 중 하나라고 할 수 있습니다. 데이터의 원천 형태는 숫자의 집합입니다. 이 집합을 점이나 선과 같은 기호나 부호 또는 사실적인 그림으로 표현하는, 숫자의 의미를 숫자가 아닌 시각적 요소로 바꿔서 받아들이는 사람이 보다 쉽고 빠르게 이해할 수 있도록 만드는 기술이자 뛰어난 커뮤니케이션 도구라고 할 수 있습니다.

12.1.2 데이터 시각화 도구

2018년 IT 시장 조사기관 가트너(Gartner, Inc.)는 데이터 시각화 부문 SW 평가 결과를 발표했습니다. 이들 중 일부는 기업용 보고서 지원 도구로 시작해 셀프 서비스에서 고급 분석 도구로 확장되었습니다. 또 다른 일부는 데이터 호수(Data Lake)나 하둡에서 대량의 데이터 세트를 읽어 들이는 기능을 포함하고 있으며, 배포 방식은 클라우드 전용 혹은 온프레미스 설치 등을 다양하게 지원하고 있습니다.

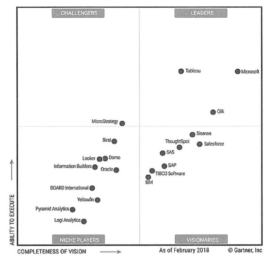

[그림 12-1-2] 가트너 데이터 시각화 도구 평가 결과

❶ 태블로

태블로(Tableau)는 데이터 시각화 SW 중 가장 인기 있는 도구입니다. 사용자의 편의성을 고려해 단순하고 일반적인 BI 솔루션이 있는 뛰어난 시각화 기능을 제공합니다. 하둡과 MySQL과 같은 데이터베이스와 통합되고 빅데이터나 머신 러닝뿐만 아니라, 대용량 데이터 처리에도 많이 사용됩니다.

[그림 12-1-3] 데이터 시각화 선두주자 태블로

❷ 마이크로소프트 파워 BI

마이크로소프트 파워 BI(Microsoft Power BI)는 주로 애저(Azure)에서 실행되는 기업용 분석 도구입니다. 다양한 데이터 소스에 연결하고 데이터를 단순화해 분석할 수 있도록 지원합니다. 파워 BI는 저렴한 BI 솔루션 중 하나로, 윈도우 데스크톱 분석 툴인 파워 BI 프로(Power BI Pro) 기준 사용자 당 월 9.99달러이고 모바일 뷰어 애플리케이션을 무료로 제공합니다. 가상 서버인 파워 BI 프리미엄(Power BI Premium)은 용량에 따라 매달 4,995달러부터 시작되며 온프레미스로 실행할 수 있는 파워 BI 리포트 서버(Power BI Report Server)가 포함되고 사용자 라이선스는 필요하지 않습니다.

❸ 클릭뷰

태블로의 경쟁업체입니다. 클릭뷰(Qlikview)는 100개 이상의 국가에서 개인 맞춤형 설정과 다양한 기능을 사용자들이 활용하고 있습니다. 또 다른 강점은 비지니스 인텔리전스(BI)와 분석&엔터프라이즈 리포팅 기능을 제공하며, 커뮤니티가 잘 되어 있어 타사의 리소스도 다양하고 풍부하게 제공받을 수 있다는 것입니다.

❹ 구글 데이터 스튜디오

구글의 데이터 스튜디오(Data Studio)는 기업들이 다양한 출처에서 정보를 모아 복잡한 원본 데이터를 더 잘 이해할 수 있도록 시각화한 보고서를 만들어, 내부 및 외부로 공유할 수 있도록 합니다. 이 보고서에는 그래프와 도표, 지도 등이 포함됩니다. 고급 기능을 이용하고 싶은 기업들은 구글의 데이터 스튜디오 360 서비스를 구입하면 됩니다. 무료 버전과 유료 버전의 가장 큰 차이점은 사용자가 생성할 수 있는 보고서의 개수이며, 무료 버전은 5개로 제한되어 있지만 데이터 스튜디오 360은 무제한 제공합니다.

❺ 시센스

시센스(Sisense)는 풀스택 분석 플랫폼입니다. 따라서 단일 데이터 저장소로 여러 데이터 소스를 수집하고 대시보드를 통해 대규모 데이터셋을 한눈에 볼 수 있습니다. 또한 대시보드를 공유해 원치 않는 데이터를 걸러낼 수 있으며, 시각화 도구로 차트 및 정보를 상세하게 시각화하여 보는 기능까지 지원합니다.

12.1.3 데이터 시각화의 특징 ....

인간은 모든 감각 기관 중 시각에 대한 의존이 매우 높습니다. 일부 학자들은 우리가 인지하는 정보의 70%는 시각을 통해 얻는다고도 합니다. 별다른 노력을 기울이지 않아도 어떤 선의 길이가 길고 짧은지, 모양이 둥글고 네모난지, 어떤 방향으로 움직이는지, 색상의 차이는 어떤지를 이해합니다. 단순히 숫자로 나열된 형태보다는 그림의 형태로 사물이나 현상을 파악하는 걸 더 쉽게 느낍니다. 그렇지만 방대한 데이터, 즉 숫자를 인간이 알아볼 수 있는 형태로 시각화하기 위해서는 많은 처리 과정과 계산을 필요로 합니다. 데이터 시각화 도구들은 이 과정을 여러 기능과 함께 자동으로 지원합니다. 데이터 시각화의 특징을 알아보겠습니다.

❶ 많은 양의 데이터를 한눈에 볼 수 있습니다.

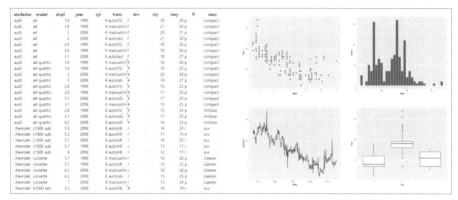

[그림 12-1-4] 단순 데이터와 시각화 그래프 비교

간단히 100개 정도의 데이터라면 무리 없겠지만, 수천 · 수만 건의 데이터라면 데이터가 무엇을 알려주는지 바로 알기 어렵습니다. 반면, 이런 데이터를 통해 차트와 그래프로 시각화한다면 데이터가 주는 의미를 좀 더 쉽게 알 수 있습니다.

❷ 전문 지식이 없어도 누구나 통찰을 얻을 수 있습니다.

인간의 인지 능력은 시각화된 이미지를 통해 형태, 크기, 위치를 바탕으로 시각적 패턴을 찾아낸다고 합니다. 따라서 시각화된 데이터를 눈으로 보는 것만으로도, 단순 데이터 분석을 넘어 깊이 있는 통찰을 얻을 수 있습니다.

[그림 12-1-5] 다양한 차트 종류

❸ 요약과 통계보다 더욱 정확하게 데이터를 분석할 수 있습니다.

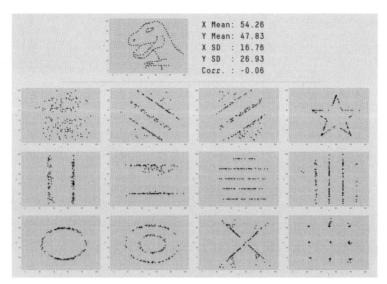

[그림 12-1-6] Datasaurus Dozen - 형태는 다르지만, 각각의 데이터 셋은
두 자리 소수점까지 동일한 요약 통계(평균, 표준편차, 피어슨의 상관관계)를 갖는다.

[그림 12-1-6]과 같이 동일한 자료를 평균, 표준편차, 상관관계를 요약한 기술 분석 자료와 그래프를 이용한 시각화한 자료를 비교하면, 우선 단순 기술 분석 정보만으로는 데이터를 금방 파악하기 어렵습니다. 반면, 시각화된 자료는 한눈에 어떠한 요소들이 서로 더 상관관계가 있는지 쉽게 알 수 있습니다.

12.1.4 데이터 시각화 단계

❶ 1단계: 데이터 조직화

사용자가 관련 데이터를 파악하는 과정으로 복잡하게 혼란스러운 상태의 데이터를 분류해 배열하는 등 정리하고 조직화하는 과정입니다.

❷ 2단계: 정보 시각화

사용자가 정보를 알고 깨닫는 데 참여하는 단계로 효율적인 정보 전달을 위해 시각적 방법을 제시하는 과정입니다.

❸ 3단계: 상호작용 단계

사용자와 정보가 서로 교류하는 상호작용 측면에서 사용자 경험을 디자인하는 과정입니다. 1~2단계의 정보 인지 부분을 모두 활용합니다. 또한, 정보 시각화 단계와 밀접하게 연동되고 입력하는 기술의 특성도 동시에 함께 고려되는 단계입니다.

12.2 퀵사이트

12.2.1 AWS 분석 서비스

데이터 분석은 정보 시스템의 발전과 함께 비약적으로 성장하고 있습니다. 2000년 초기 데이터웨어하우스(DW)에서 비즈니스 인텔리전스로 발전했고, 이후 빅데이터에서 인공지능으로 진화하고 있습니다. 데이터 분석 아키텍처도 이와 함께 발전하여 분석 목적마다 개별로 만들었던 분석 시스템에서 오늘날 단일 데이터 플랫폼을 중심으로 통합하는 아키텍처가 각광받고 있습니다.

데이터 분석은 현대 비즈니스 의사 결정의 핵심으로 고객과 기업의 상호작용 방법이고, 미래까지 예측하는 수단으로 확장되고 있습니다. 한 달에 한 번 비즈니스 보고서를 만들던 분석이 사물 인터넷, 소셜 미디어에서 실시간으로 쏟아지는 데이터를 모아서 목적에 맞고 빠르게 분석하고, 신속히 의사 결정을 하려면 좀 더 발전된 데이터 인프라가 필수적입니다. 빅데이터 분석과 클라우드 컴퓨팅의 결합은 이처럼 쉽고 빠르게 기업의 의사 결정 인프라를 확보할 수 있게 만듭니다. 이런 민첩성이 인공지능과 같이 새로운 분석 수요를 만들고 클라우드 기업들이 데이터 분석 서비스를 경쟁적으로 내놓은 이유입니다.

[그림 12-2-1] 빅데이트 플랫폼과 클라우드를 위한 데이터 레이크

AWS는 클라우드 기반으로 빅데이터 아키텍처의 기본 원칙 5가지를 제시했습니다. 각 단계별로 느슨하게 연결된 독립 시스템 구성, 작업에 적합한 툴 사용, AWS 관리형 서비스 활용, 참조 아키텍처와 디자인 패턴 적용, 비용 효율 고려 등입니다. AWS는 데이터 아키텍처의 가장 기본 틀인 '생성-수집 및 저장-분석 및 예측-협업 및 공유'를 AWS 주요 서비스로 제공합니다. 빅데이터 시대 사물 인터넷과 소셜 데이터로 많은 데이터가 쏟아지고 있어서 데이터 생성은 어렵지 않습니다. 문제는 수집과 저장입니다. 이 과정에서 AWS 분석 서비스는 그림과 같이 데이터 전 라이프 싸이클을 다양한 인프라로 제공합니다.

AWS 제품 살펴보기

분석	애플리케이션 통합	증강현실 및 가상현실	AWS 비용 관리	블록체인

Amazon Athena SQL을 사용해 S3의 데이터 쿼리	Amazon CloudSearch 관리형 검색 서비스	Amazon EMR 호스팅된 하둡 프레임워크
Amazon Elasticsearch Service Elasticsearch 클러스터를 실행 및 확장	Amazon Kinesis 실시간 스트리밍 데이터 작업	Amazon Managed Streaming for Kafka 완전관리형 Apache Kafka 서비스
Amazon Redshift 빠르고 간단하며 비용 효과적인 데이터 웨어하우징	Amazon QuickSight 빠른 비즈니스 분석 서비스	AWS Data Pipeline 데이터 중심의 주기적인 워크플로를 위한 오케스트레이션 서비스
AWS Glue 데이터 준비 및 로드	AWS Lake Formation 며칠 만에 안전한 데이터 레이크 구축	

[그림 12-2-2] AWS 분석 서비스

12.2.2 AWS 퀵사이트

AWS 퀵사이트(Quicksight)는 2015년 AWS 리인벤트 행사에서 클라우드 기반 비즈니스 인텔리전스 서비스로 새롭게 발표됐습니다. 퀵사이트는 조직 내 모든 구성원에게 통찰력을 손쉽게 제공할 수 있는 빠른 클라우드 기반 데이터 시각화(Data Visualization) 도구입니다. 퀵사이트는 어떠한 데이터를 사용할지에 대해 데이터셋을 설정해주면 간단히 데이터를 통해서 차트나 그래프 형태로 데이터를 시각화하고 분석해냅니다. MS엑셀을 떠올려보십시오. 삽입했던 데이터를 통해서 차트를 만들 수 있습니다. 단순한 행과 열로 된 데이터 나열만으로는 무엇을 의미하는지 알기 어렵기 때문에 차트나 그래프의 형태로 표현합니다. 퀵사이트 역시 막연하게 쌓여있는 데이터들을 바탕으로 빠르게 문제점을 확인하기 위한 데이터 분석 도구입니다.

퀵사이트를 사용하면 브라우저 또는 모바일 디바이스에서 액세스할 수 있는 대화형 대시보드를 생성하여 게시할 수 있습니다. 대시보드를 애플리케이션에 포함하여 고객에게 강력한 셀프 서비스 분석을 제공할 수 있습니다. 소프트웨어를 설치하거나, 서버를 배포하거나, 인프라를 관리하지 않고 퀵사이트를 수만 명의 사용자로 쉽게 확장할 수 있습니다. 또한 비용 측면에서 세션별 지불 결제 모델을 사용하여 사용량에 대해서만 요금을 지불하면 됩니다. 따라서 모든 사용자가 높은 비용의 사용자 단위 라이선스 없이 필요한 데이터에 간단히 액세스할 수 있습니다.

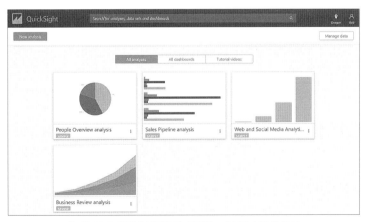

[그림 12-2-3] 퀵사이트에서 제공하는 데이터 시각화 유형

12.2.3 AWS 퀵사이트의 사례

● NFL

내셔널 풋볼 리그(National Football League, NFL)는 미국의 프로 미식축구 협회입니다. 미국 최상위 프로축구 리그를 운영하며 MLB, NBA, NHL와 더불어 미국의 4대 스포츠 리그 중 하나로 널리 알려져 있습니다. NFL은 퀵사이트를 활용하여 완벽하게 통합되는 각 구단 선수 정보를 빠른 대화식 대시보드를 통해 신속하게 구축할 수 있었습니다. NFL은 퀵사이트를 통해 데이터 분석의 안전성과 사용 편의성을 확장할 수 있습니다. 실제로 사용료만 지불하면서 서버를 프로비저닝하면서, 인프라를 관리할 필요 없이, 각 소속 구단에 대시보드를 제공합니다. NFL은 앞으로도 AWS의 사용을 확대할 계획이라고 합니다.

● 볼보

스웨덴에 본사를 둔 볼보 그룹은 트럭, 버스, 건설 장비 및 해양 및 산업 엔진 분야의 세계적인 선두 제조업체 중 하나입니다. 볼보는 퀵사이트를 사용하여 경영 서비스 비용 및 사용 정보에 대한 신속성으로 개발팀의 비용을 줄일 수 있었습니다. 또 다른 분석 인프라인 아테나(Athena)와 본격적인 통합으로 서버 없는 분석 솔루션으로 이상적으로 제공하고 있습니다. 특히 퀵사이트 세션 당 요금제를 통해 개발팀 모두가 대화형 대시보드에 쉽게 액세스할 수 있었으며 사용하는 것에 대해서만 비용을 지불할 수 있습니다.

12.3 퀵사이트의 특징

12.3.1 다양한 데이터 지원

퀵사이트는 클라우드 서비스에서 발전된 SaaS 플랫폼 가운데 하나입니다. 따라서 어떤 데이터이든 간에, 쉽게 붙일 수 있습니다. S3에 있거나 혹은 엑셀로 된 데이터나 데이터베이스에 있는 데이터도 쉽게 가져올 수 있고 전문적인 지식이나 코딩 없이도 웹 브라우저 환경에서 누구나 쉽게 만들어볼 수 있습니다.

[그림 12-3-1] 퀵사이트 연결 가능 데이터셋

- Amazon RDS 기반
  ❶ Amazon Aurora
  ❷ Amazon Redshift
  ❸ Amazon Athena
  ❹ Amazon S3
    : 엑셀 스프레드 시트 또는 플랫 파일 업로드 (CSV, TSV, CLF 및 ELF)
    : Teradata, SQL Server, MySQL 및 PostgreSQL과 같은 사내 구축형 데이터베이스에 연결
    : Salesforce 및 Snowflake와 같은 SaaS 애플리케이션에서 데이터 가져오기
    : Spark 및 Presto와 같은 대형 데이터 처리 엔진 사용

12.3.2 신속한 결과 제공

퀵사이트는 Ad hoc 질의를 위한 데이터 시각화 과정에 특별히 설계된 SPICE라는 초고속, 병

379

렬, 메모리 계산 엔진을 사용합니다. SPICE는 고가용성을 위해 설계된 시스템에 데이터를 저장하며, 삭제할 때까지 저장됩니다. 직접 데이터베이스 쿼리를 사용하는 대신 데이터를 SPICE로 가져 와서 데이터베이스 데이터 집합의 성능을 향상시킵니다. SPICE를 이용하면 아무리 많은 데이터라도 빠르게 처리하며 SQL과 유사한 구문을 사용할 수 있습니다.

12.3.3 빠르고 직관적인 시각화

SaaS 기반 완전 관리형 서비스이기 때문에 하드웨어와 소프트웨어에 대한 고민을 하지 않아도 되며, 데이터 유형을 자동으로 탐지해 사용자에게 최적의 쿼리와 적절한 그래프 유형을 선택해줍니다.

12.3.4 임베디드 분석

개발 및 유지 관리에 필요한 시간과 비용을 절감하면서 퀵사이트 대시보드와 차트를 통해 애플리케이션을 강화할 수 있습니다. 원활한 인증과 강력한 API를 통해 애플리케이션에서 데이터 시각화를 안전하게 임베드하여 셀프 서비스 분석을 통해 사용자의 역량을 강화할 수 있습니다.

12.3.5 퀵사이트 작업 과정

퀵사이트를 사용한 분석 과정은 다음과 같습니다.
❶ 데이터 소스에 연결한 다음 새 데이터 세트를 만들거나 기존 세트를 선택합니다.
❷ (선택 사항) 새 데이터 집합을 만든 경우 데이터를 준비합니다(예: 필드 이름이나 데이터 형식을 변경하여).
❸ 새 분석을 작성합니다.
❹ 시각화할 필드를 선택하여 분석에 시각을 추가합니다. 특정 시각적 유형을 선택하거나 AutoGraph를 사용하여 퀵사이트 에서 선택한 필드의 수와 데이터 유형에 따라 가장 적합한 시각적 유형을 선택합니다.
❺ (선택 사항) 필터를 추가하거나 시각적 유형을 변경하는 등의 요구 사항에 맞게 수정합니다.
❻ (선택 사항) 분석에 시각 자료를 추가합니다.

❼ (선택 사항) 기본 스토리에 장면을 추가하여 분석 데이터의 일부 측면에 대한 설명을 제공합니다.

❽ (선택 사항) 분석을 대시보드로 게시하여 다른 사용자와 인사이트를 공유합니다.

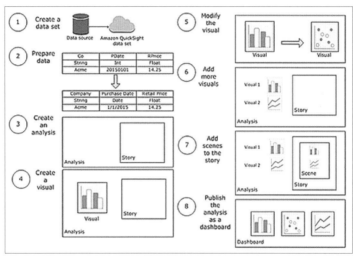

[그림 12-3-2] 퀵사이트 작업 단계

12.3.6 퀵사이트 가격 정책

퀵사이트는 기존 유연하지 못한 고비용 가격 체계가 아닌, 모든 형태의 조직에 딱 맞는 서비스 모델을 제공합니다. 그 결과 2가지 서비스 및 옵션인 표준 방식 및 엔터프라이즈 방식을 제공합니다. 엔터프라이즈 버전은 2배의 데이터 대역폭, 세부적인 접근 제어, 데이터 암호화 및 회사 Active Directory 통합 등 몇 가지 기능이 추가로 제공됩니다.

표준 방식	엔터프라이즈 방식
선구매가 없는 경우, 사용자당 월간 12달러	선구매가 없는 경우, 사용자당 월간 24달러
1년 사용 확정 시 월간 9달러	1년 사용 확정 시 월간 18달러
$0.25 /GB/ 월간 SPICE 스토리지 비용(10GB 이상부터)	$0.38 /GB/ 월간 SPICE 스토리지 비용(10GB 이상부터)

[표 12-3-1] 퀵사이트 가격 정책 비교

12.4 퀵사이트를 활용한 공공 데이터 시각화

12.4.1 실습 아키텍처

[그림 12-4-1] 퀵사이트 실습 아키텍처

■ 실습 요약 ■
1. 퀵사이트 계정 생성 만들기
2. 공공 데이터 포탈에서 공공 데이터 확보
3. 분석 및 데이터 추가
4. 데이터 이해
5. Visualize 설정

12.4.2 1단계: 퀵사이트 계정 생성

AWS 콘솔 분석 서비스에서 퀵사이트를 선택합니다.

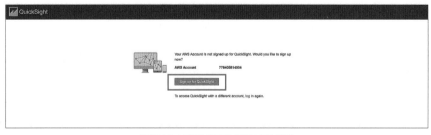

[그림 12-4-2] 퀵사이드 회원 가입 화면

AWS 퀵사이트는 개발자만이 아니라, 조직 내 모든 구성원들에게 통찰력을 손쉽게 제공하기 위한 클라우드 기반의 빅데이터 분석 도구이기 때문에 별도의 추가적인 회원 가입이 필요합니다. 또한 기존 AWS 서비스들과는 다른 하위 계정들을 가지고 있으며 계정마다 추가 비용이 발생합니다. "Sign up for Quicksight"을 클릭합니다.

Edition	Standard	Enterprise
First author with 1GB SPICE	FREE	FREE
Team trial for 60 days (4 authors)*	FREE	FREE
Additional author per month (yearly)**	$9	$18
Additional author per month (monthly)**	$12	$24
Additional readers (Pay-per-Session)	N/A	$0.30/session (max $5/reader/month) ****
Additional SPICE per month	$0.25 per GB	$0.38 per GB
Single Sign On with SAML or OpenID Connect	✓	✓
Connect to spreadsheets, databases & business apps	✓	✓
Access data in Private VPCs		✓
Row-level security for dashboards		✓
Hourly refresh of SPICE data		✓
Secure data encryption at rest		✓
Connect to your Active Directory		✓
Use Active Directory Groups ***		✓
Send email reports		✓

*   Trial authors are auto-converted to month-to-month subscription upon trial expiry
**   Each additional author includes 10GB of SPICE capacity
*** Active Directory groups are available in accounts connected to Active Directory
**** Sessions of 30-minute duration. Total charges for each reader are capped at $5 per month.Conditions apply

[그림 12-4-3] 가격 정보

현재 퀵사이트는 한글을 지원하지 않습니다. 1GB 데이터베이스에 한하여 무료로 저장할 수 있으며, 60일간 무료로 사용할 수 있습니다. 60일 이후부터는 유저당 연간 구독 9$, 월간 구독 12$의 비용이 청구됩니다. 비용 청구를 중단하려면 마지막에 꼭 계정 퀵사이트 구독을 취소해야 합니다.

우선 스탠다드 에디션을 선택합니다. 비밀번호를 설정하라는 화면이 나온다면 비밀번호를 설정한 후 잘 기억해두세요. 퀵사이트는 콘솔에서 시작하지만 AWS와는 독립된 플랫폼이기 때문에 구독 중이라면 설정한 비밀번호를 통해서 https://quicksight.aws.amazon.com 주소로 바로 접속할 수 있습니다. 플랜은 크게 스탠다드와 엔터프라이즈가 있으며, 엔터프라이즈 버전은 더 많은 데이터 가공 방법과 낮은 레벨의 보안을 지원합니다. "Standard"를 클릭한 후 하단 "Continue" 버튼을 클릭합니다.

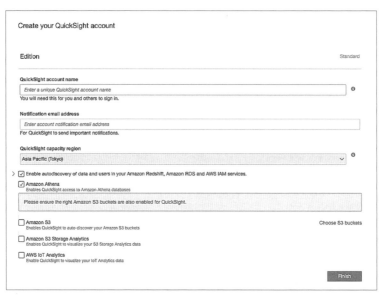

[그림 12-4-4] 계정 생성

사용할 계정명과 이메일 주소를 입력합니다. 이메일 주소는 현재 사용 중인 AWS 루트 계정의 이메일 주소를 입력해도 무관합니다. 서울 리전은 선택할 수 없기 때문에 사용하고자 하는 다른 리전을 선택합니다. 그 외의 설정은 기본 설정으로 하고, 하단 "Finish"를 클릭합니다.

[그림 12-4-5] 계정 생성 성공

계정이 성공적으로 만들어졌으면 "Go to Amazon QuickSight"를 클릭합니다.

[그림 12-4-6] 대시보드

계정이 성공적으로 생성되면 샘플 데이터와 함께 대시보드 화면을 볼 수 있습니다. 이제, 데이터를 얻기 위해 공공 데이터 포털로 접속해보겠습니다.

12.4.3 2단계: 공공 데이터 확보

실습을 위해 대한민국 공공 데이터 포털(https://www.data.go.kr/)에서 제공하는 데이터를 이용해보겠습니다. 공공 데이터 포털은 행정안전부에서 운영하는 공공 데이터 통합 제공 시스템이며, 공공기관이 생성 또는 취득하여 관리하고 있는 공공 데이터를 한 곳에서 제공하는 통합 창구입니다. 정부에서 공개하여 다양한 공공 데이터를 누구나 편리하고 쉽게 사용할 수 있도록 제공하는 것을 목적으로 합니다. 포털에서는 국민들이 쉽고 편리하게 공공 데이터를 이용할 수 있도록 파일 데이터, 오픈 API, 시각화 등의 방식으로 제공하고 있으며, 누구라도 쉽고 편리한 검색을 통해 원하는 공공 데이터를 빠르고 정확하게 찾을 수 있습니다.

[그림 12-4-7] 공공 데이터 포털

공공 데이터 포털에서 공공 데이터셋을 활용하는 2가지 방법이 있습니다.

385

● 파일 데이터 사용

파일 데이터란 활용 가능한 공공 데이터를 포털에 접속해 간편하게 다운로드 할 수 있으며, 이메일이나 웹 페이지로 연결해 손쉽게 공공 데이터를 이용할 수 있는 기능입니다. 공공 데이터 포털에서는 로그인 필요 없이 곧바로 신청·이용할 수 있습니다. 이번 실습에서 사용할 방법입니다.

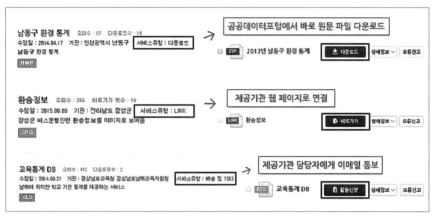

[그림 12-4-8] 파일 데이터 다운로드

● 오픈 API

오픈 API란 누구나 사용할 수 있도록 공개된 API를 말합니다. 데이터를 표준화하고 프로그래밍하여 외부 소프트웨어 개발자나 사용자들과 공유하는 프로그램입니다. 개방된 오픈 API를 이용해 다양하고 재미있는 서비스나 애플리케이션, 다양한 형태의 플랫폼을 개발할 수 있습니다. API는 8장에서 실습했던 내용입니다. 한 번 더 정리하면 Application Programming Interface의 약자로 응용 프로그램 프로그래밍 인터페이스를 말합니다. 다양한 응용 프로그램에 사용할 수 있는 운영체제 혹은 프로그래밍 언어가 제공하는 기능을 제어할 수 있게 만든 인터페이스입니다.

오픈 API 활용은 업데이트가 빈번하고 이용자가 많은 대용량 데이터를 제공해야 할 때 혹은 공공 데이터 포털을 통한 계정 발급이 필요할 때 사용할 수 있습니다. 날씨나 교통 정보 등 실시간 업데이트되는 데이터를 제공받을 수 있고, 소프트웨어 개발자나 사용자들이 쉽게 활용할 수 있어 개발 비용 절감, 개발 기간 단축 등 다양한 장점이 있습니다. 그림과 같이 오픈 API로 개방된 서울 버스 데이터를 사용하면, 실시간 변경 데이터를 사용하여 서비스를 구축할 수 있습니다.

[그림 12-4-9] 오픈 API '서울 버스 데이터' 활용 예시

● 공공 데이터 표준
고품질의 공공 정보를 총망라한 공공 데이터는 표준화된 방식으로 개방하고 있습니다. 공공 데이터 활용을 보다 편리하고 유용하게 할 수 있도록 개방된 데이터를 통합해 제공하기 위함입니다. 표준 적용 항목은 다음과 같습니다.

❶ '분야별 표준'은 항목과 속성 정보 등으로 표준화
  - 제·개정 시 정의된 항목과 속성 정보 등을 점검하여 데이터셋에 반영합니다.
  - 행정안전부에서 배포한 표준 서식 파일 활용
❷ '데이터 파일 형식'은 오픈 포맷(CSV, JSON, XML 등) 형태로 제공
  - 특정 SW에 종속되지 않는 오픈 포맷 형식(CSV, JSON, XML 등)으로 제공
  - 한글 파일(HWP), 엑셀 파일(XLS)은 CSV 포맷으로 변환
  - 오픈 API는 개방 표준에서 제시된 항목과 속성 정보를 준수하여 개발
❸ '데이터 파일 명명 규칙'은 제공기관+데이터셋명+기준일자+파일형식 순으로
  - 제공기관명_데이터셋명_기준일자.파일형식
  - 예시) 서울특별시 중구_주차장정보_20150501.CSV
❹ '공공 데이터 포털 등록'은 데이터 소유 기관이 직접 등록
  - 데이터 소유권(ownership)을 가진 소관 기관이 직접 등록
  - 오픈 API로 개방한 데이터도 표준에 맞게 파일로 변환, 공공 데이터 포털에 등록

[그림 12-4-10] 공공 데이터 포털 파일 데이터

공공 데이터 포털에 등록된 데이터는 25,000개가 넘는 파일 데이터를 제공하고 있습니다. 가장 많은 다운로드수와 조회수를 기록한 데이터는 교통사고 통계입니다. 우리도 교통사고 통계 데이터로 실습해보겠습니다. 아래 https://www.data.go.kr/dataset/3038489/fileData.do 주소로 접속해도 되고, 공공 데이터 포털에서 직접 데이터를 검색해도 됩니다.

[그림 12-4-11] 공공 데이터 포털 교통사고 통계 상세 화면

화면에서 2016년 시도시군구별 교통사고 통계 다운로드 버튼을 클릭합니다. 다운을 받은 후

압축을 해제합니다.

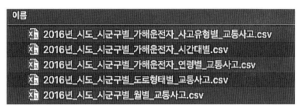

[그림 12-4-12] 다운로드받은 교통사고 통계 csv파일

다운로드받은 예제 파일은 AWS에서 사용하는 텍스트 포맷으로 되어있지 않아 바로 사용할 경우 한글이 깨진 형태로 보입니다. 한 가지 추가적인 작업이 더 필요합니다. 엑셀로 저장한 CSV 파일을 메모장으로 불러와 이 파일을 "다른 이름으로 저장"으로, 즉 저장할 폴더와 파일 이름을 선택하는 창 하단 인코딩 방식을 UTF-8로 하여 다시 저장하면 됩니다.

12.4.4 3단계: 분석 및 데이터셋 추가

[그림 12-4-13] 퀵사이트 데이터셋 추가

새로운 데이터 분석을 만들기 위해 좌측 "New analysis"를 클릭합니다.

[그림 12-4-14] 데이터 애널라이즈

새로운 데이터 분석을 만들기 위해서는 먼저 데이터를 선택해야 합니다. 현재 보이는 데이터 셋들은 계정 생성시 기본적으로 만들어지는 기본 분석 데이터를 위한 데이터셋입니다. 데이터를 추가하려면 좌측 상단 "New Data Set"을 클릭합니다.

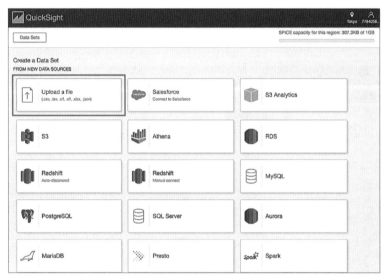

[그림 12-4-15] 데이터셋 추가

데이터셋을 추가한 후, 어디서 데이터를 가져올 것인지 선택할 수 있습니다. 퀵사이트의 가장 큰 장점은 기존 AWS 서비스들의 데이터는 물론 인하우스 환경에서 운영 중인 데이터베이스 혹은 원격 API까지 다양한 방법으로 가져올 수 있습니다. "Upload a file"을 클릭하여 방금 전 다운로드한 데이터 파일 중 "가해운전자_사고유형별 교통사고"를 선택합니다.

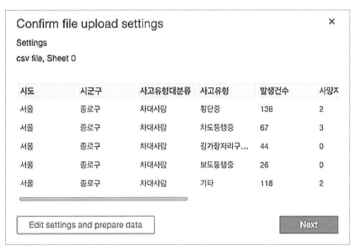

[그림 12-4-16] 데이터셋 추가

데이터셋 추가에 앞서 "Edit Setting and prepare data" 버튼을 통해 데이터를 가공한 뒤 분석을 진행할 수도 있습니다. 우선 "Next"를 눌러 다음 단계로 이동합니다.

[그림 12-4-17] 데이터셋 추가

데이터를 성공적으로 가져왔다면 "Visualize" 버튼이 활성화됩니다. 버튼을 클릭합니다.

12.4.5 4단계: 데이터 이해

실습을 위해 확보한 2016년_시도_시군구별_가해운전자_사고유형별_교통사고 데이터는 [그림 12-4-18]과 같이 행과 열로 구성되어 있습니다.

데이터 형태

열

행

시도	시군구	사고유형대분류	사고유형	발생건수	사망자수	부상자수	중상	경상	부상신고
서울	종로구	차대사람	횡단중	138	2	149	74	57	18
서울	종로구	차대사람	차도통행중	67	3	67	25	38	4
서울	종로구	차대사람	길가장자리구역통행중	44	0	47	9	31	7
서울	종로구	차대사람	보도통행중	26	0	26	6	15	5
서울	종로구	차대사람	기타	118	2	120	41	64	15
서울	종로구	차대차	정면충돌	36	1	65	13	46	6
서울	종로구	차대차	측면충돌	471	0	692	136	475	81
서울	종로구	차대차	추돌	239	1	399	52	311	36
서울	종로구	차대차	기타	114	0	131	29	88	14
서울	종로구	차량단독	전도전복	8	0	8	3	1	4
서울	종로구	차량단독	공작물충돌	9	0	12	2	8	2
서울	종로구	차량단독	주/정차차량 충돌	1	0	1	0	1	0
서울	종로구	차량단독	기타	28	0	31	11	16	4
서울	중구	차대사람	횡단중	145	9	147	83	49	15

[그림 12-4-18] 2016년_시도_시군구별_가해운전자_사고유형별_교통사고.CSV

데이터 형태에서 열 영역은 크게 질적 자료와 양적 자료로 구분할 수 있으며, 각각은 아래와 같습니다.

❶ 질적 자료(정성적 자료, Qualitative, Categorical): 범주 또는 순서 형태의 속성을 가지는 데이터
    A. 범주형(명목, nominal) 자료: 사람의 피부색, 성별
    B. 순서(서수, ordinal) 자료: 제품의 품질, 등급, 순위

❷ 양적 자료(정량적 자료, Quantitative or Numeric): 관측된 값이 수치 형태의 속성을 가지는 자료
    A. 범위형(interval) 자료: 화씨, 섭씨와 같이 수치 간에 차이가 의미를 가지는 자료
    B. 비율(ratio) 자료: 무게와 같이 수치의 차이뿐만 아니라, 비율 또한 의미를 가지는 자료

범주형-질적 자료 (Categorical)

수치형-양적 자료 (Numeric)

[그림 12-4-19] 데이터 형태 구분

데이터 분석에서 가장 중요한 첫 단계는 데이터 형태를 구분하는 것입니다. 데이터 형태는 질적 자료(범주형)과 양적 자료(수치형)로 구분하여 이해하면 됩니다. 그리고 대부분의 분석이

범주형과 수치형의 결합을 통해 진행하는 경우가 많습니다. 앞으로 진행할 실습도 지금까지 학습한 내용을 학습하면 이해하기 쉽습니다.

12.4.6 5단계: Visualize 설정

[그림 12-4-20] 퀵사이트 Visualize 화면

좌측 메뉴에 [Visualize, Filter, Suggested, Story, Parameters] 옵션을 볼 수 있습니다.

❶ Visualize는 데이터의 시각화를 해주는 옵션입니다.

❷ Filter는 원하는 자료만 보기 위해 설정하는 옵션입니다.

❸ Suggested는 현재 데이터를 바탕으로 추천할 만한 차트나 그래프를 보여주며 Story는 만든 그래프의 스크린 샷을 찍을 수 있습니다.

❹ Parameters는 사용자가 원하는 데이터셋을 만들거나 변수 값을 지정할 수 있습니다.

이번 실습에서는 Visualize, Filter 그리고 Parameters를 이용해보겠습니다. 먼저 원하는 시각화를 위해 Visualize에서 클릭하고 비주얼 타입을 선택합니다.

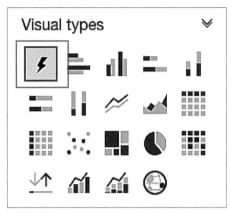

[그림 12-4-21] 비쥬얼 타입

원하는 그래프 모양을 선택한 후 "Field List"의 데이터를 드래그하면 형식에 맞게 표현해줍니다. 번개 모양으로 되어 있을 경우 원하는 데이터셋만 클릭하면 적합한 그래프를 자동으로 선택할 수 있습니다. 퀵사이트는 따로 그래프를 선택하지 않아도 그림과 같이 비쥬얼 타입이 번개 모양으로 설정되어 있다면 자동으로 적합한 데이터셋을 찾아줍니다.

"Field List"에서 경상과 시도를 클릭합니다. "Field List"에서 #표기는 수치형 데이터를 'ᄃ'는 범주형 데이터임을 퀵사이트가 자동으로 데이터 의미를 파악하여 나타내었습니다.

데이터셋을 자세히 보면 인구가 많은 수도권 경기와 서울 지역의 교통사고 중 경상 사고 발생량이 많습니다. 이번에는 시도뿐만 아니라 시군구를 클릭해보겠습니다. 데이터 시각화에서 이와 같이 가장 요약된 레벨(시도)로부터 가장 상세한 레벨(시군구)까지 차원의 계층에 따라 분석에 필요한 요약 수준을 바꿀 수 있는 기능을 드릴 다운(Drill down)이라고 합니다. 퀵사이트는 이와 같이 드릴 다운 기능을 지원합니다.

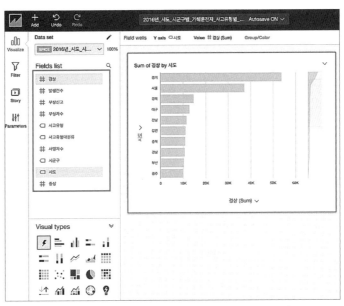

[그림 12-4-22] 시도별(범주형) 교통사고 경상 건수(수치형)

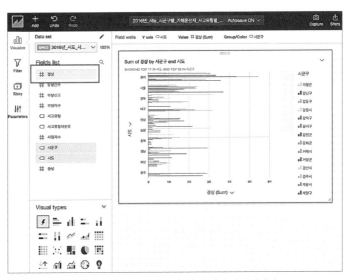

[그림 12-4-23] 시도 및 시군구별 경상 사고 발생량

데이터 사이 간격을 설정을 해주지 않아도 그림과 같이 퀵사이트는 경기도, 서울시 내에서 데이터를 다시 자동 필터링하여 보여줍니다.

[그림 12-4-24] "Field List" 데이터셋 선택

"Field List"에서 발생 건수(수치형)와 사고 유형(범주형)을 클릭합니다. 그리고 Visual Types 패널에서 "Vertical Stacked Bar"를 클릭합니다.

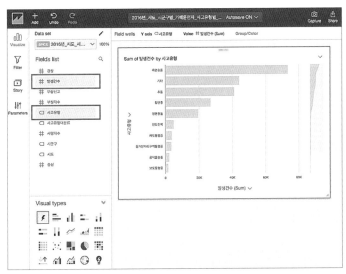

[그림 12-4-25] 사고 유형별 결과 화면

사고 유형별 교통사고 발생 건수를 확인했을 때 측면 충돌 사고가 가장 많음을 간단한 몇 번의 클릭을 통해 알 수 있습니다.

다음으로 데이터셋에서 새로운 데이터 필드를 만들어 분석해보겠습니다. 좌측 상단 퀵사이트 로고 버튼을 클릭하여 대시보드로 이동합니다.

12.5 퀵사이트 인터랙티브 분석

12.5.1 실습 아키텍처

데이터 소스   데이터 분석   대시보드

[그림 12-5-1] 퀵사이트 인터랙티브 분석

■ 실습 요약 ■
① 데이터 준비(도로형태별_교통사고)
② 필터 적용
③ 연산 필드 추가
④ 연산 필드 축

이번 실습에서는 데이터를 미리 정제한 후 사용자 지정 파라미터를 이용해 데이터를 자동 필터링하는 퀵사이트 고급 기능 분석을 실습해보겠습니다.

12.5.2 1단계: 데이터 준비

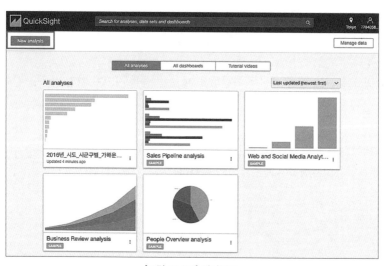

[그림 12-5-2] 대시보드

좌측 "New analysis"를 선택합니다.

[그림 12-5-3] 데이터셋 추가

상단 "New Data Set"을 클릭합니다.

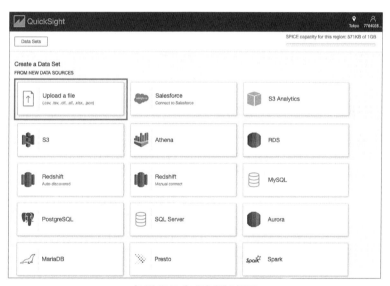

[그림 12-5-4] 데이터셋 업로드

기존 데이터셋을 선택하여 "Upload a file"을 실습할 수도 있습니다. 이번에는 다른 데이터를 실습하기 위해 "도로형태별_교통사고"를 선택합니다.

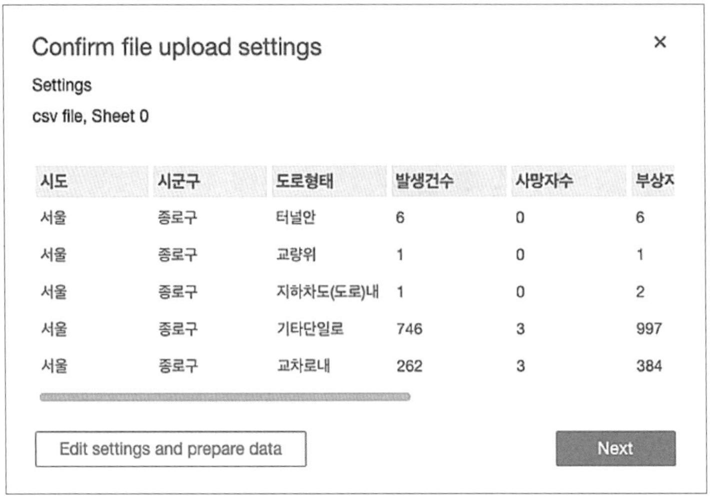
Confirm file upload settings
×
Settings
csv file, Sheet 0
시도
시군구
도로형태
발생건수
사망자수
부상자
서울 종로구 터널안 6 0 6
서울 종로구 교량위 1 0 1
서울 종로구 지하차도(도로)내 1 0 2
서울 종로구 기타단일로 746 3 997
서울 종로구 교차로내 262 3 384
Edit settings and prepare data
Next

[그림 12-5-5] 데이터셋 업로드

좌측 하단 "Edit Setting and prepare data"를 클릭합니다.

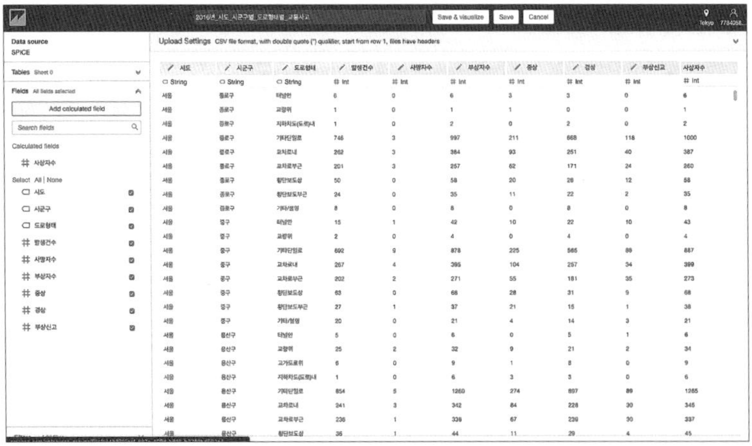
Save & visualize
Save
Cancel
Data source
SPICE
Upload Settings
Tables
Fields
Add calculated field
Search fields
Calculated fields

[그림 12-5-6] 데이터셋 수정 대시보드

데이터를 분석하기에 앞서 전처리 과정을 통해 가공할 수 있습니다. 한 가지 주의할 점은 원시 데이터를 가공하는 것이기 때문에 그룹화된 데이터를 처리하는 작업, 이를테면 퍼센테이지를 계산하거나 평균을 구하는 작업은 할 수 없습니다. 이제, 간단히 사상자 수를 추가하겠습니다. 좌측 "Add Calculated Field"를 선택합니다.

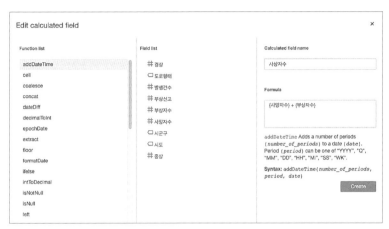

[그림 12-5-7] 데이터셋 수정 대시보드

필드 이름은 사상자 수로 하고, 표현식은 {사망자 수} + {부상자 수}로 작성합니다. "Calculated Field"란 이미 입력된 데이터를 바탕으로 가공한 추가적인 데이터셋을 만들어주는 기능입니다. 간단한 사칙연산 이외에도 우리가 엑셀 데이터 등에 많이 사용하는 반올림, 없는 값 체크, 분기 처리 등 다양한 옵션을 제공합니다. "Create"를 클릭합니다.

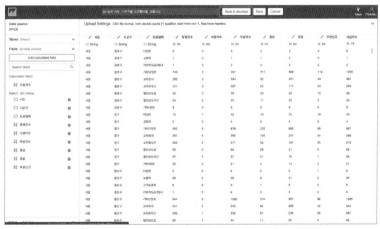

[그림 12-5-8] 데이터셋 수정 대시보드

이제 필드가 하나 추가되었습니다. 좌측 하단 "Filters"를 필터 옵션을 줄 수 있지만 이 부분은 분석 화면에서 다시 한 번 사용해보도록 하겠습니다. 우측 상단 "Save & Visualize"를 선택합니다.

12.5.3 2단계: 필터 적용

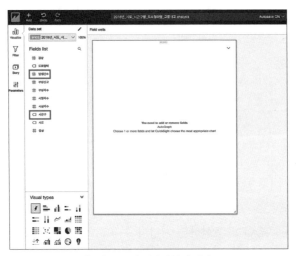

[그림 12-5-9] 데이터 분석 화면

데이터를 가공해보겠습니다. 이번에는 좌측 "시군구"와 "발생 건수"를 함께 클릭합니다. 하단 "Visual Type"에서 번개 모양이 선택되어 있어야 합니다.

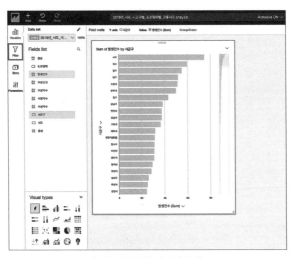

[그림 12-5-10] 데이터 분석

좌측 "발생 건수"와 "시군구" 그리고 'Visual Type" 번개모양을 선택합니다. 전국 모든 시군구에 대한 정보가 표기되지만 "서울"에서 발생한 데이터만 필요한 경우가 있습니다. 이와 같이 특정한 조건에 맞게 데이터를 보고 싶을 때 "필터(Filter)" 기능을 이용할 수 있습니다. 좌측 "Filter" 메뉴를 클릭합니다.

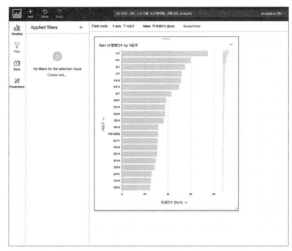

[그림 12-5-11] 필터 메뉴 클릭

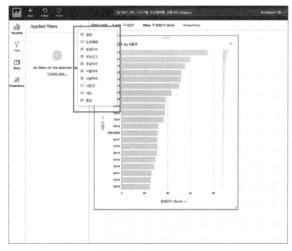

[그림 12-5-12] 필터 메뉴

"Create One"을 클릭하고 드롭박스 메뉴가 나오면 "시도"를 클릭합니다.

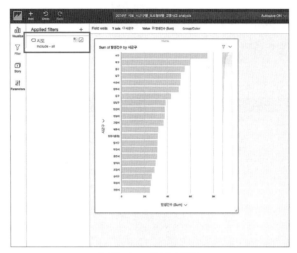

[그림 12-5-13] 필터 적용

좌측 "시도" 필터가 추가되었습니다. 클릭합니다.

[그림 12-5-14] 필터 적용

별도로 데이터를 그룹화하지 않아도 SPICE에서는 데이터를 그룹화하여 적용 가능한 필터 리스트를 보여줍니다. "서울"을 선택하고 하단 "Apply"를 선택합니다.

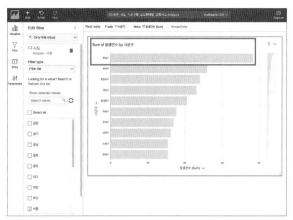

[그림 12-5-15] 필터 소트 확인

데이터셋의 모든 시군구 가운데 시도 중 서울에 해당하는 데이터만 볼 수 있습니다. 데이터를 자세히 보면 강남구의 발생 건수가 제일 높다는 것을 확인할 수 있습니다.

12.5.4 3단계: 연산 필드 추가

데이터 준비 단계에서 연산 필드 "사상자 수"를 추가했지만, 이후 분석 화면에서도 추가할 수 있습니다.

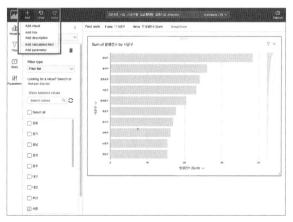

[그림 12-5-16] 연산 필드 추가

좌측 상단 "Add" 버튼을 클릭한 후 "Add Calculated Field" 버튼을 클릭합니다.

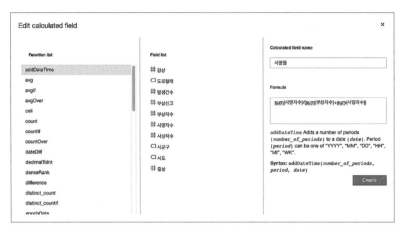

[그림 12-5-17] 연산 필드 수정

퀵사이트에서 제공하는 기본 기능인 좌측 "Function List"를 활용해도 되고, 사칙연산을 직접 하기 위해 사용자가 직접 수식을 작성할 수 있습니다. Field List에 나오는 항목은 Formula 화면에서 변수처럼 사용이 가능합니다. 사용자 지정 수식으로 사망률을 계산합니다. 아래 수식을 입력하고 "Create"를 클릭합니다.

사망률 = sum(사망자 수) / (sum(부상자 수) + sum(사망자 수))

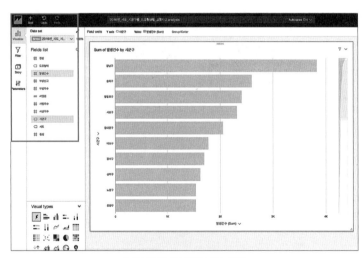

[그림 12-5-18] 연산 필드 선택

좌측 "Visualize"를 클릭하고 필드 선택을 모두 해제한 후 "사망률"만 선택합니다.

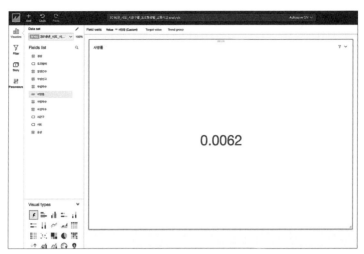

[그림 12-5-19] 연산 필드 계산

2016년 서울 지역 사고의 사망률은 0.0062으로 계산되었습니다. 위 형식을 비율로 변경해보겠습니다.

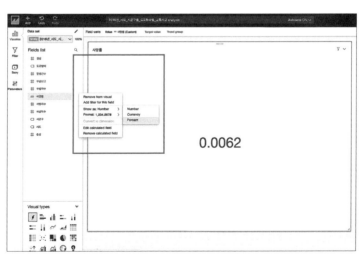

[그림 12-5-20] 연산 필드

사망률에 마우스를 이동하면 우측 화살표 메뉴를 볼 수 있습니다. 클릭 후 "Show as [number]"를 "Percent"로 변경합니다.

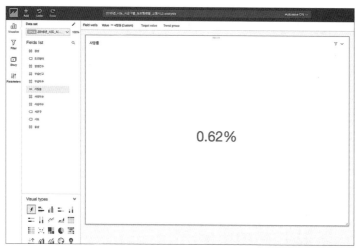

[그림 12-5-21] 파라미터 지정

파라미터 옵션에 대해 살펴보겠습니다. 파라미터는 기존 데이터에 사용자 지정 인자를 설정하여 데이터를 분석할 수 있습니다. 좌측 "Parameters"를 클릭합니다. 이번에는 사용자가 지정한 최소 사고 이상 발생한 데이터만을 보기 위해 파라미터를 추가한 후 필터에 적용해보겠습니다.

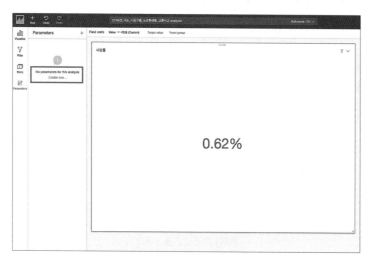

[그림 12-5-22] 파리미터 생성

"Create one"을 클릭합니다.

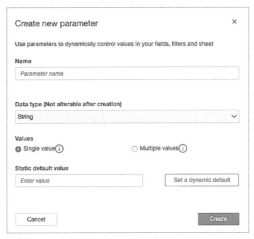

[그림 12-5-23] 파리미터 생성

Name에 "MinimumAccidentCount"라는 인자를 적습니다. 타입은 발생 건수이므로, Number 그리고 default value는 0으로 설정하고 "Create"을 클릭합니다.

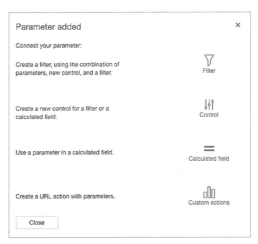

[그림 12-5-24] 파라미터 사용

파라미터는 크게 4가지로 사용할 수 있습니다. "Filter"에 이용될 수 있고, 직접 데이터를 입력하기 위한 "Control" 그리고 연산 필드에서 사용하기 위한 "Calculated Field", 마지막으로 특정 URL에 API를 통해 파라미터를 설정하는 "Custom Actions"이 있습니다. Filter와 Calculated Field는 일반적으로 변수를 사용하기 위한 목적으로 사용되고, Control과 Custom Actions는 변수를 설정하기 위한 용도로 사용됩니다.

실습은 Control을 통해 데이터를 설정하고, 설정된 변수를 Filter에서 이용합니다. 메뉴 중 "Control"을 선택합니다.

[그림 12-5-25] 파라미터 지정

"Display name"에 최소 발생 건수, 스타일은 "Text box"를 선택하고 "Add"를 클릭합니다.

[그림 12-5-26] 파라미터 지정

"Field Wells" 아래에 "Controls"이라는 옵션이 생겼습니다. 클릭합니다.

[그림 12-5-27] 인터랙티브 분석

이곳에서 변수를 입력할 수 있습니다. 우선 기본 값으로 하고 좌측 "Filter"를 클릭합니다.

[그림 12-5-28] 최소 발생 건수 필터

이전 필터 값 화면이 표시되면, 하단 "Close"를 클릭합니다.

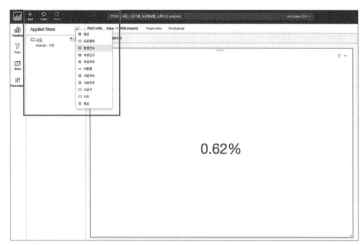

[그림 12-5-29] 최소 발생 건수 필터

십자 아이콘을 눌러 발생 건수를 선택합니다.

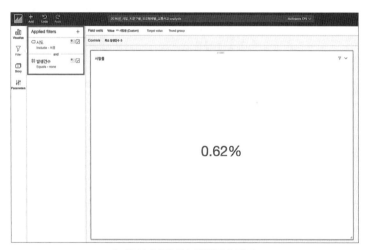

[그림 12-5-30] 최소 발생 건수 필터

이제, 두 개의 필터를 볼 수 있습니다. 체크 박스를 해제하거나 선택 후 휴지통 아이콘을 누르면 필터가 적용되지 않습니다. 발생 건수를 선택합니다.

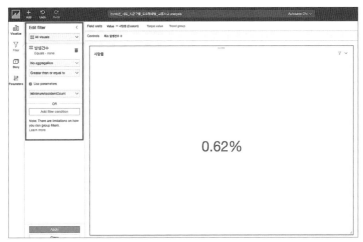

[그림 12-5-31] 필터 조정

"Greather than or equals to"를 선택하고, "Use Parameters"를 체크한 후 "MinimumAccidentCount"를 선택합니다. 이렇게 하면 우리가 만든 변수보다 높은 데이터만 표시됩니다. 하단 "Apply"를 클릭하고, 좌측 "Visualize" 버튼을 클릭합니다.

[그림 12-5-32] 인터랙티브 분석

좌측 필드 리스트에서 "발생 건수"와 "시군구"를 다시 선택합니다.
생성한 컨트롤을 통해 파라미터를 변경한 후 필터 값에 적용되는지 확인해보겠습니다.
"Controls"에 최소 발생 건수를 클릭합니다.

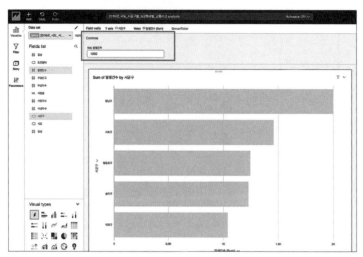

[그림 12-5-33] 인터랙티브 분석

이제 최소 발생 건수를 입력하고 클릭하면 입력한 조건에 맞는 데이터만 출력되는 것을 확인할 수 있습니다.

지금까지 퀵사이트 파라미터 지정을 통해 사용자가 원하는 변수를 조정하여 분석할 수 있는, 인터랙티브 분석을 실습해보았습니다. 퀵사이트는 클라우드 플랫폼에서 비즈니스 인텔리전스 기능을 포함한 다양한 분석을 제공하고 있습니다.

12.5.5 4단계: 안전한 종료(선택)

퀵사이트는 60일까지 무료이고, 이후 비용이 청구되니 안전한 사용을 원한다면 퀵사이트 계정 관리에서 계정 구독을 취소합니다.

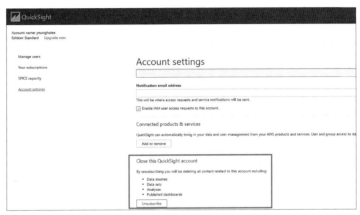

[그림 12-5-34] 퀵사이트 서비스 종료

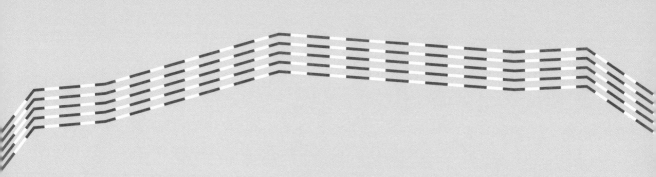

찾아보기

당신이 지금 알아야 할 AWS

한 번 읽으면 제대로 남는 AWS 클라우드 입문서

출간일 | 2019년 5월 31일 | 1판 5쇄

지은이 | 이영호 · 한동수
펴낸이 | 김범준
기획 · 책임편집 | 이동원
교정교열 | 최현숙
편집디자인 | 김옥자
표지디자인 | 유재헌

발행처 | 비제이퍼블릭
출판신고 | 2009년 05월 01일 제300-2009-38호
주 소 | 서울시 중구 청계천로 100 시그니처타워 서관 10층 1060호
주문 · 문의 | 02-739-0739   **팩스** | 02-6442-0739
홈페이지 | http://bjpublic.co.kr   **이메일** | bjpublic@bjpublic.co.kr

가 격 | 28,000원
ISBN | 979-11-90014-30-4
한국어판 ⓒ 2019 비제이퍼블릭